燃气分布式能源
产业报告
(2022)

GAS DISTRIBUTED ENERGY INDUSTRY REPORT
(2022)

北京大学能源研究院
中国城市燃气协会分布式能源专业委员会
— 编 —

社会科学文献出版社
SOCIAL SCIENCES ACADEMIC PRESS (CHINA)

《燃气分布式能源产业报告（2022）》
编 委 会

主　　编　　方建平　杨　雷

副 主 编　　刘奇央　李宝库　陈　钧　徐　明　郭甲生
　　　　　　黄　微　孙　慧

编委会成员　（按姓氏首字母排序）

白帆飞　陈　乐　陈锦芳　陈晓东　方　雷

傅道友　郭进举　黄　捷　金皓敏　李　锐

李冬波　刘　云　刘雪松　刘志仁　蒙青山

申洪亮　唐喜庆　王炜玮　王跃峰　尉　强

谢诺琳　于永堂　曾庆文　张　贺　张　扬

指 导 专 家

刘贺明　张玉清　吴　吟　徐晓东　韩文科

李先瑞　郝洪亮　吴　卫　谢　磊　何勇健

朱兴珊　谢秋野　刘惠萍　李琦芬　石隽隽

主 编 单 位

北京大学能源研究院

中国城市燃气协会分布式能源专业委员会

副主编单位

港华能源投资有限公司

新奥能源控股有限公司

北京燃气能源发展有限公司

上海航天智慧能源技术有限公司

上海齐耀动力技术有限公司

参 编 单 位

上海申能能源服务有限公司

上海燃气工程设计研究有限公司

中新能源服务（重庆）有限责任公司

广东佛燃科技有限公司

南京高淳港华燃气有限公司

中山华润燃气有限公司

中石化长城燃气投资有限公司

通用电气（中国）有限公司

中国石油集团济柴动力有限公司

湖南省力宇燃气动力有限公司

川崎能源装备科技（山东）有限公司

康明斯（中国）投资有限公司

卡特彼勒（中国）投资有限公司

远大空调有限公司

上海舜华新能源系统有限公司

中国能源建设集团广东省电力设计研究院有限公司

北京恩耐特分布能源技术有限公司

前　言

当前，全球政治经济秩序正在加速变革，能源博弈加剧，新一轮科技革命和产业变革深入发展，能源低碳转型推动全球能源格局重塑，生产和生活方式加速转向低碳化、智能化。在我国，能源系统形态正加速变革，能源结构转型是实现"双碳"目标的关键，而清洁低碳、安全高效是实现能源转型的根本，能源生产逐步向集中式与分散式并重转变，分散化、扁平化、去中心化的趋势特征日益明显。分布式能源因其低碳、灵活、分散、智能、多元等特征快速发展，其中燃气分布式能源是分布式能源的重要表现形式，多年来在我国很多地方得到广泛应用。在"双碳"背景下，燃气分布式能源的内涵和外延将得到丰富和拓展，未来在推动能源低碳转型、构建新型电力系统和建设现代化能源体系中将发挥重要作用。为了进一步推进燃气分布式能源产业的发展，北京大学能源研究院和中国城市燃气协会分布式能源专业委员会联合组织编写《燃气分布式能源产业报告（2022）》。

本报告的编写在广泛调查研究和大量收集资料的基础上完成，全面梳理了行业发展现状、政策环境、装备、新技术等情况，并针对243个不同应用场景下的项目案例进行统计分析。通过研究，进一步明确了燃气分布式能源产业在"双碳"背景下的发展定位、机遇与挑战，并对未来发展前景进行了展望。希望本报告能帮助行业从业者更好地了解中国燃气分布式能源行业发展情况，分析"双碳"战略和国家能源转型背景下燃气分布式能源的发展趋势并提供政策建议，推动中国燃气分布式能源行业快速高质量地发展。

　　本报告在编写过程中，得到了能源主管部门、相关企业、机构和能源行业专家学者的大力支持，在此谨致谢忱。感谢侯夏辉、林文彪、龚中杰、黄文虎、李旭东、邓三兴、王世宏、高顶云、高雄伟、张开翼、邓广义、冯江华、赵海燕、石海洋、苗韧等对报告编写工作给予的帮助。感谢中国城市燃气协会的指导，感谢中海石油气电集团有限责任公司、中国华电集团有限公司、远大能源利用管理有限公司、杭州城市能源有限公司、国网重庆综合能源服务有限公司、国家电投集团湖北绿动新能源有限公司综合智慧能源分公司、河北汉蓝环境科技有限公司、华电通用轻型燃机设备有限公司、西门子（中国）有限公司、胜利油田胜利动力机械集团有限公司、颜瓦（上海）发动机有限公司、森达美信昌机器工程（广东）有限公司广州天河分公司、瓦锡兰中国有限公司、索拉透平（北京）贸易服务有限公司等单位提供相关资料。感谢唐喜庆、张扬、王炜玮、蒙青山、张旭妍、谢诺琳、张家玺、秦锋、林怡、刘静、许晓凤、张宁等主要执笔人。由于报告编写时间紧任务重，书中疏漏和错误之处在所难免，恳请广大读者批评指正。

《燃气分布式能源产业报告（2022）》编写组

2022 年 6 月

内容提要

"双碳"背景下，能源系统去中心化、一体化趋势日益明显，分布式能源因其低碳、灵活、安全、智能、多元、靠近需求侧等特征得到快速发展，其中燃气分布式能源是分布式能源的重要表现形式。天然气作为清洁低碳的化石能源，既是实现能源结构低碳转型的现实选择，也是规模化发展可再生能源及保持新型电力系统安全稳定的重要支撑。同时，随着可再生气、氢气等新型燃气的发展，燃气分布式能源的内涵和外延也得到丰富和拓展，在推动能源低碳转型、构建新型电力系统和建设现代化能源体系中将发挥重要作用。本报告系统总结了燃气分布式能源的发展状况，包括政策体系、商业模式、技术路线和关键设备等，汇集了大量典型案例，在此基础上，针对"双碳"目标分析了燃气分布式能源发展存在的问题和面临的挑战，展望了燃气分布式能源的发展前景，并对行业发展、政府政策制定等方面提出了建议。

一 燃气分布式能源发展状况
及主要认识

据中国城市燃气协会分布式能源专业委员会不完全统计，截至 2020 年底，我国天然气分布式能源项目（单机容量≤50MW，总装机容量 200MW 以下）共计 632 个，总装机容量达到 2274 万 kW，特别是 2015 年以来呈快速发展态势。但与国家发改委在《关于发展天然气分布式能源的指导意见》（发改能源〔2011〕2196号）中提出的2020年在全国规模以上城市装机5000万kW的目标相比，仍有较大差距。国内天然气分布式能源项目主要分布在华北、长三角、珠三角、川渝等地区，其中长三角地区项目数量最多，占比30.70%（见图0-1）；从装机容量来看，珠三角地区总量最大，占比25.42%（见图0-2）；从原动机类型来看，采用燃气内燃机、燃气轮机及微燃机的项目数量分别占总数的44.78%、48.10%和7.12%（见图0-3），装机容量占比分别为10.74%、88.78%和0.48%（见图0-4）。燃气分布式能源的主要应用场景包括工业、民用建筑和产业园区等，在现有天然气分布式能源项目中，按数量占比从大到小排序为园区48.58%、工业11.87%、办公楼11.87%、医院9.18%、综合商业体6.80%、数据中心4.59%、酒店3.64%、大型公建3.48%（见图0-5）；按装机容量排序为园区84.71%、工业6.39%、综合商业体3.18%、数据中心2.61%、办公楼1.41%、大型公建1.26%、医院0.34%、酒店0.10%（见图0-6）。由上可见，发展燃气分布式能源项目要基于区域和场景，因地制宜，结合用户需求、资源条件、政策等具体分析。

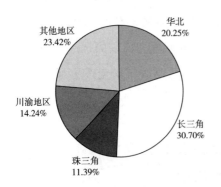

图0-1 2020年天然气分布式
能源项目区域分布
情况（项目数量）

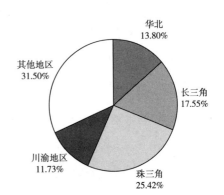

图0-2 2020年天然气分布式
能源项目区域分布情况
（装机容量）

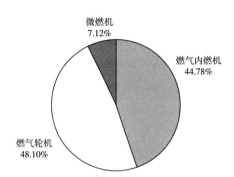

图 0-3　2020 年天然气分布式
能源项目原动机分布
情况（项目数量）

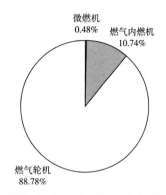

图 0-4　2020 年天然气分布式
能源项目原动机分布情况
（装机容量）

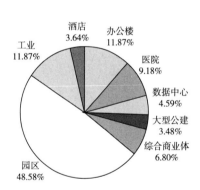

图 0-5　2020 年天然气分布式能源
项目应用场景分布
情况（项目数量）

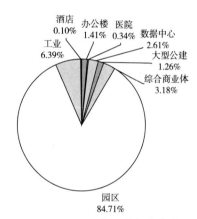

图 0-6　2020 年天然气分布式
能源项目应用场景分布
情况（装机容量）

本报告共收集了 243 个已建项目案例，并选取具有代表性的项目，综合地域、发电设备形式、用户类型等维度进行分析，得出以下主要认识。

一是天然气分布式能源的节能减排效益明显，在合理的气电价格下，项目具有一定的经济效益。从天然气价和电价上看，上海市、北京市、江苏省、四川省、浙江省等处于经济较好区。不同项目的气价、电价、冷价、热价差异较大，尤其冷价和热价有较强的业主自主性，定价偏低将影响项目经济性，建议采用气电冷热能源价格联动机制。北京市一些案例未享受相应的供热政策补贴，造成了分布式能源系统的供热收益低于市政热力。氮氧化物排放等环保要求的提高，在一定程度上会增加项目初投资和运维成本，降低项目经济性。

二是项目投资额对项目经济性也有影响，而项目投资额主要与发电机组类型有关。燃气轮机分布式项目的总投资均值、增量投资均值在三类机组中均为最低，主要原因是此类项目单机容量和总装机规模都较大，故单位容量投资较低；而燃气内燃机和微燃机单机容量及总装机规模较小，且余热及配套设备相对复杂，故单位容量投资均值较高。

三是多数分布式能源案例年平均能源综合利用率集中在70%~85%，绝大部分项目可满足国家≥70%的考核要求。单位千瓦的节能量和减排量随项目年利用小时数增多而增大，节能减排量排序依次是数据中心>酒店>办公楼>医院>工业园区>综合商业体。

四是分布式能源与可再生能源融合，系统装机容量选择更加灵活，运营调节更加多样化，系统综合能源利用效率得以提高。国内投运的天然气分布式能源项目各有特点，应结合用户需求、能源价格和外部因素等因地制宜制订最优运行策略。

二 关键设备的情况及发展趋势

已建和在建燃气分布式能源项目的发电设备仍以进口为主。

内燃机技术正朝着效率提升、高海拔燃烧、降低润滑油耗量、结构紧凑化及模块化、燃料低碳及零碳化、零污染物排放等方面发展。主流品牌燃气内燃机发电机组功率范围覆盖20kW~10000kW。国产燃气内燃机已在燃气增压前预混、电控空燃比可调稀薄燃烧技术、磁电机点火或数字点火电子调速的高能量点火系统、具有联网与通信功能的程控器等方面获得突破，部分主要性能指标达到了国际先进水平，但在长寿命周期原材料、机械精密加工技术、涡轮增压技术、气源变化适应性等方面仍存在一些技术难题尚未攻克，也是未来技术攻关方向。我国国内自主研发的燃气内燃机功率范围主要集中在 200kW ~ 1000kW，部分厂商已研发出 1000kW 以上的燃气内燃机，但 2000kW 以上的燃气内燃机仍几乎全部依赖进口。

燃气轮机的发展趋势包括：先进材料与制造、燃气轮机机组设计、提高部件性能、高效清洁燃烧、研发高温材料、拓宽燃料范围、氢燃料燃气轮机等。主流品牌燃气轮机发电机组功率范围已覆盖 2MW ~ 340MW，而应用于燃气分布式能源领域的燃气轮机发电机组功率主要集中在 2MW ~ 50MW 范围内。我国燃气轮机研发生产能力仍相对薄弱，国内燃气轮机生产厂商主要包括：通过技术引进和自主创新与国外知名品牌合作、航空发动机厂商自主研发改造和中小型工业燃气轮机自主研发生产三类。

在分布式能源领域，燃料电池的应用以热、电联供为系统主要应用形式，其中质子交换膜燃料电池已实现商业化应用，而固体氧化物燃料电池则仍处于商业化初期。燃料电池仍需在设备容量、功率密度以及使用寿命方面实现突破。氢燃料电池分布式能源将在未来燃气分布式能源乃至整个能源供应领域扮演重要角色。

三　面临的挑战

尽管燃气分布式能源取得了较大的进展，但在"双碳"背景下，燃气分布式能源发展仍面临诸多挑战和障碍，主要包括以下方面。

（1）产业发展基础保障仍待加强。我国天然气对外依存度高、国内开发成本大、管输价格偏高，燃气成本居高不下，储气能力欠缺，淡旺季价格波动大，对天然气分布式能源的生存发展造成很大压力，产业发展基础保障仍待加强。

（2）可再生能源在能源结构中的占比快速增长，在一定程度上压缩了燃气产业的发展窗口期与发展空间。

（3）行业壁垒亟须打破。"隔墙售电"政策在正式推进过程中遭遇重重阻碍，燃气分布式能源项目参与市场交易和竞争是当前和未来发展的迫切需求。

（4）行业技术水平仍需提升，技术标准和体系仍存在提升空间。国产化机组在自动化管理技术、发电效率、大功率以及整机技术水平、核心材料、热处理技术和高精度加工等方面，与国外尚存在差距。运营管理专业化水平仍需从技术及管理方面持续提升，实现有效监控、管理及优化。

（5）缺乏跨领域的协调机制。燃气分布式能源横跨油气、电力、热力等多个行业，存在不同部门利益博弈、不相适应和协调问题，造成燃气、电网、供热等企业对发展燃气分布式能源的积极性不高，甚至有抵触情绪。

（6）项目竞争力需提升。近年来，许多燃气分布式能源项目由于初投资大、运营成本高、产能未达预期等各种因素影响，未能实现理想的经济效益，市场对于燃气分布式能源的投资趋于谨慎。辅助服务市场和碳市场尚不完善，环保、减碳和灵活性价值无法体现。

四　燃气分布式能源发展展望

"双碳"背景下燃气分布式能源进入快速和多元化发展阶段，将迎来巨大的发展机遇。分布式能源装备自身的高效化（热效率进一步提升以减碳）、排放友好化（脱硝和低氮燃烧技术以低氮排放）、零碳化（掺氢燃烧及氢能与可再生气源的循环利用）、商业化（技术进步带来的初投资降低及运行经济性提升），将激发燃气分布式能源的双碳潜能。多元化气源并举，生物质能、氢能的发展延伸了燃气分布式能源新的业务方向，掺氢及纯氢燃料使新型和现有燃机实现从化石能源向低碳能源过渡，氢灵活存储及输送技术的大力发展，将使燃氢分布式能源广泛推广成为可能。

商业模式上，多能互补及可再生能源融合、虚拟电厂及能源交易、数字化智慧能源管理、区域能碳规划、基于能源互联网和综合能源服务的新型商务模式、燃气分布式能源系统及其设备的标准化/模块化/橇装化、新型利用等技术的发展丰富了燃气分布式的能源模式和业态创新。

燃气价格是影响分布式能源项目经济性的关键要素，油气体制改革深入，完善了燃气分布式一次能源价格形成机制，增量配电改革形成区域发配售一体化模式，均有利于提升项目经济性。燃气分布式能源因其灵活性和可控性，可参与调峰、调频、黑启动等电力辅助服务市场，有助于保障电力系统的稳定性和灵活性，从而提升燃气分布式能源竞争力。营商环境改进和手续简化，可为燃气分布式能源提供便捷、及时、高效的接入电网服务，放开用户侧分布式电源建设，建立分布式电源发展的新机制。

正在进行的电力体制革命将解决燃气分布式能源发展的体制性障碍，进而催生多种商业模式解决目前燃气分布式能源遇到的发展瓶颈，最后达到促进燃气分布式能源发展的结果。

基于行业现状及发展趋势，按照低、中、高三种情景对 2025 年和 2030 年天然气分布式能源总装机规模进行预测，2025 年，低、中、高三种情景下装机规模分别为 3001 万 kW、3605 万 kW 和 4297 万 kW，2030 年低、中、高三种情景下装机规模分别为 4050 万 kW、5843 万 kW 和 8363 万 kW。

在近中期，燃气分布式能源将发挥其低碳、稳定、灵活等优势为构建新型能源体系和可再生能源发展提供支撑和保障，并通过氢能、生物天然气等低碳燃气应用推动技术创新；从长期看，燃气分布式能源也将向利用低碳燃气和碳捕集封存与利用等方向发展，助力能源系统脱碳。

五　相关建议

燃气分布式能源作为"双碳"战略下未来能源的重要组成部分，需在国家政策支持下找准产业发展定位和方向，创新管理体制和运营监管机制，完善产业协同创新体系，持续推进，实现行业可持续发展。对政府相关建议包括如下几点。

（1）开展能源多元融合规划，各地政府在核准审批燃气分布式能源项目时，因地制宜考量项目体量和供能范围，放宽对设备单机容量和项目总装机规模的限制，在项目引进、审批、并网等多方面应给予大力支持并提供便利。

（2）完善碳市场向燃气分布式能源的价格传导机制，制定燃气分布式能源参与碳市场的规则，规范方法学，将其列为自愿减排范畴，鼓励减碳部分参与碳交易市场，建立并完善燃气分布式能源参与碳交易的长效管理机制和监管机制。

（3）持续深化燃气分布式能源上网电价市场化改革，建立完善气电及气热市场化价格机制。鼓励以燃气分布式能源聚合商或虚拟电厂的方式参与电力市场化交易，优先在园区、负荷聚集区开展参与现货市场交易、电力辅助服务市场的试点示范，构建多主体参与、多能源交易、多种增值服务交易的能源互联网市场。

（4）针对燃气分布式能源跨界发展的新趋势，建议能源领域内各主管部门加强协调合作，促进能源领域"证照分离"改革，简化经营审批程序，鼓励采取备案制，简化电力并网程序。

（5）鼓励能源企业跨界经营，推行在特定行政区域内包括电、热、气（氢）等多种能源甚至结合能源、市政、环卫一体化经营的试点。

（6）继续加强核心技术和装备的政策推动，进一步加大资金和政策扶持力度，建设一批示范项目，优先采用自主技术装备，根据其自主化水平给予投资补贴或者奖励。

（7）持续修订和完善行业标准及规范，进一步完善项目后评估机制，打造项目运行数据平台，建设项目数据库，充分利用后评估成果反向指导项目前端开发，对于优质项目给予一定政策性表彰。

从行业和利益相关方角度，燃气分布式能源投资主体也要创新发展模式，主动适应"双碳"形势下的新要求，努力提高项目经济效益和社会综合效益。具体建议包括如下几点。

（1）拓展思路、创新市场策略和商业模式，将燃气分布式能源项目的建设与新形势下产业转型升级、产业聚集相结合，因地制宜打造符合特定产业需求的能源供应体系，促成标准化、规模化发展。

（2）开发生物质天然气、沼气、氢气等多气源的燃气分布式能源项目，探索适合我国国情的农村能源项目发展机制，把燃气分布式能源等技术与农村广大的可再生能源资源相结合。

（3）推进数字化升级，打造燃气分布式能源智能管理系统，工程技术服务企业拓宽专业领域、加强人才培养，由单一专业向跨专业发展，由传统燃气分布式能源系统向融合可再生能源、氢能、储能、碳管理的综合智慧能源领域拓展，增强运营管理服务能力、扩大服务范围。

（4）推动提升气源供应保障能力，主动参与天然气市场化改革的新机遇，丰富气源，完善城市燃气输配管网，加强管网互通互连，提升输送能力和可靠性水平。优化储气设施布局，增强天然气调峰和保供能力。

（5）推动制定天然气管道掺氢、生物天然气生产及并网的相关标准、指导性文件，鼓励天然气管道掺氢、生物天然气并入天然气管网进行试点示范并开展推广。

（6）相关行业协会、媒体和行业专家应加大对燃气分布式能源的推广、宣传和教育力度。通过宣传培训提高各级主管部门、各类用户对燃气分布式能源的认识，积极回应社会关切，加强政策解读，加强经验总结和典型示范，推广复制成功经验，积极营造良好有利的社会环境和氛围。

（7）加强国际合作，在学习国际先进经验的同时，也积极在包括"一带一路"国家在内的海外地区投资。与 IGU（国际燃气联盟）、UNEP（联合国环境规划署）等相关国际组织加强交流合作，共同推动燃气分布式能源更好更快发展。

目　录

图目录

表目录

第1章 燃气分布式能源内涵及其沿革

1.1 燃气分布式能源的定义与内涵

1.1.1 燃气分布式能源的定义

分布式能源是一种布置在需求侧的能源生产和利用方式，按照用户的需求就地生产并供能，具有靠近用户、清洁低碳、多元互动、灵活高效等特征，是现代能源系统不可或缺的重要组成部分。燃气分布式能源作为分布式能源的重要利用形式，主要是指以天然气、沼气、生物质气、氢气等气态能源为燃料的分布式能源。结合燃气分布式能源行业发展现状，本报告以天然气分布式能源为主要研究对象，同时对沼气、氢气等气源的分布式能源也进行了一定的研究。

国内关于天然气分布式能源的官方定义出自国家发展和改革委员会等四部委发布的《关于发展天然气分布式能源的指导意见》（发改能源〔2011〕2196号）①。文件将天然气分布式能源定义为利用天然气燃料，通过冷热电三联供等方式实现能源的梯级利用，综合能源利用效率在70%以上，并在负荷中心就近实现能源供应的现代能源供应方式。国家发改委在《分布式

---

① 《国家发展和改革委员会关于发展天然气分布式能源的指导意见》，http：//www.ndrc.gov.cn/zcfb/zcfbtz/201110/t20111013_438374.html，最后检索时间：2011年10月9日。

发电管理暂行办法》中对分布式发电也做出了定义，即分布式发电是指在用户所在场地或附近建设安装、运行方式以用户端自发自用为主、多余电量上网，且在配电网系统平衡调节为特征的发电设施或有电力输出的能量综合梯级利用多联供设施[①]。

随着国家"双碳"目标的制定及构建以新能源为主体的新型电力系统及新型电力系统目标的提出，未来分布式能源将成为能源供应的主体。分布式能源可以促进从以化石能源为主的集中式能源系统向更清洁、更多元化的能源系统的转变，包括使用风能、太阳能、生物质能、地热能、海洋能等可再生能源以及天然气、氢能等低碳能源。

燃气分布式能源具备清洁低碳、靠近用户端、供能韧性强、产销一体化、能源产品及转换形式多样化、调度智能灵活、系统安全可靠、能源效率高、多能互补有助于打破传统行业壁垒等特点。燃气是替代煤炭、实现能源"清洁化、低碳化"的现实选择，是促进"碳中和"的关键能源，在构建新型电力系统中具有重要的战略地位。

与传统能源集约化发展模式相比，燃气分布式能源具有以下特征。

（1）促进能源系统增效降耗

一方面，分布式能源可以通过多能互补、循环及梯级利用等方式有效将各种分布、分散的能源耦合利用，通过控制系统实现能源的综合高效利用。另一方面，分布式能源通常靠近用户，根据用户的需求直接向用户提供电、热、冷等能量，减少了长输管网的建设和输送过程中的损耗，在一定程度上减少能源消耗。

（2）构建多元化的能源供应系统

分布式能源技术方式较多，可利用的能源种类较多，如燃气、风能、太阳能、生物质能、地热能、工业余压余热等，可根据当地的资源条件进行选择，具有很好的灵活性和适应性。如在天然气条件适宜地区可以采用燃气分

[①] 《国家发改委关于印发〈分布式发电管理暂行办法〉的通知》，http://bgt.ndrc.gov.cn/zcfb/201308/t20130813_553449.html，最后检索时间：2013年7月18日。

布式能源；工业园区和商业集中区除了采用屋顶形式的太阳能光伏发电外，还可以采用其他工业废气、废热以及多余压差等综合利用；边远地区和海岛地区可选择光伏、小水电、风电、海洋能、地热能、生物质燃料等补充发电。并且可以通过集成化技术将多种分布式能源耦合构成多能互补的综合能源系统。

（3）满足多样化的能源需求

燃气分布式能源通常根据用户的需求选择供能方式，能够满足用户的多种要求，在提供电力的同时能够为用户提供其他形式能量的供给，如为工业用户提供不同品质的工业蒸汽、采暖用汽、冷库制冷、食品干燥等能源需求。随着电制氢、现代储能技术等的发展和应用，分布式能源能够更加高效和灵活地满足用户不同时段、不同能源的需求。

（4）能源安全稳定供应

分布式能源站靠近用户端，具有模块化和分布式特点，输出的冷、热、电能可直接输送到邻近用户。能源供应模式不再是单一的垂直化供应模式，而是扁平化的多点供应模式，降低了用能端对市政电网、热网、气网的依存度。能源供应更加多元、安全、可靠。

1.1.2　燃气分布式能源的内涵

在政策环境、市场环境不断完善和技术创新的条件下，燃气分布式能源的内涵及外延也在不断完善。

1.1.2.1　技术革新赋予新动能

（1）低碳化

燃气分布式能源以燃气为燃料，不再局限于天然气，生物质气、氢气等零碳燃气应用技术的升级和创新使得燃气分布式能源向更加低碳的方向发展。

（2）智能化

能源互联网、智能化等技术日渐成熟，为燃气分布式能源的智能化提供了保障。一方面，智能化的运维实现燃气分布式能源系统内的精细化管理，实现对用户用能需求的动态响应，进一步提高系统的综合能源利用效率；另一方面，智能化技术加强了能源系统与用户之间的联系，有效实现用户和能源系统的交互。

（3）综合化

可再生能源、储能等技术的应用和发展，使得燃气分布式能源的技术路线更加丰富，由单一能源向综合能源拓展。多种能源耦合形成优势互补的能源供应体系，可以满足更多场景的用能需求。

1.1.2.2　能源市场建设赋予新机遇

（1）业务范围不断拓展

燃气分布式能源的业务范围不再局限于为用户提供能源供应业务。为用户提供能源管理、节能管理、用能监测、用能评估等服务也成为重要业务方向。

（2）商务模式不断创新

电力市场、天然气市场和碳市场的建立，为燃气分布式能源提供了更多参与市场的模式，电力交易、碳交易、虚拟电厂等都为燃气分布式能源的商务模式提供了新的方向。

（3）应用场景不断丰富

增量配电业务改革试点的建立为燃气分布式能源创造了新的应用场景，虽然增量配电业务改革方兴未艾，但随着电力体制改革的深入，燃气分布式能源将在增量配电网中发挥重要作用。

（4）平衡电力供需作用不断凸显

风、光等间歇性电源规模不断扩大，煤电比例逐渐降低，适时保障电力供需平衡的调度难度越来越大，清洁、低碳、启停快、调节便利的燃气分布式电源将越来越多地发挥平衡电力供需作用。

1.2　燃气分布式能源产业发展历程

燃气分布式能源在中国经过了二十多年的探索和发展，主要经历了以下几个阶段（见图1-1）。

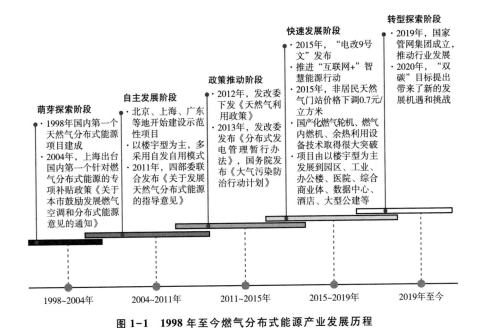

图 1-1　1998 年至今燃气分布式能源产业发展历程

1.2.1　萌芽探索阶段（1998~2004年）

1998 年国内第一个天然气分布式能源项目建成，燃气分布式能源开始进入能源行业的视野，但由于受到技术水平、气源条件以及外部政策等多方因素制约，并未受到广泛关注，始终处于萌芽探索状态。2004 年，《国家发展改革委关于分布式能源系统有关问题的报告》（发改能源〔2004〕1702号）中对分布式能源的概念、特征、发展重点等作了较为详细的描述，随后上海市出台了国内第一个针对燃气分布式能源的专项补贴政策——《关于本市鼓励发展燃气空调和分布式能源意见的通知》（沪府办〔2004〕52号），为燃气分布式能源的发展拉开序幕。

1.2.2　自主发展阶段（2004~2011年）

北京市、上海市、广东省等地开始通过建设示范性项目探索燃气分布式能源发展方式。项目以楼宇型为主，规模较小，多采用自发自用模式。但项目实施过程中出现诸多阻碍，如项目审批、电力并网等。由于尚未形成明确的规章制度、政策法规，项目实施困难重重，整个行业发展缓慢。

2011 年 10 月，国家发展和改革委员会、财政部、国家住房和城乡建设部、国家能源局联合发布《关于发展天然气分布式能源的指导意见》，明确了天然气分布式能源的发展目标和具体的政策措施，为燃气分布式能源行业的发展奠定了基础。

1.2.3 政策推动阶段（2011~2015年）

自 2011 年开始，国家相继发布了一系列政策、文件，鼓励燃气分布式能源的发展。2012 年 10 月，国家发展改革委下发了《天然气利用政策》明确将天然气分布式能源项目列为优先类；2013 年 7 月，国家发展改革委发布的《分布式发电管理暂行办法》鼓励结合分布式发电应用建设智能电网和微电网，提高分布式能源的利用效率和安全稳定运行水平，将 35 千伏及以下电压等级接入的分布式发电都划为电网按照专门设置的简化流程办理并网手续的范围；同年 9 月，国务院发布的《大气污染防治行动计划》鼓励发展天然气分布式能源等高效利用项目。上海市、广东省、长沙市、青岛市等地方也相继制定政策，对天然气分布式能源项目在投资、气价或电价等方面给予优惠。该阶段由于政策引领，全国开始大范围推广建设示范项目，呈现快速增长的态势。

1.2.4 快速发展阶段（2015~2019年）

2015 年 3 月，国务院发布《关于进一步深化电力体制改革的若干意见》（中发〔2015〕9 号），明确提出积极发展分布式电源，同时全面放开用户侧分布式电源市场，为燃气分布式能源的发展提供了新的机遇。重新启动的电力体制改革和后续的油气体制改革，为分布式能源的发展扫清制度障碍，创造一个更为自由、平等的市场环境。推进"互联网+"智慧能源行动，通过互联网促进能源系统扁平化，推进能源生产和消费模式革命，为燃气分布式能源提供新的发展契机。在新的发展环境和机遇下，结合示范项目经验，投资者围绕市场规律的思维更为理性，多能互补的燃气分布式模式更为成熟，经济可行性的判断条件更为清晰，电力接入程序更加简洁规范，从而使燃气分布式能源逐步进入大力发展的轨道。2015 年 11 月，非居民天然气门站价格下调 0.7 元/立方米，气价下降大幅降低了天然气分布式能源系统的燃料成本和市场风险，大大改善了燃气分布式能源项目的经济性。全国范围内项目建设数量及建设规模均稳步增加。

2015 年以来，燃气分布式能源的发展主要呈现以下特点。

（1）政策带来新的发展机会

为解决大气污染、能源强度、核心技术等痛点问题，政府有关部门制定了指导类、规划类、节能减排类、资源保障类、电力配套类等一系列政策鼓励发展燃气分布式能源，在促进可再生能源高速发展的同时，未来的很长一段时期，都将为燃气分布式弥补风、光波动性大、间歇性强等缺陷提供更为广阔的发展空间。

（2）技术及商业模式趋于成熟

随着越来越多的项目经验积累，不同业态的负荷分析优化、不同地区的资源条件和商务环境、不同设备的特性越来越清晰，多能寻优的分布式综合能源模式、热电解耦的运行方式越来越成熟，增存并济的系统搭配已不断验证，电力接入的程序和标准已经规范，国产化燃气轮机、燃气内燃机、余热利用设备技术有了很大突破，项目建设和运营质量已有保障。这些成熟的技术条件和模式有效支撑天然气分布式能源年均 15% 以上的增长速度。

（3）与可再生能源融合越来越紧密

燃气分布式能源系统通常临近用户，能提供相对稳定的能源供应。风能、太阳能、地热能等可再生能源通常分布广泛，但能量密度低，能源供应间歇性明显。燃气分布式能源与可再生能源的互补结合，既可以解决供电间歇性问题，又可以解决综合用能问题，同时能够发挥可再生能源的零排放优势。经过多能寻优的分布式综合能源模式的实践探索，燃气分布式能源与可再生能源融合越来越紧密，技术越来越成熟。

（4）环境价值逐渐显现

燃气分布式能源的清洁高效特质，决定了它将在能碳约束的市场环境下发挥重要作用。雾霾对民生及社会的影响、碳排放对全球气候及人类生存的影响都要求严格控制能耗总量和二氧化碳排放量。在能源领域，简单以价格为基础条件的投资收益评判模式，已背离了未来几十年甚至上百年人类必须约束能耗和排放的市场环境，需要建立价格、能效、污染物排放、温室气体排放等多维度投资评价模式，适应新的市场环境，燃气分布式能源将逐渐显现出其在能碳约束环境下的市场价值。

（5）区域分布越来越广

燃气分布式能源的产品价格不如煤热电，清洁程度不如风、光、水，且燃料资源保障能力不强，在以价格为导向的经济快速发展阶段和以环境友好为约束的高质量发展阶段，都处于比较尴尬的地位。但燃气分布式能源以其低排放、高能效、稳出力、易调节等综合优势，在鼓励政策的支持下不断探索生存空间，由最初的北京市、上海市、广东省逐步发展到江苏省、天津市、湖北省，现已遍布京津冀鲁、长三角、珠三角、川渝等多个地区，区域分布越来越广。燃气分布式应用的业态也由以楼宇型为主，发展到园区、工业、办公楼、医院、综合商业体、数据中心、酒店、大型公建等多种业态。同时，在现有外部约束条件下，适用燃气分布式的业态也在逐步集中。

1.2.5 转型探索阶段（2019年至今）

燃气分布式能源项目的约束条件较多，气源供应保障存在隐患，气价高、波动大、气价上涨预期强都是影响项目运营的关键因素。近年来遭遇的季节性"气荒"，对已建项目的供气保障、运行经济性都带来了较大冲击。因此引发了市场对于分布式能源的新一轮思考，整体对燃气分布式能源的态度开始趋于谨慎。

近年来，天然气产业市场化改革持续深化，国家石油天然气管网集团有限公司（以下简称国家管网集团）于2019年12月9日在北京正式成立，标志着深化油气体制改革迈出关键一步。国家管网集团的成立将对天然气行业从上游至下游产生重大影响：第一，能够推动天然气价格改革，形成竞争性市场定价机制；第二，扩大天然气全产业链体量，为市场注入新活力；第三，优化管网及配套设施，完善天然气基础设施建设。

2020 年 9 月 22 日，习近平主席在第七十五届联合国大会上向全世界承诺，中国二氧化碳排放力争于 2030 年前达到峰值，努力争取 2060 年前实现碳中和。在"双碳"目标下，作为清洁低碳、节能高效的技术利用手段，充分发掘燃气分布式能源在新政策、新背景下的新角色、新定位，探索燃气分布式能源新的发展方向，是我们当前面临的最重要课题。

1.3　燃气分布式能源产业链

燃气分布式能源行业经过多年的发展，已经形成了完整的产业链，主要包括投资端、供应端、服务端。投资端主要是从事分布式能源的投资、运营、管理的投资方；供应端主要包括气源供应商、设备供应商等；服务端主要包括工程勘察设计单位、施工承包单位、咨询服务机构、后评估机构等。

早期的燃气分布式能源项目多以业主自筹自建方式为主，项目建设的主要目的是满足自身用能需求、自给自足。但随着燃气分布式能源行业的不断发展，市场化程度不断增强，市场价值得到认可，开始出现了专门的项目投资主体，投资方负责项目的投资建设及运营管理，通过与用能方签署供能协议，逐渐回收投资。目前，投资参与者众多，主要以资金实力雄厚的国企、上市公司为主，如城燃公司、电力公司、电网公司等，也有少量的资本市场投资。

气源供应商，燃气保障供应是燃气分布式能源项目开发的前提条件，也是项目长久稳定运行的保障，同时也在较大程度上决定项目的经济性。我国燃气企业众多，企业类型、规模体量、经营状况各异，经过多年发展，已形成中石油、中石化、中海油、地方城燃公司，以及数量众多的中小燃气企业多方参与的市场格局。设备供应商，主要包括核心发电机组供应商、余热利用设备供应商及其他配套设备供应商。在燃气轮机、燃气内燃机等具有高技术壁垒的行业，较多依靠国外技术，同时国产化进程明显提速。2015 年，

《政府工作报告》① 将"两机"产业列入国家七大战略新兴产业，并在"十三五"期间全面启动实施航空发动机及燃气轮机重大专项，突破两机关键技术，初步建立航空发动机及燃气轮机自主创新的基础研究、技术与产品研发和产业体系。针对燃气轮机提出我国未来将重点突破发电用重型燃气轮机、工业驱动用中型燃气轮机、分布式能源用中小型燃气轮机，以及燃气轮机运维服务技术，逐步进入国产化替代阶段。除发电机组以外的其他设备已全部实现国产化，且设备技术成熟，性能也已达到国际先进水平。

工程勘察设计单位、施工承包单位、咨询服务机构、后评估机构等构成了项目服务端。随着多年的发展，行业及市场对燃气分布式能源的认知已较为普及，国内众多公司对燃气分布式能源的技术和流程相对了解，掌握程度比较高。并且在应用数据化、结合智慧能源、发展零碳技术等方向，结合度更为紧密。

---

① 财新智库：《由碳达峰向碳中和：中国低碳发展行业展望年度白皮书（2021）》。

第2章 "双碳"背景下燃气分布式能源的定位

党的十八大以来，中国特色社会主义进入新时代，这是我国发展新的历史方位。习近平总书记提出"四个革命、一个合作"能源安全新战略，为新时代中国能源发展指明了方向，开辟了中国特色能源发展新道路，为能源行业提出了新的发展要求。

构建新发展格局——高速增长阶段转向高质量发展阶段。"十四五"时期经济社会发展，要以推动高质量发展为主体，以深化供给侧结构性改革为主线，以改革创新为动力，加快构建新发展格局。能源行业要积极适应双循环战略带来的深刻变化，深化供给侧结构性改革，强化创新驱动发展，推动能源企业在更高水平对外开放中实现更好发展。

立足新发展阶段——全面建设社会主义现代化国家新征程。"十四五"时期是我国全面建设小康社会、实现第一个百年奋斗目标之后，乘势而上开启全面建设社会主义现代化国家新征程、向第二个百年奋斗目标进军的第一个五年，我国将进入新发展阶段。"十四五"时期要推进能源革命，实现生产生活方式绿色转型成效显著、能源资源配置更加合理、利用效率大幅提高，主要污染物排放总量持续减少、生态环境持续改善，生态安全屏障更加牢固、城乡人居环境明显改善。

贯彻新发展理念——创新、协调、绿色、开放、共享。习近平总书记指出，发展理念是发展行动的先导，是管全局、管根本、管方向、管长远的东西，是发展思路、发展方向、发展着力点的集中体现。新发展理念符合我国国情，顺应时代要求，对破解发展难题、增强发展动力、厚植发展优势具有重大指导意义。"十四五"乃至更长时间，能源发展必须完整、准确、全面贯彻新发展理念，坚持系统观念，统筹发展和安全，协同推进能源低碳转型和供给保障，加快构建现代能源体系。

面向新发展要求——实现 2030 年前碳达峰和 2060 年前碳中和目标。2020 年 9 月 22 日习近平主席在第七十五届联合国大会宣布："中国将提高国家自主贡献力度，采取更加有力的政策和措施，二氧化碳排放力争于2030 年前达到峰值，努力争取 2060 年前实现碳中和。"

"双碳"目标的提出加快了我国能源转型的进程。在实现"双碳"目标的过程中，需抓紧机遇、加快创新，正确处理中长期绿色转型和短期经济平稳增长的关系，抓好产业结构调整和能源结构调整。尊重市场规律，处理好经济、能源和环境之间的关系。

2.1　"双碳"背景下的能源格局

"双碳"的发展战略会给经济社会发展带来广泛且深刻的系统性变革，能源转型是实现经济发展与碳排放脱钩的关键因素[1]。为推动实现"双碳"目标，中国陆续发布了重点领域和行业"碳达峰"实施方案和一系列支撑保障措施，构建起"双碳"的"1+N"政策体系，加速推进能源转型进程。2021 年 10 月 24 日，《中共中央 国务院关于完整准确全面贯彻新发展理念做好碳达峰碳中和工作的意见》正式发布，对中国"双碳"工作做出系统谋划，发挥统领作用，是"1+N"政策体系中对应"1"的政策文件[2]。2021

---

[1] 王震、李强、周彦希：《中国"双碳"顶层政策分析及能源转型路径研究》，《油气与新能源》2021 年第 6 期，第 1~5 页。

[2] 《中共中央　国务院关于完整准确全面贯彻新发展理念做好碳达峰碳中和工作的意见》，http：//www.gov.cn/zhengce/2021-10/24/content_ 5644613.htm，最后检索时间：2021 年10 月 24 日。

年 10 月 26 日，国务院印发政策体系 "N" 的首要政策文件《2030 年前碳达峰行动方案》，对中国 2030 年前实现碳达峰目标做出了总体部署，指出能源绿色低碳转型行动是 "碳达峰十大行动" 任务之首[①]。能源供给消费减碳主要强调能源供给侧低碳转型和能源消费侧节能降碳增效两个方面，能源转型发展需要以保障国家能源安全和经济发展为底线。

2.1.1 构建以清洁低碳能源为主体的能源供应体系

全球应对气候变化已达成广泛共识并加速行动，已有近 2/3 的国家明确碳中和目标，低碳转型发展成为国际潮流和趋势。2021 年前三季度，中国能源领域排放二氧化碳 83.08 亿 t，较 2020 年同期上涨 9.12%，占全世界的 31.76%[②]，面临国际社会低碳环境约束和国内高质量发展的双重压力。实现 "双碳"，是贯彻新发展理念、构建新发展格局、推动高质量发展的内在要求，是党中央统筹国内国际两个大局做出的重大战略决策。在我国的二氧化碳排放总量中，能源生产和消费相关活动的碳排放占比较高，推进能源绿色低碳转型是实现 "双碳" 目标的关键。

能源作为支持经济社会发展的要素，其发展面临三大挑战：一是如何增加储备，保障能源安全；二是如何解决因能源开发利用带来的环境污染和生态损害；三是如何推动能源绿色低碳转型发展以应对全球气候变化。当前及今后很长一段时期，我国与主要发达国家所面临的能源问题有着很大的不同。主要发达国家在二战后至 21 世纪初，基本解决了能源安全问题和能源环境问题，目前主要是在应对能源低碳转型发展问题，而我国却要同时面对这三个问题的严峻挑战，困难更大[③]。

---

① 《国务院印发〈2030 年前碳达峰行动方案〉》，http://www.gov.cn/xinwen/2021-10/26/content_5645001.htm，最后检索时间：2021 年 10 月 26 日。

② 《央行推出碳减排支持工具，逾百国承诺 2030 年停止森林砍伐》，《碳中和追踪周报》2021 年第 19 期，http://www.capwhale.com/newsfile/details/20211111/fa1cb3925dc14e3ca50a32548b9a2497.shtml，最后检索时间：2021 年 11 月 11 日。

③ 《统筹能源安全保障与绿色转型》，国家能源局，http://www.nea.gov.cn/2022-02/11/c_1310466412.htm，最后检索时间：2022 年 2 月 11 日。

能源是人类社会发展的基石和动力。人类对能源的需求牵引着能源技术的革新与革命，而能源技术的革新与革命又影响着人类的生产模式、生活方式和社会管理，从而促进人类社会发展[①]。为适应新形势下推进能源绿色低碳转型的需要，2022年2月，国家发改委、能源局联合下发《关于完善能源绿色低碳转型体制机制和政策措施的意见》（发改能源〔2022〕206号）[②]，提出"建立绿色低碳为导向的能源开发利用新机制"，"推动构建以清洁低碳能源为主体的能源供应体系"，更加清洁的能源和更高效的利用方式占比将持续提高。从能源供给侧看，要向电力零碳化、燃料零碳化、分布式方向发展；从能源需求侧看，要向能源利用高效化、再电气化、数字化方向发展。

燃气行业不仅在当前能源结构中占有重要地位，还具有存量资产庞大、从业人数众多、与部分地区经济耦合程度深等特点，同时燃气将对构建清洁低碳、安全高效的现代能源体系做出积极贡献。

2.1.2 建立低碳、零碳、负碳的多维度能源技术体系

低碳技术创新与颠覆性能源技术突破是推动能源革命与工业革命、落实国家"双碳"战略的核心动力。在国家需求导向和碳中和战略引领下，能源体系正在从化石能源主导向低碳多能融合方向转变，一系列新兴技术的发展和深度融合，推动能源生产、转化、运输、存储、消费全产业链发生深刻变革。碳中和不仅仅是单一领域或某一行业的深度减排问题，而是要从全产业链和跨产业的角度提供重点突破与协同减排的科技支撑。从技术应用来看，碳中和技术的应用推广需要考虑不同区域、行业和领域的不同应用场景，加强集成耦合与系统优化，实现"1+1>2"的协同效应。

---

① 《能源科技发展新趋势》，国家能源局，http：//www. nea. gov. cn/2015-09/06/c_ 134595095. htm，最后检索时间：2015年9月6日。

② 《国家发展改革委 国家能源局关于完善能源绿色低碳转型体制机制和政策措施的意见》，http：//zfxxgk. nea. gov. cn/2022-01/30/c_ 1310464313. htm，最后检索时间：2022年1月30日。

碳中和科技创新体系就是低碳、零碳、负碳技术的研发推广。一是以低碳技术为基础。应继续坚持节能减排和提质增效，充分发挥低碳技术的基础性作用。二是以零碳技术为重点。能实现深度减排的可再生能源等零碳电力能源技术和氢能等将成为未来我国碳中和技术体系的重点部署方向。三是以负碳技术为保障。主要用于捕获、封存、利用、处理二氧化碳等。

2.1.3　确立多元化协同发展的能源和碳市场体系

"双碳"目标将促使能源产业加快转向新发展模式，带来重大的产业调整、资产重估和经济空间转移。能源产业加快从"碳消费"到"碳循环"模式的转换。传统产业要淘汰低效高耗能的落后产业，节能提效减少碳排放；新兴产业要以科技创新为核心，大力发展碳捕集、利用与封存技术（CCUS）和氢能、储能等碳中和关键技术，积极发展绿色产业经济。

市场方面，能源市场体系呈多元化和市场化发展。未来，电力和天然气市场化改革深入推进，用能权交易市场、电力市场、碳排放权交易市场、绿证市场和可再生能源市场不断完善、协同发展。尤其需建立碳排放权交易、用能权交易、电力市场协调机制。

2.1.4　形成市场化能源和碳排放监管政策体系

"十四五"期间，将基本建立推进能源绿色低碳发展的制度框架，形成比较完善的政策、标准、市场和监管体系，推动能耗"双控"向碳排放"双控"转变，构建以碳排放"双控"和分布式能源目标制度为引领的低碳转型推进机制。到 2030 年，基本建立完整的能源绿色低碳发展基本制度和政策体系，形成非化石能源既基本满足能源需求增量又规模化替代化石能源存量、能源安全保障能力得到全面增强的能源生产消费格局。在促进清洁能源发展方面，要建立绿色低碳为导向的能源开发利用新机制。支持新能源电力能建尽建、能并尽并、能发尽发。在促进化石能源清洁高效开发利用方面，要完善煤炭清洁开发利用政策，完善煤电清洁高效转型政策，完善油气清洁高效利用机制。依托公共资源交易平台，加快建设完善全国碳排放权交易市场，完善用能权有偿使用和交易制度，加快建设全国用能权交易市场。加强电力交易、用能权交易和碳排放权交易的统筹衔接。将"双碳"相关指标纳入经济社会发展综合评价体系，增加考核权重，加强指标约束。

2.2 "双碳"背景下分布式能源的机遇与定位

"四个革命、一个合作"中第一个革命即为推动能源消费革命，燃气分布式能源直接面对消费端，布局灵活、运营高效，在提高能源利用效率、改变用能方式、节能减排方面具有重要作用。在构建新型电力系统的过程中，燃气分布式能源和以燃气与多种可再生能源互补的供能系统可以满足工业园区、医院、学校、商场等工商业用能需求，既能提高用能效率又可以实现能源的"双控"目标。

2.2.1 "双碳"背景下燃气分布式能源的发展机遇与挑战

2.2.1.1 "双碳"背景下燃气分布式能源的发展机遇

"双碳"背景下燃气分布式能源进入快速和多元化发展阶段，迎来巨大的发展机遇。

（1）技术革新升级，促进燃气分布式能源创新融合

随着新一轮技术革命的深入推进，各类技术将不断创新突破，单项技术、多能耦合技术、能源数字化技术等的发展为燃气分布式能源模式和业态创新提供更加丰富的技术手段。燃气分布式能源从单一模式向综合性、智慧化模式升级。

燃气轮机、储能等单项技术依托基础理论、关键材料上的不断突破，向着更高效率、更低成本的方向发展，有效提高了项目的经济性。大数据、云计算、物联网、人工智能和区块链等新兴数字化技术的应用，为综合智慧能源系统中信息的监测、状态感知、多方通信、各环节互动等提供了有效技术支撑，极大提高了燃气分布式能源智能化、灵活化程度，加快燃气分布式能

源与用户侧服务有机融合, 促进了系统内部供需协同以及同大电网协同的能力, 起到降本增效、增加安全保障的作用, 更有助于燃气分布式能源与可再生能源、金融等的创新结合。

(2) 多元化气源并举, 延伸燃气分布式能源业务方向

以天然气为燃料的燃气分布式能源是一种清洁低碳的能源利用方式, 同时生物质能、氢能的发展延伸了燃气分布式能源的业务方向, 为燃气分布式能源产业注入了新的气源组成。

燃用混氢或者纯氢燃料使新型和现有燃机实现从化石能源向低碳能源过渡, 对于燃机的未来市场前景具有重要意义。氢灵活存储及输送技术的大力发展, 使得燃氢分布式能源广泛推广成为可能。生物质能是重要的零碳可再生能源, 具有资源广泛、供应稳定、可再生、转化简便等优势。稳步推进生物质能多元化开发, 促进生物质能与分布式能源技术结合, 有助于实现能源消费清洁低碳、全面绿色转型的发展目标。

(3) 与可再生能源协同, 拓展燃气分布式能源应用场景

碳中和阶段, 依托以可再生能源为主的低碳能源系统可实现碳排放 "稳中有降", 燃气分布式能源可为可再生能源规模化发展提供支撑; 而可再生能源与燃气分布式利用相结合的多能互补系统在供能体系中的比例提升, 将为能源工业带来革命性的变化。此外, 多能互补系统还是一种为满足终端客户多元化能源生产与消费的服务方式。它不单销售能源商品, 还销售能源服务, 由传统的单一售电模式转为电、气、冷、热等的多元化能源供应和多样化增值服务模式。

(4) 能源市场化改革深入, 丰富燃气分布式能源发展模式

油气体制改革深入, 完善了燃气分布式能源一次能源价格形成机制, 有利于优化燃气分布式能源项目的经济效益。

在电力体制改革的不断推进下, 增量配电改革投资方可通过建设分布式电源, 形成区域发配售一体化模式。电力市场建设不断完善, 交易规则和运行的持续优化, 形成新型的分布式能源电力交易机制。丰富的能源交易模式, 既可以参与电力中长期和现货交易市场, 因其灵活性, 特别是燃气分布

式能源的可控性，还可以参与调峰、调频、黑启动等电力辅助服务市场，从而提升燃气分布式能源竞争力，保障电力系统的稳定性和灵活性。

2.2.1.2 "双碳"背景下燃气分布式能源的发展挑战

（1）在电力市场和碳市场价值体现不充分

辅助服务市场和碳市场尚不完善，燃气分布式能源低碳和灵活性价值无法体现。由于政策不到位，价格激励不足以覆盖燃气机组的调节成本，虽然目前我国多个省份已建立辅助服务市场，但是燃气分布式能源等机组的灵活调节优势被削弱。同时，我国发电行业碳市场刚刚起步，形成合理的碳价机制尚待时日，燃气分布式能源的清洁效益尚未体现。

随着可再生能源、新能源等利用的增加，能源系统中碳排放的强度在逐年降低，燃气分布式能源在碳排放方面的优势也将受到挑战。以上海为例，温室气体排放核算指南中核算使用外购电力、热力所导致的排放时，电力排放因子缺省值由 $7.88t\ CO_2/10^4 kW\cdot h$ 调整为 $4.2t\ CO_2/10^4 kW\cdot h$，热力排放因子缺省值由 $0.11t\ CO_2/GJ$ 调整为 $0.06t\ CO_2/GJ$。

（2）燃气成本和维护成本高，现有政策下竞争力不强

燃气分布式能源核心设备仍以进口为主，加大了项目的初投资。运行成本中70%左右为燃料成本，燃气价格的变动对项目经济性影响较大，但其在环保、碳减排等方面的优势并未在经济性中体现出来。在实现"双碳"目标的过程中，应充分发挥燃气分布式能源在环保、碳减排、灵活性等方面的优势，改善燃气分布式能源项目的经济性。

（3）依托的燃气产业发展空间被压缩

按照"双碳"目标，2021~2030年，可再生能源在能源结构中的占比快速增长，将在一定程度上压缩燃气产业的发展窗口期与发展空间。然而现阶段我国燃气市场仍处于非竞争性市场阶段，发展起步晚、资源量和储量有限、地质和开发条件复杂、市场活力和竞争性不足、法律和监管体系尚待完善。因此，应加快并深化燃气行业改革，增强供应可靠性和灵活性；加速转变发展模式，直面能源转型对燃气降碳、高质量发展新要求，以期获得更大的发展空间。

（4）供气保障

燃气分布式能源以天然气分布式能源为主，天然气的供应是燃气分布式能源项目正常运行的保障。目前，我国 "西气东输、北气南下、海气登陆、主干互联、全国覆盖" 的格局已基本成形。2021 年天然气表观消费量 3726 亿 m^3，国内产气 2053 亿 m^3，对外依存度高达 45%，为保障能源安全带来了挑战。

随着我国天然气消费的快速增长，储气能力不足给天然气安全平稳供应带来了风险。2021 年我国地下储气库工作气量约为 170 亿 m^3，不足当年天然气消费量的 5%。尤其因为冬季取暖需求带来天然气需求的增长，使得天然气存在显著的季节性峰谷差，给燃气分布式能源稳定运行带来考验。

2.2.2　"双碳"背景下燃气分布式能源的定位

在能源转型叠加 "双碳" 目标的大背景下，能源结构多元化、能源安全和降低排放的要求对能源方式提出多重挑战，低碳甚至零碳发展将是燃气分布式行业长期面临的挑战。天然气作为介于传统化石能源和可再生能源之间的低碳清洁能源，碳排放量低于煤炭、石油，但在减碳方面与新能源比却不具优势。对 "双碳" 背景下燃气分布式能源的发展定位认识不统一，需要处理好安全保供与减排约束的关系。

在 "双碳" 目标下，中国将加快能源结构的脱碳化进程，实施可再生能源替代行动，构建以新能源为主体的新型电力系统。但能源多元化并非化石燃料为零，在未来 "清洁低碳、安全高效" 的多元化能源体系中，各类能源各得其所，相互间既有替代关系，也有备份、协同关系。对于燃气行业而言，天然气作为清洁低碳的化石能源，既是实现能源结构向低碳转型的现实选择，也是可再生能源规模化发展及新型电力系统保持安全稳定性的关键。

我国碳排放来源中，化石能源燃烧占比约 84%，能源及石化行业是实现 "双碳" 目标的关键领域，正确把握能源安全供给和中长期绿色转型的关系至关重要①。

从近中期来看，天然气是与可再生能源互补协同发展的"最佳伙伴"。2018 年 9 月召开的国际天然气技术大会提出"天然气是与新能源共生共荣的最佳伙伴"，可见天然气在未来能源体系中的重要地位。在储能技术取得突破之前，可再生能源发电不连续、不稳定的短板仍然突出，多种可再生能源大规模接入电网，将严重影响电力系统的安全稳定运行。天然气发电技术成熟、清洁高效、稳定灵活，能够及时补充可再生能源发电不稳定造成的供电缺口，具有"稳定器"的作用。构建天然气与可再生能源有机融合的新型电力系统是最优现实选择②。

长期来看，天然气是能源从高碳向低碳转型的"最佳伙伴"。当前及今后相当长一段时间内，可再生能源无法完全满足我国巨大的能源需求量，其对化石能源的替代将是一个漫长的过程。天然气是碳排放强度最低的化石能源，并且我国天然气大规模稳定供应的资源和工业基础最为扎实。天然气将作为能源低碳转型的"伴侣"，替代高碳化石能源，成为主体化石能源，满足经济社会发展对能源的需求，保障我国能源供应安全③。即使到 2060 年，天然气仍然是最重要的战略资源之一④。

燃气分布式能源与煤电相比碳排放低，且启动速度快、调节响应快、能量密度高、地域限制少。目前，"运动式"减碳、资源保障和经济性问题，制约了燃气分布式能源的发展。充分认识到燃气分布式能源的优势和价值，最大限度地破解其资源保障和经济性问题，将会形成燃气分布式能源与储电、煤电优势互补的格局，共同成为构建新型电力系统的压舱石，加快实现碳中和目标。

"双碳"目标的实现需要分阶段、循序渐进地推进。2030 年前二氧化碳

---

① 徐青杨：《能源多元化并非化石燃料为零》，《科学大观园》2021 年第 22 期，第 64 页。
② 黄巍、赵文轸：《推进中国天然气与可再生能源融合发展的思考》，《世界石油工业》2021 年第 4 期，第 38~43 页。
③ 朱彤：《能源转型进程中过渡能源的选择》，《能源》2018 年第 Z1 期，第 60~64 页。
④ 侯梅芳、潘松圻、刘翰林：《世界能源转型大势与中国油气可持续发展战略》，《天然气工业》2021 年第 12 期，第 9~16 页。

排放量达到峰值并实现稳中有降，2060 年顺利实现碳中和。不同阶段中的目标和措施也有所不同。达峰期需在生产侧和消费侧持续提高能效，控制煤炭等化石能源消费，大规模发展清洁能源，推进工业、建筑、交通部门电能替代，引导消费者低碳消费行为和低碳生活方式转型。中和期可分为加速减排期和深度减排期。加速减排期将面临一定的缓冲时间，需依托以可再生能源为主的低碳能源系统实现碳排放 "稳中有降" 并进入减排加速期，将实现交通系统全面电气化，完成农业零碳化改造，推进工业领域减碳行动，同时，开展负排放技术应用推广。深度减排期需以深度脱碳为首要任务，通过负排放技术和碳汇应用为必要的碳排放部门提供中和手段，从而兼顾经济发展与减排行动，最终实现 "净零排放" 目标。

在不同阶段，燃气分布式能源也将发挥不同作用。在达峰期，燃气分布式能源将发挥其低碳、稳定、灵活等优势为构建新型能源体系和规模化发展可再生能源提供支撑和保障，同时推动技术创新，探索氢能、生物天然气等低碳燃气应用技术。在中和期，燃气分布式能源向利用低碳燃气和碳捕集、利用与封存等方向发展，助力能源系统的脱碳。

2.2.2.1 技术创新，支撑能源绿色低碳转型

信息技术在燃气分布式能源中的应用，以燃气分布式能源的数据和数据思维为基础，进行项目性能检测和评估，采用硬件和软件的科学组合等方式实现全系统的优化，实现数据创造能源价值的目标。可实现优化设计、优化运行模式、优化经济性、优化商业模式、优化管理等功能，实现燃气分布式能源与用户之间的能量和信息的互联互通，实现需求侧管理，实现高效低耗的运行。同时以低碳绿色为方向、以资源共享为目标，在实现能源交易互动的基础上，还能提供基于能源信息服务的用户定制化服务。

燃气分布式能源的二氧化硫和颗粒物排放几乎为零，氮氧化物排放也远低于燃煤发电，其氮氧化物的排放浓度和排放绩效仅为燃煤发电的 45% 和 73%[①]。随着沼气燃气内燃机、燃氢燃气轮机、燃氢燃气内燃机、燃料电池

---

① 徐青杨：《能源多元化并非化石燃料为零》，《科学大观园》2021 年第 22 期，第 64 页。

等技术的创新发展，燃气分布式能源的气源和原动机的选择呈现多元化特点，可根据资源条件和用户的需求选取相应的技术，增加了燃气分布式能源的应用场景，并且使得燃气分布式能源的气源向低碳甚至零碳转型，促进清洁低碳能源的高效利用。

2.2.2.2 清洁低碳，推进构建现代能源体系

从我国国情来看，"双碳"目标提出后的能源转型还需要有一个过渡发展期。在此过程中，将以"低碳能源替代高碳能源""零碳能源替代化石能源"两个发展阶段有序推进。而过渡能源的选择，需要具备清洁低碳、可持续发展、技术成熟、产业基础良好、供应安全等特点。按此标准，分布式能源将成为"双碳"目标实现过程中的重要组成部分。

在推动构建以清洁低碳能源为主体的能源供应体系过程中，燃气分布式能源能够充分发挥其清洁低碳、安全高效、灵活、稳定等特点，推动能源清洁低碳发展，助力实现"双碳"目标。

2.2.2.3 灵活稳定，加快构建新型电力系统

在实现"双碳"的进程中，以风电、光伏为代表的可再生能源将成为主力军，但在大规模低成本储能尚未突破，非化石能源供电仍呈现间歇性、波动性、随机性特征的情况下，需要一种安全可靠的低碳清洁电源来支撑逐年增长的电力需求和电网调峰需求。燃气分布式能源能够发挥调峰、调频、支撑等作用，与可再生能源耦合构建清洁低碳的综合能源系统，促进可再生能源的发展，保障能源系统的稳定性和灵活性。同时，为了确保系统功率和负荷平衡，需要有容量足够且负荷灵活的电源来对电网提供调频服务。未来，大量操作灵活的天然气发电机组可以提供调峰调频服务，协助将可再生能源整合到能源系统中。

随着终端能源电气化水平的不断提高、新能源汽车等新型负荷的增加，电力系统负荷峰谷差持续加大，对保障电力稳定供应、实时平衡提出新的要求和新的挑战。燃气分布式能源就近布置在用户附近，能够与用户建立起实时互动，实现能源供需的平衡，保障电力系统的稳定。

2.2.2.4　跨界合作，打造综合能源服务系统

未来能源体系将发展为多能融合智慧能源系统，需要深入探索能源的综合互补利用原理及关键技术，开发多能系统规划设计及运行管理技术，攻克能源生产、输配、存储、消费等环节的多能耦合和优化互补核心技术问题，在此基础上深度融合新一代信息技术形成智慧能源新产业。

燃气分布式能源通过冷、热、电多种能源的联合供应满足用户的多种能源需求，且可有效耦合可再生能源发电、可再生能源供热等多种可再生能源技术构建综合能源系统，推动终端用能领域多能协同和能源综合梯级利用，推动终端用能清洁化。综合能源系统具有分布式、对等化和智能化的重要特性，融合能源路由技术、多能源存储技术、多能源转化技术，实现多种能源的互联，以终端枢纽打破不同能源系统之间的壁垒。随着能源市场化改革的深入，能源不同品种和供需之间的界限逐渐模糊，燃气分布式能源能够发挥更大的优势。

在能源体制改革、供给侧改革和需求侧改革的深入过程中，能源供需的高度协调匹配是能源领域的重要趋势之一，能源需求侧将发挥更加重要的作用。燃气分布式能源实现供给侧与需求侧联动，借助智能数字化技术，将需求侧的数据反馈给供给侧，再通过供给侧为需求侧提供能源和数据的保障，提高能源供给精细化程度，使能源供给与用户需求更加贴合。

第3章 燃气分布式能源发展政策

法规、政策是促进和保障行业发展的基础和关键，本章整理归纳了 2004 年以来各类国家、地方及行业层面与燃气分布式能源相关的政策、法规及指导性文件，并按照国家能源发展战略及规划、燃气分布式能源指导类文件、促进节能减排类文件、燃气价格及市场化文件、电力体制改革以及地方分布式能源扶持政策等进行了分类总结。

3.1 国家能源发展战略及规划

2014 年以来，国家宏观层面开始将燃气分布式能源明确纳入能源领域体制改革重点工作，国务院、国家发展改革委、国家能源局发布的多个发展战略、规划及宏观政策文件中都明确鼓励推动燃气分布式能源的发展（见表 3-1）。

表 3-1 2014~2021 年国家能源发展战略及规划的相关政策

发布日期	发布部门	文件名称	主要内容
2014-06-07	国务院办公厅	《能源发展战略行动计划（2014－2020年）》①	1. 坚持发展非化石能源与化石能源高效清洁利用并举，逐步降低煤炭消费比重，提高天然气消费比重，形成与我国国情相适应、科学合理的能源消费结构，大幅减少能源消费排放，促进生态文明建设。到 2020 年，非化石能源占一次能源消费比重达到 15%，天然气比重达到 10% 以上，煤炭消费比重控制在 62% 以内。 2. 制定城镇综合能源规划，大力发展分布式能源，科学发展热电联产，鼓励有条件的地区发展热电冷联供

① 《国务院办公厅关于印发能源发展战略行动计划（2014-2020 年）的通知》，http://www.nea.gov.cn/2014-12/03/c_133830458.htm，最后检索时间：2014 年 12 月 3 日。

续表

发布日期	发布部门	文件名称	主要内容
2016-11-07	国家发展改革委、国家能源局	《电力发展"十三五"规划（2016－2020年）》①	1. 有序发展天然气发电，大力推进分布式气电建设。推广应用分布式气电，重点发展热电冷多联供。"十三五"期间，全国气电新增投产 5000 万千瓦，2020 年达到 1.1 亿千瓦以上，其中热电冷多联供 1500 万千瓦。 2. 积极发展分布式发电，鼓励能源就近高效利用。放开用户侧分布式电源建设，推广"自发自用、余量上网、电网调节"的运营模式。鼓励在有条件的产业聚集区、工业园区、商业中心、机场、交通枢纽及数据存储中心和医院等推广建设分布式能源项目，因地制宜发展沼气发电和生物质气化发电等项目。支持工业企业加快建设余热、余压、余气、瓦斯发电项目
2016-11-29	国务院	《"十三五"国家战略性新兴产业发展规划》②	突破风光互补、先进燃料电池等新能源电力技术瓶颈，加快发展生物质供气供热等技术应用，开展生物天然气多领域应用和区域示范，推进新能源多产品联产联供技术产业化。加速发展融合储能与微网应用的分布式能源，大力推动多能互补集成优化示范工程建设。建立健全新能源综合开发利用的技术创新、基础设施、运营模式及政策支撑体系
2016-12-24	国家发展改革委	《天然气发展"十三五"规划》③	借鉴国际天然气发展经验，提高天然气发电比重，扩大天然气利用规模，鼓励发展天然气分布式能源等高效利用项目，有序发展天然气调峰电站，因地制宜发展热电联产。在可再生能源分布比较集中和电网灵活性较低区域积极发展天然气调峰机组，推动天然气发电与风力、太阳能发电、生物质发电等新能源发电融合发展。2020 年天然气发电装机规模达到 1.1 亿千瓦以上，占发电总装机比例超过 5%

---

① 《国家发展改革委、国家能源局发布〈电力发展"十三五"规划（2016-2020 年）〉》，http://www.ndrc.gov.cn/fzgggz/fzgh/ghwb/gjjgh/201706/t20170605_849994.html，最后检索时间：2016 年 11 月 7 日。

② 《国务院关于印发"十三五"国家战略性新兴产业发展规划的通知》，http://www.gov.cn/zhengce/content/2016-12/19/content_5150090.htm，最后检索时间：2016 年 11 月 29 日。

③ 《国家发展改革委关于印发石油天然气发展"十三五"规划的通知》，http://www.ndrc.gov.cn/zcfb/zcfbghwb/201701/t20170119_835567.html，最后检索时间：2016 年 12 月 24 日。

续表

发布日期	发布部门	文件名称	主要内容
2016-12-26	国家发展改革委、国家能源局	《能源发展"十三五"规划》①	1. 加强终端供能系统统筹规划和一体化建设，在新城镇、新工业园区、新建大型公用设施（机场、车站、医院、学校等）、商务区和海岛地区等新增用能区域，实施终端一体集成供能工程，因地制宜推广天然气热电冷三联供、分布式再生能源发电等供能模式，加强热、电、冷、气等能源生产耦合集成和互补利用； 2. 以京津冀及周边地区、长三角、珠三角、东北地区为重点，推进重点城市"煤改气"工程。加快建设天然气分布式能源项目和天然气调峰电站。2020 年气电装机规模达到 1.1 亿千瓦
2016-12-29	国家发展改革委、国家能源局	《能源生产和消费革命战略(2016-2030)》②	1. 根据资源环境承载能力科学规划能源资源开发布局，推动能源集中式和分布式开发并举，坚持优存量和拓增量并重，降低煤炭在能源结构中的比重，大幅提高新能源和可再生能源比重，使清洁能源基本满足未来新增能源需求，实现单位国内生产总值碳排放量不断下降； 2. 推动分布式成为重要的能源利用方式。在具备条件的建筑、产业园区和区域，充分利用分布式天然气、分布式可再生能源，示范建设相对独立、自我平衡的个体能源系统。根据分布式能源供应情况，合理布局产业集群，完善就近消纳机制，推动实现就地生产、就地消费
2017-12-05	国家发展改革委、国家能源局等十部委	《北方地区冬季清洁取暖规划(2017-2021年)》③	1. "煤改气"要在落实气源的前提下有序推进，各级地方政府要根据供气协议制定"煤改气"实施方案和年度计划； 2. 因地制宜适度发展天然气热电联产，对于环保不达标、改造难度大的既有燃煤热电联产机组，优先实施燃气热电联产替代升级（热电比不低于 60%）。在具有稳定冷热电需求的楼宇或建筑群，大力发展天然气分布式能源

---

① 《国家发展改革委 国家能源局关于印发能源发展"十三五"规划的通知》，http://www.nea.gov.cn/2017-01/17/c_135989417.htm，最后检索时间：2016 年 12 月 26 日。
② 《国家发展改革委 国家能源局关于印发能源生产和消费革命战略（2016-2030）的通知》，http://www.ndrc.gov.cn/zcfb/zcfbtz/201704/t20170425_845284.html，最后检索时间：2016 年12 月 29 日。
③ 《关于印发北方地区冬季清洁取暖规划（2017-2021 年）的通知》，http://www.gov.cn/xinwen/2017-12/20/content_5248855.htm，最后检索时间：2017 年 12 月 5 日。

续表

发布日期	发布部门	文件名称	主要内容
2019-10-30	国家发展改革委	《产业结构调整指导目录(2019年本)》①	将天然气调峰发电、天然气分布式能源技术开发与应用、氢能、沼气发电、生物质能清洁供热等列入鼓励类目录
2020-04-03	国家能源局	《中华人民共和国能源法(征求意见稿)》②	积极合理发展天然气,优化天然气利用结构,提高天然气在一次能源消费中的比重。氢能纳入能源范畴
2020-06-05	国家能源局	《2020年能源工作指导意见》③	天然气产量约1810亿立方米。加快管网和储气设施建设,补强天然气互联互通和重点地区输送能力短板,加快形成"全国一张网"。启动生物天然气项目建设,研究加大政策支持力度,推动生物天然气产业化发展
2020-10-29	中国共产党第十九届中央委员会	《中共中央关于制定国民经济和社会发展第十四个五年规划和二〇三五年远景目标的建议》④	推进能源革命,完善能源产供储销体系,加强国内油气勘探开发,加快油气储备设施建设,加快全国干线油气管道建设,建设智慧能源系统,优化电力生产和输送通道布局,提升新能源消纳和存储能力,提升向边远地区输配电能力。推动能源清洁低碳安全高效利用
2021-10-24	国务院	《2030年前碳达峰行动方案》⑤	有序引导天然气消费,优化利用结构,优先保障民生用气,大力推动天然气与多种能源融合发展,因地制宜建设天然气调峰电站。构建新能源占比逐渐提高的新型电力系统,推动清洁电力资源大范围优化配置。大力提升电力系统综合调节能力,加快灵活调节电源建设

---

① 《发展改革委修订发布〈产业结构调整指导目录(2019年本)〉》,http://www.gov.cn/xinwen/2019-11/06/content_5449193.htm,最后检索时间:2019年10月30日。

② 《国家能源局关于〈中华人民共和国能源法(征求意见稿)〉公开征求意见的公告》,http://www.nea.gov.cn/2020-04/10/c_138963212.htm,最后检索时间:2020年4月3日。

③ 《国家能源局关于印发〈2020年能源工作指导意见〉的通知》,http://www.nea.gov.cn/2020-06/22/c_139158412.htm,最后检索时间:2020年6月5日。

④ 《中共中央关于制定国民经济和社会发展第十四个五年规划和二〇三五年远景目标的建议》,http://www.gov.cn/zhengce/2020-11/03/content_5556991.htm,最后检索时间:2020年10月29日。

⑤ 《国务院关于印发2030年前碳达峰行动方案的通知》,http://www.gov.cn/zhengce/content/2021-10/26/content_5644984.htm,最后检索时间:2021年10月24日。

3.1.1 《"十四五"现代能源体系规划》①

2022 年 3 月 22 日，国家发展改革委、国家能源局发布《"十四五"现代能源体系规划》，再度奠定了"十四五"绿色低碳与能源安全并重的基调，以实现能源清洁低碳、安全高效利用的目标。"十四五"时期是为力争在 2030 年前实现碳达峰、2060 年前实现碳中和打好基础的关键时期。《"十四五"现代能源体系规划》对于燃气供应与储备、管网建设、终端利用和构建天然气市场化体系等均有提及。在区域能源发展方面，将提升中东部地区能源清洁低碳发展水平，以京津冀及周边地区、长三角、粤港澳大湾区等为重点，加快发展分布式新能源等，推动更多依靠清洁能源提升本地能源自给率，开展能源生产消费绿色转型示范（见表 3-2）。

表 3-2　《"十四五"现代能源体系规划》中与燃气分布式能源相关的政策

政策措施	内容
增强油气供应能力	加大国内油气勘探开发，坚持常非并举、海陆并重，强化重点盆地和海域油气基础地质调查和勘探，夯实资源接续基础。积极扩大非常规资源勘探开发，加快页岩油、页岩气、煤层气开发力度。天然气产量快速增长，力争 2025 年达到 2300 亿立方米以上
提升天然气储备和调节能力	统筹推进地下储气库、液化天然气（LNG）接收站等储气设施建设。全面实行天然气购销合同管理，坚持合同化保供，加强供需市场调节，强化居民用气保障力度，优化天然气使用方向，新增天然气量优先保障居民生活需要和北方地区冬季清洁取暖。到 2025 年，全国集约布局的储气能力达到 550 亿~600 亿立方米，占天然气消费量的比重约 13%
推进管网建设	加快天然气长输管道及区域天然气管网建设，推进管网互联互通，完善 LNG 储运体系。到 2025 年，全国油气管网规模达到 21 万公里左右。加快完善农村和边远地区能源基础设施，在气源有保障、经济可承受的情况下，有序推动供气设施向农村延伸。深化油气管网改革，推进省级管网运销分离，完善管网调度运营规则，建立健全管容分配、托运商等制度，推动城镇燃气压缩管输和供气层级
大力发展非化石能源	因地制宜发展生物质能清洁供暖，在粮食主产区和畜禽养殖集中区统筹规划建设生物天然气工程

①　《国家发展改革委　国家能源局关于印发〈"十四五"现代能源体系规划〉的通知》，https：// www. ndrc. gov. cn/xxgk/ zcfb/ ghwb/202203/t20220322_ 1320016. html? code = &state = 123，最后检索时间：2022 年 1 月 2 日。

续表

政策措施	内容
推动构建新型电力系统	推动电力系统向适应大规模高比例新能源方向演进:建设智能高效的调度运行体系,探索电力、热力、天然气等多种能源联合调度机制,促进协调运行
	增强电源协调优化运行能力:因地制宜建设天然气调峰电站和发展储热型太阳能热发电,推动气电、太阳能热发电与风电、光伏发电融合发展、联合运行
	生物质能:有序发展农林生物质发电和沼气发电,建设千万立方米级生物天然气工程
加强应急安全管控	推进本地应急保障电源建设,鼓励具备条件的重要用户发展分布式电源和微电网,完善用户应急自备电源配置,统筹安排城市黑启动电源和公用应急移动电源建设
增强能源科技创新能力	实施科技创新示范工程:高效可再生能源氢气制备、储运、应用和燃料电池等关键技术攻关及多元化示范应用;氢能在可再生能源消纳、电网调峰等场景示范应用;氢能、电能、热能等异质能源互联互通示范
加快能源产业数字化智能化升级	实施智慧能源示范工程:以多能互补的清洁能源基地、源网荷储一体化项目、综合能源服务、智能微网、虚拟电厂等新模式新业态为依托,开展智能调度、能效管理、负荷智能调控等智慧能源系统技术示范;建设能源大数据、数字化管理示范平台
建设现代能源市场	优化能源资源市场化配置:深化电力体制改革,加快构建和完善中长期市场、现货市场和辅助服务市场有机衔接的电力市场体系;加快完善天然气市场顶层设计,构建有序竞争、高效保供的天然气市场体系,完善天然气交易平台
	深化价格形成机制市场化改革:持续深化燃气发电等上网电价市场化改革,稳步推进天然气价格市场化改革,减少配气层级;落实清洁取暖电价、气价、热价等政策

3.1.2　《关于完善能源绿色低碳转型体制机制和政策措施的意见》[①]

为统筹发展与安全、稳增长和调结构,深化能源领域体制机制改革创新,加快构建清洁低碳、安全高效的能源体系,促进能源高质量发展和经济社会发展全面绿色转型,2022 年 1 月 30 日,国家发展改革委与国家能源局发布《关于完善能源绿色低碳转型体制机制和政策措施的意见》,提出了到 2030 年基本建立完整的绿色能源低碳发展基本制度和政策体系等主要目标,

---

① 《国家发展改革委 国家能源局关于完善能源绿色低碳转型体制机制和政策措施的意见》,http://zfxxgk.nea.gov.cn/2022-01/30/c_ 1310464313.htm,最后检索时间:2022 年 1 月 30 日。

从完善引导绿色能源消费的制度和政策体系、完善新型电力系统建设和运行机制等十方面明确了完善能耗"双控"和非化石能源目标制度、推动构建以清洁低碳能源为主体的能源供应体系等 35 项工作任务。与燃气分布式能源相关的内容如表 3-3 所示。

表 3-3　《关于完善能源绿色低碳转型体制机制和政策措施的意见》
中与燃气分布式能源相关的政策

政策措施	内容
完善工业领域绿色能源消费支持政策	引导工业企业开展清洁能源替代,降低单位产品碳排放,鼓励具备条件的企业率先形成低碳、零碳能源消费模式。鼓励建设绿色用能产业园区和企业,发展工业绿色微电网,支持在自有场所开发利用清洁低碳能源,建设分布式清洁能源和智慧能源系统,对余热余压余气等综合利用发电减免交叉补贴和系统备用费,完善支持自发自用分布式清洁能源发电的价格政策
创新农村可再生能源开发利用机制	在农村地区优先支持屋顶分布式光伏发电以及沼气发电等生物质能发电接入电网,电网企业等应当优先收购其发电量。完善规模化沼气、生物天然气、成型燃料等生物质能和地热能开发利用扶持政策和保障机制
健全适应新型电力系统的市场机制	支持微电网、分布式电源、储能和负荷聚合商等新兴市场主体独立参与电力交易。积极推进分布式发电市场化交易,支持分布式发电与同一配电网内的电力用户通过电力交易平台就近进行交易,完善支持分布式发电市场化交易的价格政策及市场规则
完善电力需求响应机制	支持分布式发电等用户侧可调节资源,以及负荷聚合商、虚拟电厂运营商、综合能源服务商等参与电力市场交易和系统运行调节
探索建立区域综合能源服务机制	探索同一市场主体运营集供电、供热(供冷)、供气为一体的多能互补、多能联供区域综合能源系统。鼓励增量配电网通过拓展区域内分布式清洁能源、接纳区域外可再生能源等提高清洁能源比重。公共电网企业、燃气供应企业应为综合能源服务运营企业提供可靠能源供应,并做好配套设施运行衔接。鼓励提升智慧能源协同服务水平,强化共性技术的平台化服务及商业模式创新,充分依托已有设施,在确保能源数据信息安全的前提下,加强数据资源开放共享
完善油气清洁高效利用机制	鼓励油气企业利用自有建设用地发展可再生能源和建设分布式能源设施,在油气田区域内建设多能融合的区域供能系统。持续推动油气管网公平开放并完善接入标准,梳理天然气供气环节并减少供气层级,在满足安全和质量标准等前提下,支持生物天然气等清洁燃料接入油气管网,探索输气管道掺氢输送、纯氢管道输送等高效输氢方式
深化能源领域"放管服"改革	优化清洁低碳能源项目核准和备案流程,简化分布式能源投资项目管理程序。创新综合能源服务项目建设管理机制,鼓励各地区依托全国投资项目在线审批监管平台建立综合能源服务项目多部门联审机制,实行一窗受理、并联审批

3.2 燃气分布式能源指导类文件

除了宏观层面的政策文件外，国家还发布了一系列专项文件明确鼓励推动燃气分布式能源的发展（见表3-4）。

表3-4 燃气分布式能源指导类文件

发布日期	发布部门	文件名称	主要内容
2004-08-16	国家发展改革委	《国家发展改革委关于分布式能源系统有关问题的报告》(发改能源〔2004〕1702号)①	对分布式能源概念、特征、国内外发展现状进行了较为详细的描述。提出结合工业生产用热和采暖需要，因地制宜建设热电联产机组，逐步代替分散的小锅炉，应是我国分布式能源发展的重点
2011-10-09	国家发展改革委、财政部、住房城乡建设部、国家能源局	《关于发展天然气分布式能源的指导意见》(发改能源〔2011〕2196号)②	1. 主要任务:"十二五"初期启动一批天然气分布式能源示范项目,"十二五"期间建设1000个左右天然气分布式能源项目,并拟建设10个左右各类典型特征的分布式能源示范区域。未来5~10年内在分布式能源装备核心能力和产品研制应用方面取得实质性突破。初步形成具有自主知识产权的分布式能源装备产业体系。 2. 目标:2015年前完成天然气分布式能源主要装备研制。通过示范工程应用,当装机规模达到500万千瓦,解决分布式能源系统集成,装备自主化率达到60%;当装机规模达到1000万千瓦,基本解决中小型、微型燃气轮机等核心装备自主制造,装备自主化率达到90%。到2020年,在全国规模以上城市推广使用分布式能源系统,装机规模达到5000万千瓦,初步实现分布式能源装备产业化

① 《国家发展改革委关于分布式能源系统有关问题的报告》,https://www.doc88.com/p-6993841437199.html,最后检索时间:2019年4月11日。

② 《关于发展天然气分布式能源的指导意见》,http://www.nea.gov.cn/2011-10/14/c_131190266.htm,最后检索时间:2011年10月9日。

续表

发布日期	发布部门	文件名称	主要内容
2012-06-01	国家发展改革委、财政部、住房和城乡建设部、国家能源局	《关于下达首批国家天然气分布式能源示范项目的通知》(发改能源〔2012〕1571号)①	公布了首批4个国家天然气分布式能源示范项目,并"请有关省市积极支持首批示范项目建设,协助办理相关配套文件","中央财政将对首批示范项目给予适当支持"
2014-10-23	国家发展改革委、国家能源局、住房和城乡建设部	《天然气分布式能源示范项目实施细则》②	1. 天然气分布式能源示范项目评审原则。 因地制宜:对二次能源需求性质相近且用户相对集中的楼宇(群),提倡采用楼宇型天然气分布式能源系统;对冷、热(包括蒸汽、热水)、电力需求较大的区域,提倡采用区域型天然气分布式能源系统。 规模适当:以冷、热、电负荷平衡、系统综合能源利用效率最大化为主要目的,按照服务区域的能源需求品种和预期负荷开展方案比选,优化系统配置,按经济合理原则确定供能范围。 梯级利用:高能高用,低能低用,温度对口,梯级利用,示范项目年平均综合能源利用率高于70%(节能率符合国家相关标准)。 自主创新:优先采用自主技术装备,招标采购要有利于自主技术装备的示范应用,对于自主化水平高的项目优先审批和安排。 系统优化:充分利用示范项目所在地自然条件,实现与太阳能、生物质能、地热、风能等可再生能源以及储能装置的有机结合,形成互相补充的综合利用系统,增强能源供应可靠性和稳定性。 在京津冀鲁、长三角、珠三角地区,凡是列入煤炭减量替代的天然气分布式能源优先列入示范项目。 2. 天然气分布式能源项目可向项目所在地有关部门申请冷、热、电的特许经营,允许分布式能源企业在该区域内享受供电、供热、供冷经营权利,与用户分享节能效益。鼓励天然气分布式能源项目将剩余的热、冷销售给周边一定范围内的用户,并享受相关优惠政策

① 《关于下达首批国家天然气分布式能源示范项目的通知》,http://zfxxgk. nea. gov. cn/auto86/201207/t20120710_1496. htm,最后检索时间:2012 年 6 月 1 日。

② 《国家发展和改革委 国家能源局 住房和城乡建设部关于印发天然气分布式能源示范项目实施细则的通知》,http://www. china-gas. org. cn/tzgg/2014-10-31/786. html,最后检索时间:2014 年 10 月 23 日。

续表

发布日期	发布部门	文件名称	主要内容
2016-03-22	国家发展改革委等五部委	《热电联产管理办法》①	1. 鼓励规划建设天然气分布式能源项目,采用热电冷三联供技术实现能源梯级利用,能源综合利用效率不低于 70%; 2. 市场化调峰机制建立前,抽凝热电联产机组(含自备电厂机组)应提高调峰能力,积极参与电网调峰等辅助服务考核与补偿。鼓励热电机组配置蓄热、储能等设施实施深度调峰,并给予调峰补偿。鼓励有条件的地区对配置蓄热、储能等调峰设施的热电机组给予投资补贴
2017-01-25	国家发展改革委、农业部	《全国农村沼气发展"十三五"规划》②	推进沼气高值化利用。大力发展生物天然气并入天然气管网、罐装和作为车用燃料,沼气发电并网或企业自用,稳步发展农村集中供气或分布式撬装供气工程,促进沼气和生物天然气更多用于农村清洁取暖,提高沼气利用效率
2017-06-23	国家发展改革委	《加快推进天然气利用的意见》③	1. 大力发展天然气分布式能源。在大中城市具有冷热电需求的能源负荷中心、产业和物流园区、旅游服务区、商业中心、交通枢纽、医院、学校等推广天然气分布式能源示范项目,探索互联网+能源智能微网等新模式,实现多能协同供应和能源综合梯级利用。在管网未覆盖区域开展以 LNG 为气源的分布式能源应用试点。 2. 鼓励发展天然气调峰电站。鼓励风电、光伏等发电端配套建设燃气调峰电站,开展可再生能源与天然气结合的多能互补项目示范,提升电源输出稳定性,降低弃风弃光率。 3. 有序发展天然气热电联产。在京津冀及周边、长三角、珠三角、东北等大气污染防治重点地区具有稳定热、电负荷的大型开发区、工业聚集区、产业园区等适度发展热电联产燃气电站

---

① 《关于印发〈热电联产管理办法〉的通知》,http://www.ndrc.gov.cn/zcfb/zcfbtz/201604/t20160418_798342.html,最后检索时间:2016 年 3 月 22 日。

② 《全国农村沼气发展"十三五"规划》,https://www.ndrc.gov.cn/fggz/fzzlgh/gjjzxgh/201706/t20170607_1196790_ext.html,最后检索时间:2017 年 1 月 25 日。

③ 《关于印发〈加快推进天然气利用的意见〉的通知》,http://www.ndrc.gov.cn/gzdt/201707/t20170704_853939.html,最后检索时间:2017 年 6 月 23 日。

续表

发布日期	发布部门	文件名称	主要内容
2017-12-06	国家发展改革委、国家能源局	《关于促进生物质能供热发展指导意见》①	新建农林生物质发电项目实行热电联产，落实当地县域供热负荷，采取加装生物质锅炉等方式满足清洁供暖需求，为300万平方米以下县级区域供暖
2018-01-02	国家发展改革委办公厅、农业部办公厅、国家能源局综合司	《关于开展秸秆气化清洁能源利用工程建设的指导意见》②	实施县要根据自身实际情况，合理选择工艺路线，生物质燃气产生和净化设备能够适应于以秸秆为主要原料的农林废弃物，生物质燃气要达到相应标准，能够满足农村居民炊事采暖需求；要选择在技术、资金、运营管理等方面综合实力较强的行业龙头企业作为项目实施主体，确保生物质燃气入农户、工业锅炉、燃气发电等技术方案的可行性和安全性
2018-10-30	国家发展改革委、国家能源局	《清洁能源消纳行动计划（2018-2020年）》③	推动可再生能源就近高效利用。探索可再生能源富余电力转化为热能、冷能、氢能，实现可再生能源多途径就近高效利用
2020-03-11	国家发展改革委、司法部	《关于加快建立绿色生产和消费法规政策体系的意见》④	加大对分布式能源、智能电网、储能技术、多能互补的政策支持力度，研究制定氢能、海洋能等新能源发展的标准规范和支持政策
2020-09-11	国家发展改革委、财政部、国家能源局	《完善生物质发电项目建设运行的实施方案》⑤	拓展生物质能利用渠道。立足于多样化用能需求，大力推进农林生物质热电联产，从严控制只发电不供热项目，坚持宜气则气、宜热则热、宜电则电，鼓励加快生物质能非电领域应用，提升项目经济性和产品附加值，降低发电成本，减少补贴依赖

① 《国家发展改革委、国家能源局关于印发促进生物质能供热发展指导意见的通知》，http://zfxxgk.nea.gov.cn/auto87/201712/t20171228_3085.htm，最后检索时间：2017年12月6日。

② 《国家发展改革委办公厅 农业部办公厅 国家能源局综合司关于开展秸秆气化清洁能源利用工程建设的指导意见》，http://www.gov.cn/xinwen/2018-01/02/content_5252602.htm，最后检索时间：2018年1月2日。

③ 《国家发展改革委 国家能源局关于印发〈清洁能源消纳行动计划（2018—2020年）〉的通知》，http://www.gov.cn/xinwen/2018-12/05/content_5345902.htm，最后检索时间：2018年10月30日。

④ 《国家发展改革委 司法部印发〈关于加快建立绿色生产和消费法规政策体系的意见〉的通知》，http://www.gov.cn/zhengce/zhengceku/2020-03/19/content_5493065.htm，最后检索时间：2020年3月11日。

⑤ 《关于印发〈完善生物质发电项目建设运行的实施方案〉的通知》，http://www.nea.gov.cn/2020-09/16/c_139372803.htm，最后检索时间：2020年9月11日。

续表

发布日期	发布部门	文件名称	主要内容
2021-04-19	国家能源局	《2021 年能源工作指导意见》①	1. 强化能源供应保障基础。加快页岩油气、致密气、煤层气等非常规资源开发。 2. 完善能源科技创新体系。结合氢能、储能和数字化与能源融合发展等新兴领域、产业发展亟须的重要领域,研究增设若干创新平台
2021-04-23	中共中央、国务院	《关于新时代推动中部地区高质量发展的意见》②	支持山西煤层气、鄂西页岩气开发转化,加快农村能源服务体系建设

3.3　促进节能减排类文件

　　燃气分布式能源的节能与减排特点使其成为降低煤炭发电比重、降低碳排放强度、提升电力行业整体能效水平、推动能源行业绿色低碳发展的重要措施,在一些节能减排专项类文件中也明确了燃气分布式能源对节能减排的贡献和价值(见表 3-5)。

表 3-5　促进节能减排类文件

发布日期	发布部门	文件名称	主要内容
2013-09-10	国务院	《大气污染防治行动计划》③	1. 加快清洁能源替代利用。加大天然气、煤制天然气、煤层气供应。到 2015 年,新增天然气干线管输能力 1500 亿立方米以上,覆盖京津冀、长三角、珠三角等区域。优化天然气使用方式,新增天然气应优先保障居民生活或用于替代燃煤。 2. 鼓励发展天然气分布式能源等高效利用项目,限制发展天然气化工项目;有序发展天然气调峰电站,原则上不再新建天然气发电项目

---

① 《国家能源局关于印发〈2021 年能源工作指导意见〉的通知》,http://www.nea.gov.cn/2021-04/22/c_139898478.htm,最后检索时间:2021 年 4 月 19 日。

② 《中共中央 国务院关于新时代推动中部地区高质量发展的意见》,http://www.gov.cn/zhengce/2021-07/22/content_5626642.htm,最后检索时间:2021 年 4 月 23 日。

③ 《国务院关于印发大气污染防治行动计划的通知》,http://www.jingbian.gov.cn/gk/zfwj/gwywj/41211.htm,最后检索时间:2013 年 8 月 1 日。

续表

发布日期	发布部门	文件名称	主要内容
2014-03-24	国家发展改革委、国家能源局、环保部	《能源行业加强大气污染防治工作方案》①	1. 以城市、工业园区等能源消费中心为重点,加快天然气分布式能源和分布式光伏发电建设,开展新能源微电网示范,以自主运行为主的方式解决特定区域用电需求; 2. 2015 年,力争建成 1000 个天然气分布式能源项目,2017 年天然气分布式能源达到 3000 万千瓦; 3. 出台分布式发电及余热余压余气发电并网指导意见,允许分布式能源企业作为独立电力(热力)供应商向区域内供电(热、冷),鼓励各类投资者建设分布式能源项目。2015 年底前,重点在北京、天津、山东、河北、上海、江苏、浙江、广东等地区安排天然气分布式能源示范项目,2017 年底前,全国推广使用天然气分布式能源系统。推进"新城镇、新能源、新生活"计划,在江苏、浙江、河北等地选择中小城镇开展以 LNG 为基础的分布式能源试点
2018-01-15	环保部	《关于京津冀大气污染传输通道城市执行大气污染物特别排放限值的公告》(公告 2018 年第 9 号)②	"2+26"城市各级环保部门要严格按照文件要求审批新建项目,确保满足大气污染物特别排放限值。 燃气发电特别排放标准为:粉尘 $5mg/m^3$;二氧化硫 $35mg/m^3$;氮氧化物:燃气锅炉 $100mg/m^3$,燃气轮机组 $50mg/m^3$; 燃气锅炉特别排放标准为:颗粒物 $20mg/m^3$;二氧化硫 $50mg/m^3$;氮氧化物 $150mg/m^3$。 新建项目 2018 年 3 月 1 日起执行,现有项目 2018 年 10 月 1 日起执行。 上述标准的实施,对于"2+26"城市的天然气分布式能源项目来讲意味着机组选型改变,补充脱硫脱硝设备,总而言之,成本增加

① 《关于印发能源行业加强大气污染防治工作方案的通知》,http://www.nea.gov.cn/2014-05/16/c_133338463.htm,最后检索时间:2014 年 3 月 24 日。
② 环保部:《关于京津冀大气污染传输通道城市执行大气污染物特别排放限值的公告》,http://www.zhb.gov.cn/gkml/hbb/bgg/201801/t20180119_429997.htm,最后检索时间:2018 年 1 月 15 日。

续表

发布日期	发布部门	文件名称	主要内容
2020-12-31	生态环境部	《碳排放权交易管理办法（试行）》①	规定了全国碳市场的核查方式及配额分配方法等
2021-01-29	科技部	《国家高新区绿色发展专项行动实施方案》②	在国家高新区率先实现 2030 年可持续发展议程、工业废水零排放、碳达峰、园区绿色发展治理能力现代化等目标
2021-02-22	国务院	《关于加快建立健全绿色低碳循环发展经济体系的指导意见》③	到 2025 年，产业结构、能源结构、运输结构明显优化，绿色产业比重显著提升
2021-03-26	生态环境部	《企业温室气体排放报告核查指南（试行）》④	规定了重点排放单位温室气体排放报告的核查原则和依据、核查程序和要点、核查复核以及信息公开等内容
2021-10-18	国家发展改革委	《关于严格能效约束推动重点领域节能降碳的若干意见》（发改产业〔2021〕1464 号）⑤	到 2025 年，通过实施节能降碳行动，钢铁、电解铝、水泥、平板玻璃、炼油、乙烯、合成氨、电石等重点行业和数据中心达到标杆水平的产能比例超过 30%，行业整体能效水平明显提升，碳排放强度明显下降，绿色低碳发展能力显著增强。到 2030 年，重点行业能效基准水平和标杆水平进一步提高，达到标杆水平企业比例大幅提升，行业整体能效水平和碳排放强度达到国际先进水平，为如期实现碳达峰目标提供有力支撑

---

① 　生态环境部：《碳排放权交易管理办法（试行）》，http://www.gov.cn/zhengce/zhengceku/2021-01/06/content_5577360.htm，最后检索时间：2020 年 12 月 31 日。

② 　《科技部关于印发〈国家高新区绿色发展专项行动实施方案〉的通知》，http://www.gov.cn/zhengce/zhengceku/2021-02/02/content_5584347.htm，最后检索时间：2021 年 1 月 29 日。

③ 　《国务院关于加快建立健全绿色低碳循环发展经济体系的指导意见》，http://www.gov.cn/zhengce/content/2021-02/22/content_5588274.htm，最后检索时间：2021 年 2 月 22 日。

④ 　《关于印发〈企业温室气体排放报告核查指南（试行）〉的通知》，https://www.mee.gov.cn/xxgk2018/xxgk/xxgk06/202103/t20210329_826480.html，最后检索时间：2021 年 3 月 26 日。

⑤ 　《国家发展改革委等部门关于严格能效约束推动重点领域节能降碳的若干意见》，https://zfxxgk.ndrc.gov.cn/web/iteminfo.jsp? id=18300，最后检索时间：2021 年 10 月 18 日。

续表

发布日期	发布部门	文件名称	主要内容
2021-12-28	国务院	《"十四五"节能减排综合工作方案》①	1. 全面推进城镇绿色规划、绿色运行管理，推动低碳城市、韧性城市建设。因地制宜推动北方地区清洁取暖，加快工业余热、可再生能源等在城镇供热中的规模化应用。 2. 稳妥有序推进大气污染防治重点区域燃料类煤气发生炉、燃煤热风炉、加热炉、热处理炉、干燥炉（窑）以及建材行业煤炭减量，实施清洁电力和天然气替代。 3. 加大落后燃煤锅炉和燃煤小热电退出力度，推动以工业余热、电厂余热、清洁能源等替代煤炭供热（蒸汽）。到2025年，非化石能源占能源消费总量比重达到20%左右

3.4 燃气价格及市场化文件

燃气价格是影响分布式能源项目经济性的关键要素。为鼓励发展天然气分布式能源项目，国家发展改革委在多个文件中提出要加快推进能源价格市场化，完善天然气价格机制（见表3-6）。

表3-6 燃气价格及市场化文件

发布日期	发布部门	文件名称	主要内容
2011-12-27	国家发展改革委	《关于在广东省、广西自治区开展天然气价格形成机制改革试点的通知》（发改价格〔2011〕3033号）②	1. 将现行以成本加成为主的定价方法改为按"市场净回值"方法定价。选取计价基准点和可替代能源品种，建立天然气与可替代能源价格挂钩机制。 2. 以计价基准点价格为基础，考虑天然气市场资源主体流向和管输费用，确定各省（区、市）天然气门站价格。 3. 天然气门站价格实行动态调整机制，根据可替代能源价格变化情况每年调整一次，并逐步过渡到每半年或者按季度调整。 4. 放开页岩气、煤层气、煤制气等非常规天然气出厂价格，实行市场调节

---

① 《国务院关于印发"十四五"节能减排综合工作方案的通知》，http://www.gov.cn/zhengce/content/2022-01/24/content_5670202.htm，最后检索时间：2021年12月28日。

② 《国家发展改革委关于在广东省、广西自治区开展天然气价格形成机制改革试点的通知》，http://www.gov.cn/zwgk/2011-12/27/content_2030999.htm，最后检索时间：2011年12月26日。

续表

发布日期	发布部门	文件名称	主要内容
2012-10-14	国家发展改革委	《天然气利用政策》①	1. 天然气分布式能源项目属于优先类天然气用户。 2. 完善价格机制:加快理顺天然气价格与可替代能源比价关系;建立并完善天然气上下游价格联动机制;鼓励天然气用气量季节差异较大的地区,研究推行天然气季节差价和可中断气价等差别性气价政策。 3. 配套相关政策:鼓励地方政府出台如财政、收费、热价等具体支持政策,鼓励发展天然气分布式能源项目
2013-06-28	国家发展改革委	《关于调整天然气价格的通知》②	天然气价格管理由出厂环节调整为门站环节,门站价格为政府指导价,实行最高上限价格管理,供需双方可在国家规定的最高上限价格范围内协商确定具体价格。门站价格适用于国产陆上天然气、进口管道天然气。页岩气、煤层气、煤制气出厂价格,以及液化天然气气源价格放开,由供需双方协商确定,需进入长输管道混合输送并一起销售的(即运输企业和销售企业为同一市场主体),执行统一门站价格;进入长输管道混合输送但单独销售的,气源价格由供需双方协商确定,并按国家规定的管道运输价格向管道运输企业支付运输费用
2014-02-13	国家能源局	《油气管网设施公平开放监管办法(试行)》③	油气管网设施开放的范围为油气管道干线和支线(含省内承担运输功能的油气管网),以及与管道配套的相关设施;在有剩余能力的情况下,油气管网设施运营企业应向第三方市场主体平等开放管网设施,按签订合同的先后次序向新增用户公平、无歧视地提供输送、储存、气化、液化和压缩等服务

---

① 《国家发展改革委发布〈天然气利用政策〉》(2012 年发展改革委令第 15 号),http://www.ndrc.gov.cn/zcfb/zcfbl/201210/t20121031_511891.html,最后检索时间:2012 年 10 月 14 日。

② 《国家发展改革委关于调整天然气价格的通知》,http://www.gov.cn/gzdt/2013-06/28/content_2436328.htm,最后检索时间:2013 年 6 月 28 日。

③ 《国家能源局关于印发〈油气管网设施公平开放监管办法(试行)〉的通知》,http://zfxxgk.nea.gov.cn/auto92/201402/t20140224_1768.htm,最后检索时间:2014 年 2 月 13 日。

续表

发布日期	发布部门	文件名称	主要内容
2014-04-05	国家发展改革委	《关于加快推进储气设施建设的指导意见》（发改运行〔2014〕603号）①	1. 鼓励各种所有制经济参与储气设施投资建设和运营。承担天然气调峰和应急储备义务的天然气销售企业和城镇天然气经营企业等，可以单独或者共同建设储气设施储备天然气，也可以委托代为储备。 2. 出台价格调节手段引导储气设施建设。各级价格主管部门要进一步理顺天然气与可替代能源价格关系。推行非居民用户季节性差价、可中断气价等政策，鼓励用气峰谷差大的地方率先实施，引导用户削峰填谷
2014-08-10	国家发展改革委	《关于调整非居民用存量天然气价格的通知》（发改价格〔2014〕1835号）②	进一步落实放开进口液化天然气（LNG）气源价格和页岩气、煤层气、煤制气出厂价格政策。需要进入管道与国产陆上气、进口管道气混合输送并一起销售的，供需双方可区分气源单独签订购销和运输合同，气源和出厂价格由市场决定，管道运输价格按有关规定执行
2015-02-26	国家发展改革委	《关于理顺非居民用天然气价格的通知》（发改价格〔2015〕351号）③	放开天然气直供用户（化肥企业除外）用气门站价格，由供需双方协商定价，进行市场化改革试点。直供用户，是指直接向上游天然气供应商购买天然气，用于生产或消费、不再对外转售的用户

---

① 《国家发展改革委关于加快推进储气设施建设的指导意见》，http://www.ndrc.gov.cn/zcfb/zcfbtz/201404/t20140429_609361.html，最后检索时间：2014年4月5日。

② 《国家发展改革委关于调整非居民用存量天然气价格的通知》，https://www.ndrc.gov.cn/xxgk/zcfb/tz/201408/t20140812_964206.html? code=&state=123，最后检索时间：2014年8月10日。

③ 《国家发展改革委关于理顺非居民用天然气价格的通知》，http://www.ndrc.gov.cn/zcfb/zcfbtz/201502/t20150228_665694.html，最后检索时间：2015年2月26日。

续表

发布日期	发布部门	文件名称	主要内容
2015-10-12	国务院	《关于推进价格机制改革的若干意见》(中发〔2015〕28号)①	加快推进能源价格市场化。按照"管住中间、放开两头"总体思路,推进电力、天然气等能源价格改革,促进市场主体多元化竞争,稳妥处理和逐步减少交叉补贴,还原能源商品属性。尽快全面理顺天然气价格,加快放开天然气气源和销售价格,建立主要由市场决定能源价格的机制。按照"准许成本加合理收益"原则,合理制定电网、天然气管网输配价格
2015-11-18	国家发展改革委	《关于降低非居民用天然气门站价格并进一步推进价格市场化改革的通知》(发改价格〔2015〕2688号)②	1. 降低非居民用气门站价格:非居民用气最高门站价格每千立方米降低700元; 2. 提高天然气价格市场化程度:将非居民用气由最高门站价格管理改为基准门站价格管理。供需双方可以基准门站价格为基础,在上浮20%、下浮不限的范围内协商确定具体门站价格
2016-08-26	国家发展改革委	《关于加强地方天然气输配价格监管降低企业用气成本的通知》(发改价格〔2016〕1859号)③	积极推进体制机制改革,减少供气层级。天然气主干管网可以实现供气的区域,不得以统购统销等名义,增设供气环节,提高供气成本;对没有实质性管网投入或不需要提供输配服务的加价,要尽快取消

---

① 《中共中央国务院关于推进价格机制改革的若干意见》,http://www.gov.cn/gongbao/content/2015/content_2953936.htm,最后检索时间:2015年10月12日。

② 《国家发展改革委关于降低非居民用天然气门站价格并进一步推进价格市场化改革的通知》,http://www.ndrc.gov.cn/gzdt/201511/t20151118_758904.html,最后检索时间:2015年11月18日。

③ 《国家发展改革委关于加强地方天然气输配价格监管降低企业用气成本的通知》,https://www.ndrc.gov.cn/xxgk/zcfb/tz/201608/t20160831_963172.html?code=&state=123,最后检索时间:2016年8月26日。

续表

发布日期	发布部门	文件名称	主要内容
2016-10-15	国家发展改革委	《关于明确储气设施相关价格政策的通知》（发改价格规〔2016〕2176号）①	储气服务价格由供需双方协商确定。储气服务价格由储气设施（不含城镇区域内燃气企业自建自用的储气设施）经营企业根据储气服务成本、市场供求情况等与委托企业协商确定。储气设施天然气购销价格由市场竞争形成。储气设施天然气购进价格和对外销售价格，由市场竞争形成
2017-06-20	国家发展改革委	《关于加强配气价格监管的指导意见》②	配气价格的制定方法。配气价格按照"准许成本加合理收益"的原则制定，即通过核定城镇燃气企业的准许成本，监管准许收益，考虑税收等因素确定年度准许总收入，制定配气价格。准许收益率为税后全投资收益率，按不超过7%确定。核定价格时，全投资税后内部收益率不超过7%，经营期不低于30年
2017-06-23	国家能源局	《加快推进天然气利用的意见》③	深化天然气价格改革。推进非居民用气价格市场化改革，进一步完善居民用气定价机制。上游经营主体多元化和基础设施第三方公平接入实现后，适时放开气源和销售价格
2017-08-29	国家发展改革委	《关于降低非居民用天然气基准门站价格的通知》（发改价格规〔2017〕1582号）④	1. 非居民用气基准门站价格每千立方米降低100元；天然气生产经营企业供应各省（区、市）的门站价格原则上要同步等额降低。 2. 推进天然气公开透明交易。鼓励天然气生产经营企业和用户积极进入天然气交易平台交易，所有进入上海、重庆石油天然气交易中心等交易平台公开交易的天然气价格由市场形成

① 《国家发展和改革委关于明确储气设施相关价格政策的通知》，http://www.ndrc.gov.cn/zcfb/gfxwj/201610/t20161019_823100.html，最后检索时间：2016年10月15日。
② 《国家发展改革委印发〈关于加强配气价格监管的指导意见〉的通知》，http://www.ndrc.gov.cn/zwfwzx/zfdj/jggg/201706/t20170622_852140.html，最后检索时间：2017年6月20日。
③ 《关于印发〈加快推进天然气利用的意见〉的通知》，http://www.ndrc.gov.cn/gzdt/201707/t20170704_853939.html，最后检索时间：2017年6月23日。
④ 《国家发展改革委关于降低非居民用天然气基准门站价格的通知》，http://www.ndrc.gov.cn/gzdt/201708/t20170830_859333.html，最后检索时间：2017年8月29日。

续表

发布日期	发布部门	文件名称	主要内容
2018-05-25	国家发展改革委	《关于理顺居民用气门站价格的通知》(发改价格规〔2018〕794号)①	将居民用气由最高门站价格管理改为基准门站价格管理,价格水平按非居民用气基准门站价格水平(增值税税率10%)安排。供需双方可以基准门站价格为基础,在上浮20%、下浮不限的范围内协商确定具体门站价格,实现与非居民用气价格机制衔接。方案实施时门站价格暂不上浮,实施一年后允许上浮
2018-08-30	国务院	《关于促进天然气协调稳定发展的若干意见》(国发〔2018〕31号)②	加快建立上下游天然气价格联动机制,完善监管规则、调价公示和信息公开制度,建立气源采购成本约束和激励机制。推行季节性差价、可中断气价等差别化价格政策,促进削峰填谷,引导企业增加储气和淡旺季调节能力。加强天然气输配环节价格监管,切实降低过高的省级区域内输配价格
2020-03-13	国家发展改革委	《中华人民共和国国家发展和改革委员会令第31号》③	修订主要内容突出垄断环节价格监管和竞争性环节价格市场化改革方向。按照电力和天然气价格"放开两头、管住中间"的改革思路,将原来目录中的"电力"和"天然气"项目根据自然垄断环节分别修改为"输配电"和"油气管道运输",并进一步体现上网电价、销售电价和天然气门站价格等竞争性环节的价格市场化改革方向
2020-07-03	国家发展改革委、市场监管总局	《关于加强天然气输配价格监管的通知》(发改价格〔2020〕1044号)④	天然气输配价格按照"准许成本+合理收益"原则核定。省内管道运输价格由省级价格主管部门管理,各地要严格按照天然气管道运输价格管理办法制定管道运输价格,尚未制定管道运输价格的,要于2020年底前制定并对外公布;已制定价格的,要根据市场形势和运输气量变化,适时校核调整;对新投产管道,要及时制定价格;严禁管道运输企业自行制定管输价格或擅自收费

---

① 《国家发展改革委关于理顺居民用气门站价格的通知》,http://www.gov.cn/xinwen/2018-05/25/content_5293675.htm,最后检索时间:2018年5月25日。

② 《国务院关于促进天然气协调稳定发展的若干意见》,http://www.gov.cn/zhengce/content/2018-09/05/content_5319419.htm,最后检索时间:2018年8月30日。

③ 《中华人民共和国国家发展和改革委员会令第31号》,https://www.ndrc.gov.cn/xxgk/zcfb/fzggwl/202003/t20200316_1223371_ext.html,最后检索时间:2020年3月13日。

④ 《关于加强天然气输配价格监管的通知》,https://baijiahao.baidu.com/s?id=1671195985726477080&wfr=spider&for=pc,最后检索时间:2020年7月3日。

续表

发布日期	发布部门	文件名称	主要内容
2021-06-07	国家发展改革委	《关于印发〈天然气管道运输价格管理办法（暂行）〉和〈天然气管道运输定价成本监审办法（暂行）〉的通知》（发改价格规〔2021〕818号）①	按照"全国一张网"的改革方向，科学制定管道运输价格，推动管网互联互通和高效集输，促进资源自由流动和上下游市场竞争，保障国家能源安全

3.5　电力体制改革

在燃气分布式能源项目电力接入方面，国家发展改革委、国务院和国家能源局相继发布了多个文件，要求简化并网手续流程办理，为分布式发电提供便捷、及时、高效的接入电网服务，放开用户侧分布式电源建设，建立分布式电源发展的新机制（见表3-7）。

这些规定都为燃气分布式能源企业进入电力零售市场，建设燃气分布式能源和研发中心提供了政策上、宏观上的支持，对建设用户侧的分布能源站提供了政策上的支持，旨在逐步清除分布式能源的并网障碍。新能源系统的出现将极大改变人们的生产和生活方式，催生新的经济模式和社会关系。燃气分布式能源的发展，将促进水平分布和网络扩散式合作性能源开发与使用架构的形成，从而改变电力产业格局，使其向扁平化方向发展。对于燃气分布式电源，电力体制改革强调主要采用"自发自用，余量上网、电网调节"

---

① 《国家发展改革委关于印发〈天然气管道运输价格管理办法（暂行）〉和〈天然气管道运输定价成本监审办法（暂行）〉的通知》，http://www.gov.cn/zhengce/zhengceku/2021-06/10/content_5616623.htm，最后检索时间：2021年6月7日。

的运营模式，积极发展融合先进储能技术、信息技术的微电网和智能电网技术，确保燃气分布式能源发电量依法全额保障性收购；完善并网运行服务，加强和规范自备电厂监督管理。电力体制革命将解决燃气分布式能源发展的体制性障碍，进而催生多种商业模式以解决目前燃气分布式能源遇到的发展瓶颈，最终达到促进燃气分布式发展的结果。

表 3-7　电力体制改革类文件

发布日期	发布部门	文件名称	主要内容
2013-07-18	国家发展改革委	《分布式发电管理暂行办法》①	1. 电网企业负责分布式发电外部接网设施以及由接入引起公共电网改造部分的投资建设，并为分布式发电提供便捷、及时、高效的接入电网服务，与投资经营分布式发电设施的项目单位(或个体经营者、家庭用户)签订并网协议和购售电合同； 2. 鼓励结合分布式发电应用建设智能电网和微电网，提高分布式能源的利用效率和安全稳定运行水平
2013-07-29	国家能源局	《关于当前开展电力用户与发电企业直接交易有关事项的通知》(国能综监管〔2013〕258 号)②	按照平稳有序的原则逐级开放用户。近期首先开放用电电压等级 110 千伏(66 千伏)及以上用户，有条件的可开放 35 千伏(10 千伏)及以上的工业用户或 10 千伏及以上的高新技术企业、战略型新兴产业参与直接交易。条件成熟的地区可以探索商业用户与分布式发电企业之间开展直接交易，以及工业园区和独立配售电企业整体作为用户参与直接交易
2013-11-29	国家电网公司	《分布式电源并网相关意见和规范(修订版)》③	对包括太阳能、天然气、生物质能、风能、地热能、海洋能、资源综合利用发电(含煤矿瓦斯发电)等的分布式电源接入系统方案提出技术要求

---

① 《国家发展改革委关于印发〈分布式发电管理暂行办法〉的通知》，http://zfxxgk.nea.gov.cn/auto87/201308/t20130814_1692.htm，最后检索时间：2013 年 7 月 18 日。

② 《国家能源局综合司关于当前开展电力用户与发电企业直接交易有关事项的通知》，http://zfxxgk.nea.gov.cn/auto92/201308/t20130808_1689.htm，最后检索时间：2013 年 7 月 29 日。

③ 《国家电网公司〈关于印发分布式电源并网相关意见和规范(修订版)〉的通知》，http://www.sn.sgcc.com.cn/html/main/col2813/2017-07/31/20170731172120237380950_1.html，最后检索时间：2013 年 11 月 29 日。

续表

发布日期	发布部门	文件名称	主要内容
2014-02-28	国 家 能 源局	《新建电源接入电网监管暂行办法》(国能监管〔2014〕107号)①	一是强调新建电源项目的合规性,要求申请接网的电源项目必须是列入电力规划或者取得同意立项意见。二是突出接网服务公开透明,要求电网企业对新建电源接网服务及配套送出工程有关程序制度化、透明化。三是明确电网企业接网服务时限要求。四是加强新建电源项目与配套送出工程同步建设情况的监管。五是强化信息公开。为保证《办法》的贯彻执行,还规定监管机构可以采取监管评价、现场检查、争议处理、责任追究和社会公开等多种措施
2014-12-31	国家发展改革委	《关于规范天然气发电上网电价管理有关问题的通知》(发 改 价 格〔2014〕3009号)②	1. 根据天然气发电在电力系统中的作用及投产时间,实行差别化的上网电价机制。鼓励天然气分布式能源与电力用户直接签订交易合同,自主协商确定电量和价格。对新投产天然气分布式发电机组在企业自发自用或直接交易有余,并由电网企业收购的电量,其上网电价原则上参照当地新投产天然气热电联产发电上网电价执行。 2. 具备条件的地区天然气发电可以通过市场竞争或与电力用户协商确定电价。 3. 建立气、电价格联动机制。当天然气价格出现较大变化时,天然气发电上网电价应及时调整,但最高电价不得超过当地燃煤发电上网标杆电价或当地电网企业平均购电价格每千瓦时0.35元。有条件的地方要积极采取财政补贴、气价优惠等措施疏导天然气发电价格矛盾。 4. 加强天然气热电联产和分布式能源建设管理。国家能源局派出机构和省级政府能源主管部门要加强天然气热电联产和分布式能源建设的监督管理,新建企业必须符合集中供热规划,同时要落实热负荷,防止以建设热电联产或分布式能源的名义建设纯发电的燃气电厂

---

① 《新建电源接入电网监管暂行办法》,http://www.nea.gov.cn/2014-09/04/c_133620576.htm,最后检索时间:2014年2月28日。

② 《国家发展改革委关于规范天然气发电上网电价管理有关问题的通知》,http://www.ndrc.gov.cn/zcfb/201501/t20150114_660174.html,最后检索时间:2014年12月31日。

续表

发布日期	发布部门	文件名称	主要内容
2015-03-15	国务院	《关于进一步深化电力体制改革的若干意见》（中发〔2015〕9号）①	1. 积极发展分布式电源。分布式电源主要采用"自发自用、余量上网、电网调节"的运营模式,在确保安全的前提下,积极发展融合先进储能技术、信息技术的微电网和智能电网技术,提高系统消纳能力和能源利用效率。 2. 全面放开用户侧分布式电源市场。积极开展分布式电源项目的各类试点和示范。放开用户侧分布式电源建设,支持企业、机构、社区和家庭根据各自条件,因地制宜投资建设太阳能、风能、生物质能发电以及燃气"热电冷"联产等各类分布式电源,准许接入各电压等级的配电网络和终端用电系统。鼓励专业化能源服务公司与用户合作或以"合同能源管理"模式建设分布式电源
2015-11-26	国家发展改革委、国家能源局	《关于印发电力体制改革配套文件的通知》（发改经体〔2015〕2752号）②	1. 发电公司及其他社会资本均可投资成立售电公司。拥有分布式电源的用户,供水、供气、供热等公共服务行业,节能服务公司等均可从事市场化售电业务。 2. 优先安排风能、太阳能、生物质能等可再生能源保障性发电;根据电网调峰调频需要,合理安排调峰调频电量;按照以热定电原则安排热电联产机组发电
2017-10-31	国家发展改革委、国家能源局	《关于开展分布式发电市场化交易试点的通知》（发改能源〔2017〕1901号）③	分布式发电项目可采取多能互补方式建设,鼓励分布式发电项目安装储能设施,提升供电灵活性和稳定性。参与分布式发电市场化交易的项目应满足以下要求:接网电压等级在35千伏及以下的项目,单体容量不超过20兆瓦(有自身电力消费的,扣除当年用电最大负荷后不超过20兆瓦)。单体项目容量超过20兆瓦但不高于50兆瓦,接网电压等级不超过110千伏且在该电压等级范围内就近消纳

① 《中共中央国务院〈关于进一步深化电力体制改革的若干意见〉》,http://news.ncepu.edu.cn/xxyd/llxx/52826.htm,最后检索时间:2015年3月15日。
② 《国家发展改革委 国家能源局关于印发电力体制改革配套文件的通知》,http://www.ndrc.gov.cn/zcfb/zcfbtz/201511/t20151130_760016.html,最后检索时间:2015年11月26日。
③ 《国家发展改革委 国家能源局关于开展分布式发电市场化交易试点的通知》,http://www.gov.cn/xinwen/2017-11/14/content_5239535.htm,最后检索时间:2017年10月31日。

续表

发布日期	发布部门	文件名称	主要内容
2017-12-28	国家发展改革委、国家能源局	《关于开展分布式发电市场化交易试点的补充通知》①	分布式发电市场化交易有三种可选的模式。各种模式交易规则分别如下。 1. 分布式发电项目与电力用户进行电力直接交易的模式。鼓励选择此模式,分布式发电项目单位与电力用户以合同方式约定交易条件,与电网企业一起签订三方供用电合同。在电网企业已经明确自身责任和服务内容的前提下,也可只签订两方电力交易合同,国家能源局派出监管机构在电网企业配合下制订合同示范文本。 2. 分布式发电项目单位委托电网企业代售电的模式。由电网企业起草转供合同文本。 3. 电网企业按国家核定的各类发电的标杆上网电价收购并在110千伏及以下的配电网内就近消纳的模式
2018-03-20	国家能源局	《分布式发电管理办法（征求意见稿）》②	分布式发电定义相比之前的由"用户自发自用为主"改为"接入配电网",显示出分布式发电在电力系统中的地位得到根本性提升。新增允许开展分布式发电与配电网内就近电力用户的电力交易,电网企业承担分布式发电的电力输送并配合有关电力交易机构组织分布式发电市场化交易。分布式发电项目根据各类分布式发电特点和相关政策,既可与电力用户进行电力直接交易,也可委托电网企业代售电,也可采用全额上网方式。随着用户参与辅助服务市场,鼓励分布式发电参与辅助服务市场,允许第三方辅助服务提供者与分布式发电联合为系统提供辅助服务。并明确指出分布式发电项目补贴、备用容量费、政府性基金及附加、交叉补贴、市场化交易过网费、接入引起的电网改造投资、碳交易和绿证交易等按照国家有关规定执行
2019-06-22	国家发展改革委	《关于全面放开经营性电力用户发用电计划的通知》③	经营性电力用户全面放开参与市场化交易主要形式可以包括直接参与、由售电公司代理参与、其他各地根据实际情况研究明确的市场化方式等,各地要抓紧研究并合理制定中小用户参与市场化交易的方式,中小用户可根据自身实际自主选择,也可以放弃选择权,保持现有的购电方式。各地可结合本地区电力供需形势,针对全面放开经营性电力用户发用电计划设定一段时间的过渡期

---

① 《关于开展分布式发电市场化交易试点的补充通知》,http://www.gov.cn/xinwen/2018-01/03/content_5252800.htm,最后检索时间:2017 年 12 月 28 日。

② 《国家能源局综合司关于征求〈分布式发电管理办法（征求意见稿）〉意见的函》,http://zfxxgk.nea.gov.cn/auto87/201803/t20180323_3132.htm,最后检索时间:2018 年 3 月 20 日。

③ 《国家发展改革委关于全面放开经营性电力用户发用电计划的通知》,https://www.ndrc.gov.cn/fzggw/jgsj/yxj/sjdt/201906/t20190627_987028.html? code = &state = 123,最后检索时间:2019 年 6 月 22 日。

续表

发布日期	发布部门	文件名称	主要内容
2021-05-18	国家发展改革委	《关于"十四五"时期深化价格机制改革行动方案的通知》（发改价格〔2021〕689号）①	进一步完善省级电网、区域电网、跨省跨区专项工程、增量配电网价格形成机制，加快理顺输配电价结构。持续深化燃煤发电、燃气发电、水电、核电等上网电价市场化改革，完善风电、光伏发电、抽水蓄能价格形成机制，建立新型储能价格机制。平稳推进销售电价改革，有序推动经营性电力用户进入电力市场，完善居民阶梯电价制度
2022-01-28	国家发展改革委、国家能源局	《关于加快建设全国统一电力市场体系的指导意见》（发改体改〔2022〕118号）②	有序放开发用电计划，分类推动燃气、热电联产、新能源、核电等优先发电主体参与市场，分批次推动经营性用户全面参与市场，推动将优先发电、优先购电计划转化为政府授权的中长期合同

3.6 地方分布式能源扶持政策

为鼓励、促进燃气分布式能源发展，多个地方政府公布了专项扶持办法，除了政策引导文件外，部分地区对分布式能源项目提供了一定的能源价格补贴，在项目前期设备投资和后期项目运行两方面都给出了相应的经济补贴。

目前，对于天然气分布式能源政府补贴尚未有统一的标准，而且只有上海市、长沙市、青岛市、郑州市等地出台了明确的文件给予天然气分布式能源政府补贴。对于有政府补贴的天然气分布式能源项目来说，政府补贴可以为投资方节约10%~30%的项目投资。地方对于燃气分布式发电项目的部分扶持性政策性文件主要如表3-8所示。

---

① 《国家发展改革委关于"十四五"时期深化价格机制改革行动方案的通知》，http://www.gov.cn/zhengce/zhengceku/2021-05/26/content_5612469.htm，最后检索时间：2021年5月18日。

② 《关于加快建设全国统一电力市场体系的指导意见》，https://baijiahao.baidu.com/s? id = 1723198440666212429&wfr=spider&for=pc，最后检索时间：2022年1月28日。

表 3-8　地方天然气分布式发电项目补贴文件

发布日期	发布部门	文件名称	主要内容
			长三角地区
2018-04-10	上海市物价局	《关于完善本市天然气发电上网电价机制的通知》（沪价管〔2018〕11号）①	1. 天然气分布式发电机组执行单一制电价，每千瓦时 0.7655 元； 2. 当天然气价格出现较大变化时，天然气发电上网电价相应调整，发电气耗：天然气调峰机组、热电联产机组取 5.27 千瓦时/立方米；分布式发电机组取 5.11 千瓦时/立方米
2020-07-23	上海市发展和改革委员会、上海市住房和城乡建设管理委员会、上海市财政局、上海市经济和信息化委员会、上海市科学技术委员会	《上海市天然气分布式供能系统发展专项扶持办法》②	1. 在上海市行政区域内建设的，单机规模 1 万千瓦及以下的天然气分布式供能系统项目。 2. 对 2020 年 7 月 1 日至 2022 年 12 月 31 日建成、经后评估审核确定能源综合利用效率符合标准的项目，给予节能补贴，节能补贴分四档。其中，年平均能源综合利用效率达到 70% 及以上且年利用小时在 2000h 及以上的天然气分布式供能项目，给予 1500 元/千瓦的基本节能补贴；对年平均能源综合利用效率达到 75% 及以上且年利用小时在 2500h 及以上的天然气分布式供能项目，依具体情况给予相应档次节能补贴。上述补贴不重复计算。 3. 申请补贴的项目各项污染物排放应符合国家和上海市的相关要求。若使用固定式内燃机，正常运行时烟气氮氧化物排放浓度应低于 100 毫克/标准立方米。若使用燃气轮机，正常运行时烟气氮氧化物排放浓度应低于 50 毫克/标准立方米。 4. 对经核准建设、符合现行上海市《燃气分布式供能系统工程技术规程》并按照"以热（冷）定电"原则运行的天然气分布式供能项目，上海市电网企业要按照"优化并网工作流程、简化并网手续、提高服务效率"的原则，办理并网业务，并网申报、审核和批准过程原则上不超过 20 个工作日。电网企业要加强配电网建设，将天然气分布式供能纳入区域电网规划范畴。对天然气分布式供能项目免收系统备用容量费。 5. 政府投资的公益性项目和年用能（热、电、冷）超过 5000 吨标准煤的重大基础设施建设项目，鼓励项目设计单位在编制可行性研究报告阶段论证天然气分布式供能系统的可行性，具备安装使用条件的，鼓励使用该系统； 6. 使用沼气的分布式供能项目，参照本办法执行

① 《上海市物价局关于完善本市天然气发电上网电价机制的通知》，https://www.shanghai.gov.cn/nw12344/20200813/0001-12344_55608.html，最后检索时间：2018 年 4 月 10 日。

② 《上海市发展和改革委员会等关于印发〈上海市天然气分布式供能系统发展专项扶持办法〉的通知》，https://www.shanghai.gov.cn/nw12344/20200813/0001-12344_65392.html，最后检索时间：2020 年 7 月 23 日。

续表

发布日期	发布部门	文件名称	主要内容
2019-11-14	义乌市生态环境分局	《义乌市打赢蓝天保卫战 2019-2020 年行动计划》①	按照统筹规划、清洁高效、规模开发、注重实效的原则,优化风能、太阳能开发布局,因地制宜发展生物质能、地热能等。鼓励发展生物质热电联产、生物质成型燃料锅炉及生物天然气
2020-07-13	浙江省发展改革委员会	《关于调整天然气发电机组上网电价的通知》(浙发改价格〔2020〕237 号)②	自 2020 年 7 月 1 日起,9F、6F 天然气发电机组电量电价调整为每千瓦时 0.4952 元(含税,下同),9E、6B 天然气发电机组电量电价调整为每千瓦时 0.5552 元;容量电价暂不作调整
华中地区			
2017-02-26	长沙市人民政府办公厅	《长沙市促进天然气分布式能源发展办法》③	1. 对天然气分布式能源用户要优先保障天然气供应,实施优惠气价,并实行天然气上下游价格联动机制和气价与冷热电价格联动机制。燃气供应企业在确定天然气分布式能源项目气价时,应体现其削峰填谷的特点,给予天然气分布式能源项目天然气使用的价格折让。 2. 天然气分布式能源项目可申请冷、热特许经营权,对获批的项目所在区域及相邻区域,实行特许权经营,特许经营权非经同意不可转让。 3. 天然气分布式能源项目优先列入市、区县(市)重大项目投资计划。 4. 天然气分布式能源专项资金按照公开申报、部门审核、专家评审、结果公示、集中支付和绩效评价等程序进行管理,原则上每半年度申报一次,具体申报条件等内容以当年度的申报指南为准。 5. 按照发电机组装机容量,天然气分布式能源专项资金支持标准为 2000 元/千瓦,单个楼宇型天然气分布式能源项目最高享受不超过 500 万元的补贴金额,单个区域型项目最高享受不超过 1500 万元的补贴金额,单个项目建设周期内只能享受一次补贴。 6. 天然气分布式能源专项资金根据项目进度分阶段拨付,项目动工后拨付 50% 专项资金;项目主要内容基本实施完成,拨付 25% 专项资金;项目全面实施完成验收合格后,拨付余下 25% 专项资金。专项资金具体拨付条件按有关规定执行

---

① 《义乌市打赢蓝天保卫战 2019-2020 年行动计划》,http://www. yw. gov. cn/art/2019/11/14/art_1229451971_3710522. html,最后检索时间:2019 年 11 月 14 日。

② 《浙江省发展改革委关于调整天然气发电机组上网电价的通知》,http://www. chinapower. org. cn/detail/233500. html,最后检索时间:2020 年 7 月 13 日。

③ 《长沙市人民政府办公厅关于印发〈长沙市促进天然气分布式能源发展办法〉的通知》,http://www. insight-cdec. com/news/142. html,最后检索时间:2017 年 2 月 26 日。

续表

发布日期	发布部门	文件名称	主要内容
2020-04-15	长沙市发展和改革委员会、长沙市财政局	《长沙市分布式能源专项资金管理办法》①	1. 分布式能源专项资金对长沙市域范围内的分布式能源项目给予支持，支持范围包括：①天然气分布式能源站工程，包括在本市医院、交通枢纽、学校、宾馆酒店、大型商场及商务中心、大型办公楼及写字楼、工厂等建筑物以及工业园区、旅游度假区等区域建设的天然气分布式能源项目；②天然气分布式能源产业链发展，包括燃气发电机、溴化锂中央空调机组、余热锅炉等关键设备技术及装备研发，项目运行控制信息系统研发推广，专业运营的能源管理公司，项目节能认定等；③天然气分布式能源相关课题研究，包括政策宣传、技术规范的制度、体系建设、评估咨询等；④建成且并网发电的分布式光伏发电项目；⑤项目管理及清洁能源示范创建等。 2. 支持方式主要采取补贴的方式。天然气分布式能源站工程、天然气分布式能源产业链发展、天然气分布式能源相关课题研究，按照《长沙市促进天然气分布式能源发展办法》(长政办发〔2017〕9号)有关补贴标准给予补贴
华北地区			
2019-12-05	青岛市城市管理局、青岛市住房和城乡建设局、青岛市发展和改革委员会、青岛市财政局	《青岛市加快清洁能源供热发展的若干政策实施细则》②	1. 新建天然气分布式能源项目竣工验收合格后，按照发电装机容量1000元/千瓦的标准给予设备投资补贴。补贴资金来源为供热配套费。 2. 分布式能源项目投产运行两年后，分布式能源项目建设单位应当组织进行年平均能源综合利用效率评定，出具评定报告，提出设备补贴申请，报市住房和城乡建设主管部门进行能源综合利用效率评定审查，经审查年平均能源综合利用效率达到70%及以上的，再给予1000元/千瓦的补贴。补贴资金来源为供热配套费。市财政局收到投资计划申请后，直接将补助资金拨至分布式能源建设单位。每个项目享受的补贴金额累计最高不超过3000万元。 3. 对新建燃气锅炉集中供热项目居住建筑部分、天然气分布式能源供热项目，按核定天然气用量给予清洁能源供热单位财政补贴。以非居民类管道天然气销售价格4.45元/立方米(政府定价)及居民集中供热价格30.4元/平方米(使用面积)为基准，燃气锅炉集中供热项目居住建筑部分每立方米用气补贴2.72元，天然气分布式能源供热项目每立方米用气补贴1.32元

---

① 《长沙发布〈分布式能源专项资金管理办法〉》，https://www.sohu.com/a/396961313_743972，最后检索时间：2020年4月15日。

② 《山东青岛市加快清洁能源供热发展的若干政策实施细则：鼓励分布式能源清洁供热项目建设》，https://baijiahao.baidu.com/s?id=1655215457751058186&wfr=spider&for=pc，最后检索时间：2019年12月5日。

续表

发布日期	发布部门	文件名称	主要内容
2018-01-23	山西省人民政府办公厅	《山西省深化煤层气（天然气）体制改革实施方案》①	拓展煤层气（天然气）利用市场，加快城市燃气管网建设，完善下游供气设施，提高城市燃气普及率。开展煤层气（天然气）、煤矿瓦斯下乡试点，鼓励多种主体参与，按照"宜管则管、宜罐则罐"原则，采用管道气、压缩天然气（CNG）、液化天然气（LNG）、液化石油气（LPG）储配站等多种形式，提高偏远及农村地区煤层气（天然气）、煤矿瓦斯利用率。不断提高"4+2"城市冬季清洁取暖比重，稳步推进"煤改气"工程
2018-04-28	郑州市人民政府	《郑州市清洁取暖试点城市示范项目资金奖补政策》②	1. 适用于 2017 年 5 月至 2020 年 4 月，被列入郑州市清洁取暖试点城市建设计划的项目。具体包括热源清洁化改造工程、热力管网工程、燃气管网采暖工程、采暖分户计量改造工程、建筑节能改造工程、超低能耗建筑工程、可再生能源采暖工程、多能互补采暖工程等项目。 2. 实施区域集中供热的可再生能源采暖、多能互补采暖等清洁能源采暖工程项目，鼓励项目业主按照合同能源管理模式或 PPP 模式开展项目建设，依据建设项目的评估可供热面积，按照 40 元/平方米给予奖补，且单个项目不超过 5000 万元和项目总投资的 30%。 3. 鼓励实施天然气分布式能源站等清洁能源供暖工程，按照建设项目装机容量每千瓦 1000 元进行奖补，且单个项目不超过 3000 万元和项目总投资的 10%
云贵川地区			
2019-01-16	泸州市发展和改革委员会	《泸州市天然气分布式能源发展规划（2018—2022）》③	1. 重点在城市工业园区、旅游集中服务区、生态园区、大型商业办公设施等能源负荷中心建设区域型分布式能源系统和楼宇型分布式能源系统。减少城市发展对煤电的依赖，提高天然气等清洁能源在城市能源消费中的比重。 2. 合理选择建设规模，优化系统配置，原则上新建天然气分布式能源全年综合利用效率不应当低于 75%，在低压配电网就近供应电力。发挥天然气分布式能源的优势，兼顾天然气和电力需求削峰填谷。 3. 创新天然气分布式能源政策环境和机制，鼓励多种主体参与；加强技术研发，推动产学研结合，推动技术进步和装备制备能力升级；制定多种鼓励、激励政策，推进天然气分布式能源的发展

---

① 《山西省人民政府办公厅关于印发山西省深化煤层气（天然气）体制改革实施方案的通知》，http://www.shanxi.gov.cn/sxszfxxgk/sxsrmzfzcbm/sxszfbgt/flfg_7203/bgtgfxwj_7206/201803/t20180312_401016.shtml，最后检索时间：2018 年 1 月 23 日。

② 《郑州市人民政府关于印发〈郑州市清洁取暖试点城市示范项目资金奖补政策〉的通知》，http://public.zhengzhou.gov.cn/02Q/259458.jhtml，最后检索时间：2018 年 4 月 28 日。

③ 《〈泸州市天然气分布式能源发展规划（2018—2022）〉印发》，https://gas.in-en.com/html/gas-3010382.shtml，最后检索时间：2019 年 1 月 16 日。

发布日期	发布部门	文件名称	主要内容
2019-05-15	遂宁市人民政府办公室	《贯彻落实〈四川省打赢蓝天保卫战等九个实施方案〉责任分工方案》①	科学有序推进水电、天然气、风电、太阳能、生物质能等清洁能源开发利用。大力推进秸秆能源化利用，推广秸秆成型燃料利用和农村秸秆气化应用
2021-01-20	四川省发展和改革委员会、四川省能源局	《关于做好天然气分布式能源发展有关事项的通知》（川发改能源〔2021〕17号）②	1. 鼓励楼宇式天然气分布式能源项目发展。（一）自发自用范围界定。楼宇式天然气分布式能源用户规划红线区域内为用户范围，分布式能源站与用户界定为一个整体，天然气分布式能源站与用户的用电均视为自发自用。（二）电网接入（含并网）。楼宇式天然气分布式能源项目业主及其资本可参与投资建设能源站与用户终端的接入线路，界定为用户侧并网接入系统。（三）电量与电价。自发自用的用电量和价格由天然气分布式能源项目业主单位和用户按照市场化原则自行协商。电网企业不得对自发自用电量收取"过网费"。2. 规范区域式天然气分布式能源项目发展。（一）供应范围界定。区域式天然气分布式能源项目在能源站规划红线区域内的用电界定为自发自用，向所在工业园区（经开区）规划区域内的用户供电界定为就近供应。其余向公共电网售电界定为余电上网。（二）电量与电价。电网企业不得对自发自用电量收取"过网费"。就近供应的电量由天然气分布式能源业主单位与用户自行协商供应的规模和价格，电网企业收取合理的"过网费"。"过网费"由省价格主管部门依据国家输配电价改革有关规定，综合考虑天然气分布式能源的社会效益和合理收益等因素核定。余电上网通过市场化方式形成上网电量及电价，市场化交易不能形成电价的可暂由电网企业参照燃煤发电基准价结算

① 《遂宁市人民政府办公室关于印发〈贯彻落实《四川省打赢蓝天保卫战等九个实施方案》责任分工方案〉的通知》，https://www.sohu.com/a/315468141_804597，最后检索时间：2019年5月15日。
② 《四川省发展和改革委员会 四川省能源局关于做好天然气分布式能源发展有关事项的通知》，https://news.bjx.com.cn/html/20210121/1131233.shtml，最后检索时间：2021年1月20日。

续表

发布日期	发布部门	文件名称	主要内容
2020-01-19	贵州省政府办公厅	《关于加快推进煤层气（煤矿瓦斯）产业发展的指导意见（2019—2025年）》①	加快推进煤层气产区城镇燃气利用及煤层气综合利用园区建设，因地制宜建设煤层气液化厂、压缩站、加气站、应急调峰和储气设施。加快城镇燃气工程、分布式能源、煤改气、调峰电厂等消费市场培育
2020-02-28	云南省人民政府	《关于进一步促进天然气协调稳定发展的实施意见》②	试点发展天然气分布式能源。在具有冷热电需求的能源负荷中心、商业中心、旅游服务区、产业和物流园区等试点天然气分布式能源

---

① 《省政府办公厅下发关于加快推进煤层气（煤矿瓦斯）产业发展的指导意见（2019—2025年）》，https://mp.weixin.qq.com/s/EkqyiUARvcO41f-INn6K2Q，最后检索时间：2020年1月19日。

② 《云南省人民政府关于进一步促进天然气协调稳定发展的实施意见》，http://www.yn.gov.cn/zwgk/zcwj/yzf/202003/t20200309_191871.html，最后检索时间：2020年2月28日。

第4章 燃气分布式能源行业发展现状

4.1 燃气分布式能源行业发展现状分析

4.1.1 市场总体情况

4.1.1.1 市场发展规模

据中国城市燃气协会分布式能源专业委员会不完全统计，截至 2020 年底，我国天然气分布式能源项目（单机容量≤50MW，总装机容量 200MW以下）共计 632 个，总装机量达到 2274 万 kW，结果如表 4-1 所示。同时对华北、长三角、珠三角、川渝地区等重点区域的项目数量及装机容量分别进行了统计，结果如表 4-2 所示。

表 4-1　2015 年、2020 年天然气分布式能源项目总体情况

年份	项目数量(个)	项目装机容量(MW)	平均装机容量(MW/个)
2015	288	11123	38. 62
2020	632	22740	35. 98

表 4-2　2020 年重点区域天然气分布式能源项目情况

	华北	长三角	珠三角	川渝地区	其他地区
项目数量(个)	128	194	72	90	148
数量占比(%)	20. 25	30. 70	11. 39	14. 24	23. 42

	华北	长三角	珠三角	川渝地区	其他地区
装机容量（kW）	3138300	3990600	5781200	2666900	7164500
装机容量占比（%）	13.80	17.55	25.42	11.73	31.50

注：华北包括北京、天津、河北、山东、辽宁、山西、内蒙古中部等省市；长三角包括上海、江苏、浙江、安徽等省市；珠三角包括广州、深圳、佛山、东莞等城市群；川渝地区包括四川、重庆等省市。

可以看出，与 2015 年相比，近几年天然气分布式能源项目发展迅速，但与国家发展改革委等四部委联合发布的《关于发展天然气分布式能源的指导意见》中给出的目标，"到 2020 年，在全国规模以上城市推广使用分布式能源系统，装机容量达到 5000 万千瓦"相比，仍有较大差距。

国内天然气分布式能源项目主要分布在华北、长三角、珠三角、川渝等地区，其中长三角地区项目数量占比最多，占总项目数量的 30.70%。从装机容量来看，传统地区中珠三角的占比最多，为 25.42%。初步统计分析，华北、川渝地区、长三角以及其他地区的装机容量各不相同，说明发展天然气分布式能源项目要因地制宜，结合当地资源政策等相关条件、用户侧需求等具体分析。

另外，根据项目所使用的原动机不同，对项目数量和装机容量进行了统计，结果如表 4-3 所示。

表 4-3 2020 年分布式项目采用各动力设备占比

	项目数量（个）	数量占比（%）	装机容量（kW）	项目装机容量占比（%）
燃气轮机	304	48.10	20194452	88.80
燃气内燃机	283	44.78	2433341	10.70
微燃机	45	7.12	113708	0.50

从原动机类型来看，采用燃气轮机的项目数量占项目总数的 48.10%，燃气内燃机的项目占比 44.78%，微燃机的项目占比 7.12%。从装机规模来看，燃气轮机项目装机容量占总装机容量的 88.78%，燃气内燃机项目占比 10.74%，微燃机占比仅为 0.48%。

此外，本次报告调研过程中还收集到沼气分布式能源项目相关信息共计 20 个，总装机容量超过 137.37MW；氢气分布式能源项目共计 6 个，总装机容量超过 355kW。

4.1.1.2　主要商业模式

目前天然气分布式能源项目投资主体有三种：业主独立投资、业主和能源服务公司合资、能源服务公司投资。业主独立投资模式适用投资数量较少、投资金额较小的项目，以避免造成多方管理困难。业主自行投资燃气分布式能源系统，通常外委设计、施工等，在运营管理上，采用自建运营队伍，或者委托第三方专业能源服务商运营管理。在采用委托第三方专业能源服务商运营管理时，通常能源服务商获取运营管理费，能源成本支出由用户承担。业主独立投资模式的投资风险由业主自己承担，较适合资金充裕、人员相对专业的用户。但该投资模式不利于项目业主资金的周转，增加了项目业主后期运营维护成本，提高了项目业主的投资风险。

无论采取何种投资模式，都需要有一个运营主体承担燃气分布式能源项目的运营管理工作，运营方与冷热电的用户方之间通常采取以下几种方式计量计算。

（1）以量计价

根据能源的单价，按消耗量进行结算。为燃气分布式能源系统提供的电、冷、热等能源制定相应的价格，按用户的实际消耗量，收取相应的能源费用。该方式能根据用户实际需求收费，对于用户和投资方相对合理。在此基础上，可以扩展成设定最低能源消耗量作为保底，较大程度上保障投资方效益。

（2）面积计价

参考物业费收取的模式，按用户的建筑面积，以面积单价，收取相应的电、冷、热等能源费。通常电量单独计量、以量计价，冷、热等能源以面积计价。该方式不管用户的能源消耗量，都按面积缴纳费用，对于投资方来说，收益相对稳定。在日常常规运营的基础上，投资方还可以优化能源系统，采取节能措施等，减少燃气分布式能源站的能源消耗，同时满足用户的能源需求。

（3）混合方式

该方式结合了上述两种形式，用户保证最低能源消耗量，超出部分可以按量计价或按面积计价。

（4）固定收益

根据燃气分布式能源系统的投资额，用户与投资方对投资资金的固定收益达成共识。这种方式与实际能源使用量不相关，投资方避免了投资风险，能获得稳定收益。

（5）合同能源管理

以用户原有的能源系统消耗费用为基数，使用分布式能源系统后的能源费用较之前减少的部分，用户与投资方按照约定比例进行分成。对于超出原有的能源系统费用部分，可按实际消耗量进行结算，或采取一定补偿措施。这种方式较大程度保障了用户利益，促使投资方优化运营，但存在用户过度使用能源的情况，对投资方运营风险较大。

4.1.2　典型应用场景发展情况

从应用场景来看，天然气分布式能源项目主要包括工业应用场景、民用建筑应用场景和园区应用场景。

4.1.2.1　典型应用场景分析

4.1.2.1.1　工业应用场景

工业领域涉及行业较多，主要有钢铁、石化、化工、建材、机械、纺织、电子信息、食品、烟草、医药、造纸、粮油等。各行业的工艺要求不同，对用热的要求也不同，工业用户用能主要有以下几个特点。

（1）能源需求种类较多：包括蒸汽、热水、热风、导热油、冷/热空调等；

（2）热耗占比多：工业耗能中一般 50% 以上为热耗，用热温度大多在 80℃ 以上，多数集中在 100℃ 左右，特殊用热在 250℃ 左右；

（3）温度范围恒定：工作温度要求变化范围较小，一般在 3℃~5℃；

（4）用能连续、安全性要求高：工作时要求热量必须连续供给，供能不能中断，避免影响生产；

（5）用能时间长、能耗波动小：主要为生产工艺用能，与计划生产量有关，能耗随季节或时间等波动较小。

在能耗"双控"向碳排放总量和强度"双控"转变下，对于工业园区和工业企业而言，当务之急是摸清碳排放家底，从生产过程、产业结构调整并从能源消费各环节识别降碳减排的可行路径。

工业领域中，当项目有冷、热、电的稳定需求时，采用燃气分布式能源系统，不但可保持机组常年稳定运行，将系统整体效率提高到 70% 以上，还可降低供能（冷、热、电）的成本，提高机组节能率，同时也提高了项目的经济效益，增强项目竞争力。

4.1.2.1.2　民用建筑应用场景

（1）交通枢纽应用场景

机场各类能源消耗的主要部分是电能，占总能耗的 78%，主要用于机场供冷、照明以及动力设备。机场领域用能特点为冷、热、电匹配好，冷、热、电负荷量大，年利用小时数大，供电安全性要求较高。

机场领域分布式能源系统与常规较大规模的热电联产机组有着本质的区别，分布式能源系统以满足用户冷、热负荷为主，发电只是其附属产品。因此，机场领域分布式能源系统设计应根据用户的能源需求种类和特点，以冷、热负荷需求为主，兼顾电负荷需求综合确定系统形式、装机容量和运行模式，实现系统的合理配置及高效运行。

在高铁站的能耗中，空调、照明、电梯占总能耗的比重高达 85%~95%。大部分已经运营的高铁站的空调能耗占总能耗的比重范围为 60%~80%。空调系统覆盖候车室、售票厅、进站口、出站口、办公区、机房等区域。大部分已经运营的高铁站的照明能耗占总能耗的比重为 10%~20%，电梯能耗占总能耗的 10% 左右。

高铁站用能存在负荷早晚差别较大，受运力组织影响较大，车站空间开阔导致单位耗能较大等问题。铁路客运专线站房的冷、热、电负荷需求稳定，高铁站是天然气分布式能源技术应用的典型区域。项目易模块化复制，产生规模效益。

（2）城市综合体应用场景

大型公共及商业建筑的建筑面积不到城市建筑总面积的 4%，却消耗建筑能耗总量的 22%，日益成为能耗的"黑洞"。

城市综合体用能的特点为，建筑容积率高，能耗密度大；冷、热、电负荷高；供电安全性要求高；年利用小时数高。

城市综合体各类用能负荷常年较为稳定，适宜采用天然气分布式能源系统。在城市综合体设置天然气分布式能源系统，可以弥补大规模集中供电系统的缺陷，充分发挥对电网和天然气管网的双重削峰填谷作用。城市综合体从电网购电需按商业电价计费，年运行成本较高，通过采用天然气分布式能源系统，可以降低管网损失、运行成本，且易于运行管理。

（3）医院应用场景

医院建筑作为一种特殊的建筑形式，在公共建筑中属于能耗较高的类型，其能耗已引起了多方面的关注。据统计，医院建筑空调系统的年一次能耗一般是办公建筑的 1.6~2.0 倍，医院中一张病床的能耗相当于 3 个普通家庭能耗的总和，年能耗费用约占院支出的 3%。

医院建筑的能耗主要包括电力、天然气、燃油、水及医疗气体等。能耗以电力用能为主，并以空调用电为主。医院耗电主要集中在 6~9 月，占总耗电量的 50% 以上。因此，夏季是耗电的主要月份，即使在夏初和夏末，耗电量仍高于其他季节，说明夏季运行节能潜力较大。医院消耗燃气主要集中在冬季的 11 月到次年的 3 月之间，占总耗气量的 70% 以上。因此冬季是消耗燃气的主要月份。

医院用能的特点有：

①医院电、热、冷负荷比较稳定，供热、供冷和用电的比例波动较小。夏季主要是空调冷负荷，冬季主要是热负荷，过渡季节几乎没有冷热负荷，全年冷负荷和热负荷变化显著。医院电力消耗最大，约为总用能的40%~50%甚至更高。医院生活热水用量每月变化基本不大，用量主要同医院病房床位使用率和使用习惯有关。随着医院设施配置水平的提高，医院热水用量也逐年增加。

②用能时间长。医院用能基本是365天×24h模式，用能时间长，用能设备基本常年运行。

③供能安全性要求高。由于涉及病人生命维持系统，医院对用能安全性要求很高。

④供能品种多。涉及电、热、冷和蒸汽等多种形式的能源需求。

⑤医院用能普遍存在能耗较高的问题。我国医院建筑能耗是一般公共建筑的1.6~2.0倍。

（4）数据中心应用场景

在当前的信息化时代，数据中心作为高能耗场景，有持续稳定的电、冷负荷需求，且负荷随季节变化波动不大，需全年不间断供电、供冷。传统数据中心能耗主要包括以下几方面。

①通信设备用电：据统计，通信设备的能耗约占整个数据中心总能耗的50%；

②空调设备用电：通信设备自身发热量大、散热量大，而数据中心通常具有较严格的温湿度控制要求，因此空调设备能耗巨大，约占数据中心总能耗的40%；

③其他辅助设备用电：主要包括机房照明、电源系统等辅助配电设备能耗，大约占数据中心总能耗的10%。

现在数据中心大多采用标准化配置，电力供应以市电为主，严重依赖电网，用能的安全性和可靠性受到电网的制约。分布式能源系统在数据中心的应用主要具有以下优势。

①增加一路安全电源

分布式能源系统以并网方式接入电网，和市电并联，增加一路安全电源，在市电发生故障时，为数据中心供电，提高供能的安全性和可靠性。

②系统输出冷电比与数据中心冷电负荷匹配

燃气内燃机发电机组+余热吸收式冷水机组分布式能源系统的冷电输出比可达到 1.1，而数据空调冷负荷与中心电负荷（主要指 IT 设备用电）之比也常年保持在 1.0~1.1。因此，系统供给能力和末端需求可以获得良好的匹配，可以保证系统高效、稳定运行，获得较高的系统利用效率以及经济效益。

③可有效降低数据中心 PUE 值

由于分布式能源系统实现了能源的高效梯级利用，利用发电机组余热实现空调供冷，大大减少了传统电制冷机组的能耗，可有效降低数据中心的 PUE 值。

4.1.2.1.3　园区应用场景

产业园区、工业园区是碳中和的重要抓手。从排放集中度而言，园区通常是市县级碳排放的主要来源，是碳中和进程中的核心场景，而且有着较为统一的能源消费模式和明确的测量边界，更有利于在明确指标、优化空间布局、优化资源配置的层面打造工业零碳样板。从管理模式而言，园区监管运营机构也在一定程度上担任着政府的职能，需要综合协调园区内多个排放主体的用能特点、发展需求及减排任务。

（1）综合类园区

综合类园区通常涵盖了工业生产、科技研发、物流运输、行政办公以及配套商业等多种建筑业态。其显著特点为园区覆盖面积广阔、能源需求量大且用能需求多样化，不同功能区域的负荷特点、用能时间各有不同，在一定程度上可以协调互补、均衡负荷。

因此在综合类园区科学合理配置燃气分布式能源，不仅可以通过负荷平衡有效保证系统运行时间、系统负荷率，还可以充分发挥分布式能源模块化特点，根据负荷变化进行灵活性调整。最大程度保证系统高效、经济地运行。

（2）产业聚集型园区

产业聚集型园区通常为典型产业的规模化聚集，如化工、生物医药、医疗产品等。该类型园区的显著特点是能源需求量大，能源需求品种相对单一，用能负荷相对稳定。

该类型园区分布式能源系统装机容量普遍较大，可有效降低单位容量投资成本，若系统配置合理，可获得较高的经济效益。但园区内各用能单位用能特性一致性较高、互补性相对较差，若产能及负荷率达不到预期很容易会对项目运行效率及经济性产生影响，因此在项目配置时需综合考虑。

能源系统的低碳转型是园区高质量发展的一个重要抓手，随着新的能源资源的开发和利用，技术不断革新，需求侧用能模式不断变化，燃气分布式能源结合以可再生能源为主的发电和供热技术，如风电、光伏、生物质、地热、热泵等，在国内越来越受重视。除了单一的技术外，多能互补的系统模式在国内也越来越受重视。用户侧需要终端一体化的技术集成，并参与负荷响应；发电侧则是多能互补的技术整合，包括与储能系统的结合、灵活性电源的优化配置。

4.1.2.2 典型应用场景发展情况

据中国城市燃气协会分布式能源专业委员会不完全统计，截至2020年现有天然气分布式能源项目中，园区类项目数量占比48.58%，办公楼类和工业类占比均为11.87%，医院类占比9.18%，综合商业体类占比6.80%，数据中心类占4.59%，酒店类占比3.64%，大型公建类占比3.48%。从装机容量来看，园区类占比84.71%，工业类占比6.39%，综合商业体类占比3.18%，数据中心类2.61%，办公楼类1.41%，大型公建类占比1.26%，医院类占比0.34%，酒店类占比0.10%。具体统计数据如表4-4所示。

表4-4　2020年典型应用场景天然气分布式能源项目情况

典型应用场景	项目数量（个）	数量占比（%）	装机容量（kW）	装机容量占比（%）
园区	307	48.58	19263261	84.71
工业类	75	11.87	1454190	6.39
办公楼	75	11.87	319871	1.41
医院	58	9.18	76369	0.34
综合商业体	43	6.80	723883	3.18

续表

典型应用场景	项目数量(个)	数量占比(%)	装机容量(kW)	装机容量占比(%)
数据中心	29	4.59	593562	2.61
酒店	23	3.64	23690	0.10
大型公建	22	3.48	286660	1.26

4.1.3 产业发展保障条件

4.1.3.1 气源供应保障

（1）天然气

截至 2020 年底，全球天然气剩余可开采储量为 188.1 万亿 m^3，储采比 48.8[1]。2020 年，我国天然气探明新增地质储量 1.29 万亿 m^3。其中，天然气、页岩气和煤层气新增探明地质储量分别达到 10357 亿 m^3、1918 亿 m^3、673 亿 m^3[2]。页岩油气勘探实现多点开花，四川盆地深层页岩气勘探开发取得新突破，进一步夯实页岩气增储上产的资源基础。

我国天然气供给格局呈现西气东输、北气南下、海气登陆、就近供应的特点。"十三五"期间，天然气生产总量为 8137 亿 m^3，较"十二五"增长 36.1%，年均增速 8.56%[3]。2021 年，天然气产量持续保持稳定增长，为 2053 亿 m^3，比上年增长 8.2%，连续 5 年增产超百亿 m^3[4]（见图 4-1）。

"十三五"时期累计建成长输管道 4.6 万 km，全国天然气管道总里程

---

① British Petroleum, *Statistical Review of World Energy 2021*，https：//www.bp.com/en/global/corporate/energy-economics/statistical-review-of-world-energy，最后检索时间：2022 年 5 月 24 日。

② 国家能源局：《中国天然气发展报告（2021）》，http：//www.nea.gov.cn/2021-08/21/c_1310139334.htm，最后检索时间：2021 年 8 月 21 日。

③ 国务院发展研究中心资源与环境政策研究所等编《中国天然气高质量发展报告（2021）》，石油工业出版社，2021。

④ 国家统计局：《2021 年生产天然气 2053 亿立方米比上年增长 8.2%》，http：//www.capwhale.com/newsfile/details/20220117/12bc7d46d51a4fe6ba9988c6ec2d150b.shtml，最后检索时间：2022 年 1 月 17 日。

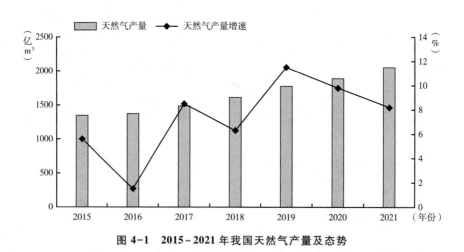

图 4-1　2015~2021 年我国天然气产量及态势

达到约 11 万 km。天然气"全国一张网"骨架初步形成，主干管网已覆盖除西藏外全部省份，京津冀及周边、中南部地区天然气供应能力进一步提升，有效保障华北、长三角、东南沿海等重点区域天然气供应。干线运输能力为 2064 亿 Nm^3/a，中短期内运输能力至 2584 亿 Nm^3/a。

"十三五"时期沿海 LNG 接收站布局不断完善，新增 LNG 接收能力达每年 4920 万 t，对重点地区冬季保供作用进一步提升；沿海 LNG 接收站储罐罐容实现翻番，2020 年比 2015 年增加 566 万 m^3，增幅达 113%。国际贸易更加活跃，海外资源进口实现多国别、多气源，资源来源国由 19 个增加到 28 个，国内采购主体明显增加。2020 年，我国天然气进口量比 2015 年增加 789 亿 m^3（见图 4-2），"十三五"时期年均增速达 18%[1]。截至 2020 年底，我国有 22 座 LNG 接收站投入运营，位置相对集中在东南沿海经济发达区域，接卸能力达到 8660 万 t/a，2020 年整体负荷率为 68%，远高于全球平均水平（2019 年 40.3% 负荷率）[2]。

2020 年，全国已建成地下储气库（群）总工作气量比 2015 年增加 89

---

[1]　国家能源局：《中国天然气发展报告（2021）》，http://www.nea.gov.cn/2021-08/21/c_1310139334.htm，最后检索时间：2021 年 8 月 21 日。

[2]　徐青杨：《能源多元化并非化石燃料为零》，《科学大观园》2021 年第 22 期，第 64 页。

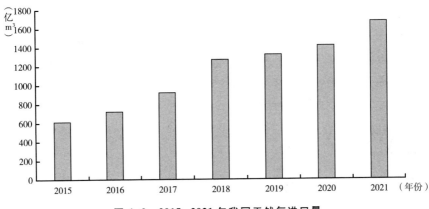

图 4-2　2015~2021 年我国天然气进口量

亿 m³，增幅 160%。截至 2020 年采暖季前，全国储气能力达到 234 亿 m³，占天然气消费量的 7.2%，比 2015 年提高 2.9 个百分点。

2021 年，国内生产天然气 2053 亿 m³，比上年增长 8.2%；进口天然气 12136 万 t，比上年增长 19.9%；消费天然气 3726 亿 m³；2021 年天然气对外依存度为 45%（见图 4-3）。据《2060 年世界与中国能源展望（2021 年版）》预测：中国天然气需求将在 2040 年前保持较快增长，峰值将近 6500 亿 m³，而后平稳下降，2060 年约为 4100 亿 m³。随着勘探开发投资力度加大，以及油气行业科技进步的推动，中国天然气产量将保持较快增长，预计 2030 年突破 2500 亿 m³，2060 年达到近 3500 亿 m³，但还是有很大的缺口需要依赖进口。从全球区域经济一体化和外循环角度看，天然气进口多元化是我国必然选择。

（2）农村沼气

截至 2020 年底，我国沼气用户达 3007.71 万户；各类沼气工程达 93480 处，总池容达 2179.35 万 m³，供气户数达 170.1 万户，发电装机容量为 35 万 kW·h 时。[①]

———————————

① 资料来源：中华人民共和国农业农村部。

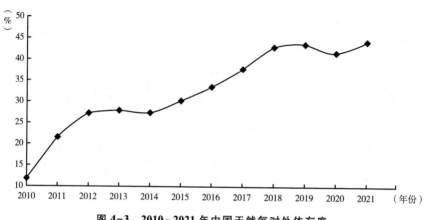

图4-3　2010~2021年中国天然气对外依存度

（3）生物质气

截至 2020 年底，全国共建秸秆固化成型工程 2664 处，年产量达 1279.65 万 t；秸秆热解气化工程 183 处，供气户数达 1.41 万户；秸秆炭化工程 102 处，年产量为 46.16 万 t。[①]

（4）氢能

2019 年我国氢能来源主要为化石能源制氢，其中煤制氢 2124 万 t，天然气制氢 460 万 t，二者共占我国氢能产量的 77.3%；工业副产氢 708 万 t，占比 21.2%；电解水制氢占比 1.5%。预计可再生能源制氢量，将在 2030 年达到 500 万 t，占比 13.45%；2060 年达到 1 亿 t，占比 80%，其余为蓝氢。电解槽装机容量为 500GW。[②]

综上所述，我国天然气资源勘探潜力巨大，天然气产量稳步增加，天然气管网建设趋于完善，LNG 接收站、储气等设施建设加快，形成了多元的供应体系，产供储销体系建设取得成效，为燃气分布式能源的发展提供了气源保障。页岩气、煤层气等非常规气，生物天然气、氢能等燃气的增加为燃气分布式能源提供了更多的气源选择。

---

① 资料来源：中华人民共和国农业农村部。
② 资料来源：中国氢能联盟。

4.1.3.2　技术标准规范

在行业发展初期，项目大多参照火电厂和锅炉的相关规范，但因这些规范适用范围的局限性导致不能顺利推进分布式能源项目的执行。自 2009 年国家能源局下达制定能源领域的行业标准计划以来，燃气分布式能源行业的标准规范逐步完善。截至 2021 年 12 月，燃气分布式能源行业已制定了本行业相关的系统设计导则、工程技术规程、接入电网技术规定、能源站调试、验收及运行规程等规范。虽然因标准编制的牵头企业和单位不同导致了部分规范内容兼容性有所欠缺，但是随着逐渐丰富的技术规程，燃气分布式能源的项目设计和施工要求不断明确、清晰。

从已发布的各项规范内容来看，燃气分布式能源的标准体系还待进一步完善（见表 4-5）。一方面是近期发布的项目执行后期规范较少且单一，比如能源站的调试、验收及运行管理需要总结更多的技术经验；另一方面由于当前很多燃气项目，尤其是天然气、沼气热电联供系统的主机采购还是更倾向于性能参数较好的进口燃气机组，因此在内燃机和燃气轮机设备方面的自主创新技术标准有待扩充。另外，在环境保护方面，随着"双碳"政策的大力推进，燃气分布式能源行业的节能减排将受到更多的关注，后续各地区省市的排放标准也将继续修订和完善，从而推动燃气分布式能源行业健康快速发展。

表 4-5　截至 2021 年燃气分布式能源部分已发布规范

序号	名称	文号
1	《城镇燃气设计规范》	GB 50028—2006
2	《城镇燃气技术规范》	GB 50494—2009
3	《城镇燃气规划规范》	GB/T 51098—2015
4	《煤矿瓦斯发电工程设计规范》	GB 51134—2015
5	《沼气电站技术规范》	NY/T 1704—2009
6	《分布式电源接入配电网技术规定》	NB/T 32015—2013
7	《分布式电源接入电网运行控制规范》	NB/T 33010—2014
8	《分布式电源接入电网测试技术规范》	NB/T 33011—2014

续表

序号	名称	文号
9	《分布式电源接入电网监控系统功能规范》	NB/T 33012—2014
10	《分布式电源接入电网技术规定》	Q/GDW 1480—2015
11	《燃气冷热电三联供工程技术规程》	CJJ 145—2010
12	《小型火力发电厂设计规范》	GB 50049—2011
13	《燃气分布式供能站设计规范》	DL/T 5508—2015
14	《分布式供能系统工程技术规程》	DL/T J08—115—2016
15	《燃气冷热电联供工程技术规范》	GB 51131—2016
16	《分布式冷热电能源系统的节能率 第1部分：化石能源驱动系统》	GB/T 33757.1—2017
17	《分布式冷热电能源系统技术条件 第1部分：制冷和供热单元》	GB/T 36160.1—2018
18	《分布式冷热电能源系统技术条件 第2部分：动力单元》	GB/T 36160.2—2018
19	《燃气-蒸汽联合循环电厂设计规范》	DL/T 5174—2020
20	《分布式冷热电能源系统设计导则》	GB/T 39779—2021
21	《轻型燃气轮机通用技术要求》	GB/T 10489—2009
22	《中大功率瓦斯发电机组》	GB/T 29487—2013
23	《煤矿瓦斯往复式内燃机发电站安全要求》	AQ 1077—2009
24	《往复式内燃燃气发电机组安全设计规范》	GB/T 33340—2016
25	《供配电系统设计规范》	GB 50052—2009
26	《低压配电设计规范》	GB 50054—2011
27	《锅炉房设计标准》	GB 50041—2020
28	《锅炉安全技术监察规程》	TSG G0001—2012
29	《建筑设计防火规范》	GB 50016—2014
30	《电厂标识系统编码标准》	GB/T 50549—2020
31	《天然气分布式能源系统项目服务规范》	DB31/T 1081—2018
32	《燃气分布式能源站调试及验收规程》	T/CGAS 014—2021
33	《燃气分布式能源站运行规程》	T/CGAS 015—2021
34	《火电厂大气污染物排放标准》	GB 13223—2011
35	《锅炉大气污染物排放标准》	GB 13271—2014
36	《锅炉大气污染物排放标准》	DB11/ 139—2015
37	《锅炉大气污染物排放标准》	DB31/ 387—2018
38	《固定式内燃机大气污染物排放标准》	DB11/ 1056—2013
39	《重型柴油车污染物排放限值及测量方法（中国第六阶段）》	GB 17691—2018

4.1.4　典型案例分析

4.1.4.1　概述

综合考虑不同地域、不同发电设备形式、不同用户类型，本报告共收集了 243 个已建项目案例，并选取了 50 个具有代表性的项目，通过对数据处理与分析，得出以下主要结论。

（1）天然气分布式能源的节能减排效益明显，而且在合理的气价、电价条件下，项目具有一定的经济效益。

（2）从天然气气价和电价上看，上海市、北京市、江苏省、四川省、浙江省处于经济较好区。销售冷价与热价政策定价偏低，影响项目经济性。建议采用气电能源价格联动机制，促进天然气分布式能源项目更好更快地发展。北京市一些案例未享受相应的供热政策补贴，造成了分布式能源系统的供热收益低于市政热力。

（3）分布式能源与可再生能源实现联合供应，提高了系统的综合能源利用效率，系统装机容量选择更加灵活，项目运营调节更加多样化。

4.1.4.2　典型案例评价指标体系

（1）年平均能源综合利用率：

$$\nu = \frac{3.6W + Q_1 + Q_2}{B \times Q_L} \times 100\%$$

式中：ν 表示年平均能源综合利用率（%）；

$\quad\quad$ W 表示年净输出电量（kW·h）；

$\quad\quad$ Q_1 表示年有效余热供热总量（MJ）；

$\quad\quad$ Q_2 表示年有效余热供冷总量（MJ）；

$\quad\quad$ B 表示年燃料总耗量（m³）；

$\quad\quad$ Q_L 表示燃气低位发热量（MJ/m³）。

（2）节能率：

$$\eta = \frac{E_a - E_r}{E_a} \times 100\%$$

式中：η 表示节能率（%）；

　　　　E_a 表示常规能源项目能耗（MJ）；

　　　　E_t 表示天然气分布式能源项目能耗（MJ）。

（3）年利用小时数：

$$T = \frac{W}{R}$$

式中：T 表示年利用小时数（h）；

　　　　R 表示项目总装机容量（kW）。

（4）供电效率：

$$\phi = \frac{W_t \times 3.6}{B \times Q_L} \times 100\%$$

式中：ϕ 表示系统供电效率（%）；

　　　　W_t 表示年总供电量（kW·h）。

（5）余热利用效率：

$$\varphi = \frac{Q_1 + Q_2}{B \times Q_L} \times 100\%$$

式中：φ 表示余热回收利用率（%）。

（6）余热供热/冷贡献率：

$$\varphi_t = \frac{Q_1 + Q_2}{Q_t} \times 100\%$$

式中：φ_t 表示余热供热/冷贡献率（%）；

　　　　Q_t 表示项目全部供热（冷）总量（MJ）。

4.1.4.3　年平均能源综合利用率分析评价

通过对选取案例的数据进行统计分析，项目年平均能源综合利用率情况如表4-6所示。

表 4-6　选取案例年平均能源综合利用率

单位：个，%

年平均能源综合利用率（X）	40≤X<60	60≤X<70	70≤X<85	X≥85
项目数量	6	2	26	16
内燃机	3	1	24	13
燃气轮机	3	1	1	1
微燃机	—	—	1	—
燃料电池	—	—	—	2
比例	12	4	52	32

可以看出，项目年平均能源综合利用率超过 70% 的比例占到 84%，多数案例年平均能源综合利用率集中在 70%~85%，绝大部分案例可以满足国家对分布式能源年平均能源综合利用率的考核要求。

4.1.4.4　节能减排分析评价

选取案例年利用小时数与节能减排相关性分析情况如表 4-7 所示。

表 4-7　选取案例年利用小时数与节能减排相关性分析

用户类型	年利用小时数（h）	单位节能量[tce/(kW·a)]	单位减排量[tCO₂/(kW·a)]
数据中心	5360	0.862	1.746
酒店	4366	0.711	1.720
办公楼	4542	0.668	1.532
医院	3530	0.597	1.553
工业园区	4862	0.583	1.443
商业综合体	3373	0.482	1.253

可以看出，项目的单位节能量和单位减排量大致与年利用小时数量呈正相关。单位节能量依次是数据中心>酒店>办公楼>医院>工业园区>商业综合体。

参考中国城市燃气协会分布式能源专业委员会发布的《两市一区天然气分布式能源负荷调研报告》中的上海市项目分类（见表4-8），本报告所选取项目的年利用小时数均达到基准值，单位节能量和单位减排量除工业园区和商业综合体外均达到基准值。工业园区单位节能量和单位减排量相对较低的主要是由于部分园区类分布式能源项目产能及负荷率未达预期，从而导致能源利用不均衡，系统运行效率不高。

数据中心未列入项目分类表，其年利用小时数、单位节能量和单位减排量均达到B类项目基准值。

表 4-8　上海市燃气分布式能源项目分类

分类	单位节能量基准值 [tce/(kW·a)]	单位减排量基准值 [(tCO$_2$/(kW·a)]	年利用小时数 Y (h)
A 类	0.77	2.00	Y≥4000
B 类	0.58	1.50	3000≤Y<4000
C 类	0.48	1.25	2500≤Y<3000
D 类	<0.39	<1.00	Y<2500
E 类	政府特批项目		

注：A类包括大型交通枢纽、航站楼，连续生产的稳定用热工厂，例如造纸厂、食品厂等；B类包括五星级宾馆、二级及以上综合医院、大型商场、城市综合体等；C类包括一般星级宾馆、有用热需求的单班制工厂等；D类包括一般办公楼等。

4.1.4.5　经济性分析

本报告针对天然气分布式能源项目增量投资部分的经济效益进行评价，主要从影响经济效益的三个因素，即项目投资额、能源价格、余热利用率分析。经济性评价指标选用增量投资内部收益率或增量投资回收年。

4.1.4.5.1　项目投资额

根据调研项目提供的总投资、增量投资数据，抽样案例的经济指标如表4-9所示。

表 4-9　天然气分布式能源项目总投资及增量投资统计

单位：万元/kW

发动机类型	总投资均值	增量投资均值
燃气内燃机	1.38	1.01
燃气轮机	0.92	0.71
微燃机	1.56	1.23

注：增量投资＝天然气分布式能源项目投资-常规能源项目投资（指采用市电、电制冷机组/直燃空调、燃气锅炉或市政热网为项目提供电、冷、热负荷的项目）。

　　通过对抽样案例的统计分析可知，以燃气内燃机为原动机的天然气分布式能源项目总投资均值约 1.38 万元/kW，增量投资均值约为 1.01 万元/kW。燃气轮机及联合循环型项目发电机组较大，总投资均值约 0.92 万元/kW，增量投资均值约为 0.71 万元/kW。微燃机型项目总投资均值约 1.56 万元/kW，增量投资均值约为 1.23 万元/kW。综合来看，燃气轮机分布式能源项目的总投资均值、增量投资均值在三类机组中均为最低，主要原因是燃气轮机项目单机容量和项目总体装机规模都较大，规模化直接降低了单位容量的投资额；而燃气内燃机和微燃机单机容量和项目总体装机规模较小，且燃气内燃机配套设备及余热利用设备相对复杂，因此单位容量的投资均值较高。

4.1.4.5.2　能源价格与投资经济性分析

　　天然气分布式能源系统的经济性与当地的电价、气价有着密切的关系，对应不同的冷热价格体系。表 4-10 对部分发展项目较多的地区平均能源价格及增量投资内部收益率进行了统计汇总。

表 4-10　部分天然气分布式能源项目能源结算价格汇总（平均值）

地区	项目数量（个）	天然气价格（元/Nm³）	自用电价（元/Nm³）	上网电价（元/Nm³）	热价（元/GJ）	冷价（元/GJ）
上海	23	2.66	0.85	0.70	140	110
北京	6	2.51	0.880	0.880	120	62
河北	3	3.52	0.855	0.855	—	—
江苏	3	2.80	0.801	0.759	116	140

续表

地区	项目数量	天然气价格 （元/Nm³）	自用电价 （元/Nm³）	上网电价 （元/Nm³）	热价 （元/GJ）	冷价 （元/GJ）
四川	2	2.08	0.504	0.521	100	84
广东	3	2.39	0.950	0.950	—	—
山东	3	2.70	0.737	1.000	—	153
浙江	2	3.42	1.08	—	140	150

注：上表中天然气价格、自用电价、上网电价、热价、冷价均为各单位提供数据的平均值。

整体来看，当前天然气分布式能源发展呈现以下特点。

（1）不同地区、不同项目的气价、电价、冷价、热价有较大差异，特别是冷、热价。由于不同的项目对于冷热的需求不同，冷、热价有较强的业主自主性，在推进天然气分布式能源项目时，与业主的能源协定价对经济效益会产生一定影响。

（2）燃气内燃机发电效率较燃气轮机高，调节较为灵活、部分负荷特性较好。但是相比燃气轮机，燃气内燃机单位造价高、余热形式较多（烟气和高低温缸套水），余热利用较为复杂。综合考虑，燃气内燃机适合蒸汽负荷密度不大、余热形式较多（冷气、热水、蒸汽等）的应用场景。燃气轮机适合负荷形式单一，且蒸汽负荷密度大、稳定、受外界气候影响小，余热回收形式简单，以需要蒸汽为主的应用场景。

（3）对于环保要求高的地区，如北京市要求在2017年实现内燃机氮氧化物排放低于$75mg/Nm^3$，一方面会增加项目初投资成本，另一方面增加了项目运营维护成本，降低了项目经济性。

（4）国内运营的天然气分布式能源项目各有特点，因地制宜制订适合本项目的运行模式对项目经济性影响较大。发电机组的运行和停止时间、余热和调峰设备开启的数量和时间、设备是否降负荷操作等，以及在低谷电价时段是否采用市电或者冰蓄冷等系统运行方式的选择都将影响整个系统能否达到最佳经济性。在实际运维中，一般结合气价、电价、外部因素等各项内容详细核算确定机组最优的运行模式。

4.1.4.5.3　余热利用率对经济性的影响分析

天然气分布式能源系统实现了能源的梯级利用，天然气发电余热用于夏季供冷、冬季供热。实际运行时，发电机及余热回收装置装机容量配置占比不同、运行策略不同等因素带来实际余热供冷和供热贡献率不同，进而造成天然气分布式能源系统回收利用率不同（见表4-11）。理论上讲，在同等条件下，余热利用率越大，满足同样能源需求条件能源成本越低，项目经济性越好。

表 4-11　典型天然气分布式能源项目余热利用率

单位：%

序号	项目名称	余热供热量贡献率	余热供冷量贡献率
1	上海世博 B 片区央企总部能源中心分布式能源项目	34	27
2	北京环球影城 CCHP 能源中心	7	9
3	上海西岸天然气分布式能源项目	—	9
4	浙江浙能德清分布式能源项目	—	40
5	湖南妇女儿童医院分布式能源项目	11	10
6	黄花机场天然气分布式能源站	76	50
7	江苏省盐城市亭湖区人民医院天然气分布式能源项目	31	19

余热利用率越高，项目经济效益越明显。从表4-11调研项目结果可以看出，目前已建燃气分布式能源项目中，余热供冷/供热量在总体供冷/供热量中占比整体较低，大多数在30%以下。为确保燃气分布式能源系统的余热可以得到充分利用，保证系统高效、经济运行，在后续项目设计、建设工程中，在保证余热充分消纳的前提下，可考虑进一步提高余热供冷/供热量在总体供冷/供热量中的贡献率。

4.2　燃气分布式能源行业发展问题分析

虽然国家主管单位、部分省市已将分布式能源产业发展纳入能源领域体制改革重点工作，建立了保障产业发展的政策体系、补贴机制和环保效能管理体系，推进分布式能源项目与大气污染防治、清洁供热协同发展，并在部分省市开展了分布式发电市场化交易试点，促进了燃气分布式能源装机容量的平稳增长。但由于气源保障困难较大、长效机制尚待健全、行业壁垒较为坚固、技术手段不够先进，燃气分布式能源行业的发展仍面临诸多挑战。

4.2.1 产业发展基础保障仍待加强

天然气是燃气分布式能源的主要燃料之一，燃气分布式能源项目较多分布在京津冀鲁、长三角、珠三角等区域，而天然气产地主要集中在中西部，能源供需存在一定的空间错位。

近年来受工业生产高速增长、冬季频现的低温寒流等因素影响，燃气供应及价格存在很多不确定性。冬季天气寒冷直接拉升天然气供暖需求，此外部分地区清洁供暖引发的能源替代，也给天然气供应带来了压力，天然气"压非保民"的政策和干预手段会对天然气分布式项目的气源保障和供应带来影响。2021年第三、四季度个别地方出现拉闸限电、电煤紧张问题，凸显了统筹能源安全保障和绿色低碳发展的不易。

影响天然气分布式能源经济性的核心要素是天然气价格水平，我国天然气对外依存度高、国内开发成本大，导致气源价格居高不下。多级配网架构导致的层层加价和配网管输价格偏高，进一步推高了管输成本，对天然气分布式能源的生存发展造成了很大压力①，燃气价格波动大的问题未能解决，燃气分布式能源生产成本难以控制。

近年我国一直在加强天然气产供储销体系建设，大力推进"X+1+X"天然气市场格局建设，同时持续提升储气能力。发改委要求天然气供应商、地方政府和城燃企业共同负起责任，要求各方储气指标不得重复计算，且要作为动态发展指标。尽管有如此硬核的储气能力建设措施，国内储气能力总体依然欠缺。以最具代表性、最具储气调节功能的地下储气库建设为例，目

---

① 周震宇：《关于天然气分布式能源发展的思考》，《能源》2021年第11期，第31~35页。

前的工作气量仅为消费量的 5%，与国际社会 15% 的一般水平存在较大差距，天然气储备能力有限，直接影响到需求旺季的天然气调峰[①]。

4.2.2　行业壁垒亟须打破

早在 2017 年 3 月国家能源局下发的《关于开展分布式发电市场化交易试点的通知》（发改能源〔2007〕1901 号）[②] 中就已明确"隔墙售电"政策，但在正式推进过程中却遭遇重重阻碍。随着能源结构转型、电力体制改革和新型商务模式不断涌现，燃气分布式能源项目作为同时具有发电和用电属性的产销合一用户，参与市场交易和竞争是当前和未来发展的迫切需求。

分布式发电市场化试点交易迟迟无法推开，难点有以下两方面。一是申报分布式发电市场化交易试点所需材料中诸多文件都需要电网公司出具，涉及与电网利益分配的问题难以达成一致，文件较难完整提供，而文件不全便成为试点项目申报的掣肘。二是过网费较高，部分地区电网公司不认可完全放开"隔墙售电"计划，未能解决"隔墙售电"限制而造成的累计收益低的问题。同时，现行能源价格体系不能反映燃气分布式能源的节能、减排、电网友好等综合价值。

允许分布式能源项目通过配电网将电力直接销售给周边的能源消费者，而不是必须先低价卖给电网，再由用户从电网高价买回。这一模式可以让能源消费者成为"生产投资型消费者"，赋予他们参与可持续发展的权利，同时还可以促进电网企业向平台化服务的战略转型。相比自发自用项目，隔墙售电用户选择灵活，解决了自发自用项目用户用电不稳定这一痛点；相比全额上网项目，可就近灵活交易的项目可以获得一个相对较高的交易电价，与常规电力交易相比，免交最高电压等级输配费用和交叉补

---

① 罗佐县：《今冬气荒大概率重来》，《中国石油石化》2021 年第 18 期，第 30 页。
② 《国家发展改革委 国家能源局关于开展分布式发电市场化交易试点的通知》，http://www.gov.cn/xinwen/2017-11/14/content_5239535.htm，最后检索时间：2017 年 11 月 14 日。

贴减免带来的空间，使得买卖双方都能从中获益。同时，有助于通过源网荷储一体化构建消纳波动性可再生能源的能力，减少波动性可再生能源对电网带来的压力。

4.2.3　行业技术水平仍需提升

4.2.3.1　完善技术体系

燃气分布式能源属于交叉学科。从设备制造到可研设计，从施工调试到并网运行，与燃煤发电相比，技术标准和体系还存在一定差距，不足以支撑燃气分布式能源发挥其综合价值优势。因此，需要基于已发布的燃气分布式能源站相关标准，适时修订完善相关内容，补充燃气分布式施工建设、电力接入设计、调度协调等标准，构建完整的标准体系，指导燃气分布式能源健康有序发展；分析总结已建项目经验教训，编制方案设计指导手册，针对性地制定燃气分布式项目标准化、规范化文件，从顶层设计开始保障项目的经济、技术、环保可行性。

4.2.3.2　促进核心装备国产化

燃气分布式能源项目的核心装备，主要包括燃气发电机组、余热锅炉、溴化锂机组等，余热锅炉和溴化锂机组已全面实现国产化，燃气发电机组的生产技术与国外仍存在较大差距。

2MW 及以下功率段燃气内燃机已具备国产化生产能力，2MW 以上的燃气内燃机技术仍旧被国外垄断。小型燃气轮机更加依赖进口，仅配套辅机实现国产化。在未来一段时间内，大功率燃气内燃机和燃气轮机动力仍需要依赖进口。

已具备国产化实力的小功率燃气内燃机，虽然综合性价比优于进口产品，但在自动化管理技术、发电效率、大功率以及整机技术水平方面，全面达到进口机组标准尚需时日。核心材料和热处理技术、高精度加工能力等与发达国家仍存在较大差距。国产设备质量标准需逐步向国外先进水平看齐，不断提升主机和配套设备质量水平，充分展现性价比优势，为建设安全经济的燃气分布式能源系统奠定良好的基础。

4.2.3.3　推动运营管理专业化

燃气分布式能源项目的运营管理、设备维护涉及多个专业，且每个项目各具特点，项目的运行模式和管理水平直接影响项目的运行效果和经济性。目前只有少数有实力的企业建立了专业化的项目运营管理团队和能源数据管理平台。

需要从技术及管理层面实现合理可靠的项目运营，实现有效监控、管理及优化，充分发挥天然气分布式供能节能减排、节约用户能源成本等优势。通过搭建具有公信力的分布式供能系统能耗监测平台，定期发布本市分布式供能系统运行质量报告，以实际运行数据的可视化支撑扶持政策的持续性及合理性。

4.2.4　缺乏跨领域的协调机制

燃气分布式能源横跨油气、电力、热力等多个行业，存在不同部门利益博弈、不相适应和协调问题，导致燃气、电网、供热等企业对发展燃气分布式能源的积极性不高，甚至有抵触情绪。

由于缺乏统一的政策引导和规划支持，在制定城市能源消费结构、能源发展规划时，未能给燃气分布式能源系统适当的发展空间及配套政策。大量高能耗公共建筑在规划前期阶段未论证使用天然气分布式能源的必要性，没有预留实施条件，无法与城市已有能源供应系统兼容互补，导致天然气分布式能源项目无法顺利落地。

2013 年国家发改委发布《分布式发电管理暂行办法》[①]，2018 年 3 月国家能源局综合司发布《分布式发电管理办法（征求意见稿）》[②]，均要求电网企业应负责分布式发电外部接网设施以及由接入引起公共电网改造部分的投资建设，并为分布式发电提供便捷、及时、高效的接入电网服务。但燃气

---

① 《国家发展和改革委发布〈分布式发电管理暂行办法〉》，http：//bgt．ndrc.gov.cn/zcfb/201308/t20130813_553449.html，最后检索时间：2013 年 8 月 13 日。

② 《国家能源局综合司关于征求〈分布式发电管理办法（征求意见稿）〉意见的函》，http：//zfxxgk.nea.gov.cn/auto87/201803/t20180323_3132.htm，最后检索时间：2018 年 3 月 23 日。

分布式能源项目的建设将直接在一定程度上影响地区电力公司业务，因此部分项目在实际并网操作过程中，遇到的电网阻力较大，还需缴纳配套费、各种基金和附加费。

天然气分布式能源项目在行政许可方面需要按照常规电力项目流程办理，项目前期手续要件多、程序烦琐、周期长，部分项目业主因并网时间长和存在不确定性，放弃选择天然气分布式能源项目。同时并网接入相关费用较高，严重制约天然气分布式能源项目发展。

燃气分布式余热利用生产相应的热力产品，挤占地方热力公司的供热市场，同样受到被经营权或地方供热条例保护的热力公司排斥，且绝大多数地区的供热价格依煤定价，燃气分布式能源难以竞争。

4.2.5 项目市场竞争力需提升

项目的经济效益是项目市场化发展的直接驱动力，近年来，许多燃气分布式能源项目由于受各种因素影响，未获得理想的经济效益，导致市场对于燃气分布式能源的投资趋于谨慎。

燃气分布式能源项目的经济性主要受项目建设投资、项目运营成本、项目产能的影响。

4.2.5.1 项目建设投资较高

与传统供能系统相比，燃气分布式能源系统的项目建设投资总体较高，这是由多方面因素导致的。

装备方面，由于目前燃气分布式能源系统核心的发电机组国产化水平不足，与国际先进水平仍有较大差距，因此已建项目发电机组几乎均采用价格较高的进口设备，直接导致天然气分布式能源项目建设投资费用较高，投资回收期较长。虽然部分地方政府出台了针对燃气分布式能源项目的补贴政策，但并未从根本上解决这一问题，仍需要针对燃气分布式设备国产化制定从技术创新到产业化全过程的激励政策。

投资界限方面，由于燃气分布式能源系统解决的是多种能源供应问题，系统涉及燃气、电力、供冷、供热，系统较为复杂，系统投资边界并无明显界定。有些涉及电力系统改造、管网建设等的项目均划分至燃气分布式能源范畴，工程量也较大，直接导致项目建设投资较高。

另外，以园区类项目为典型代表，在前期规划建设时对用能主体、用能负荷预期偏高，项目装机容量较大，项目投资较高。

4.2.5.2　项目运营成本较高

能源价格是影响燃气分布式能源项目运行经济性的关键因素。我国能源体系特点为电力价格相对稳定，但气源供应存在气价高、波动大、气价上涨预期强等潜在风险，其在冬季用气高峰时期更为明显。天然气价格的不稳定性直接导致分布式能源项目运营成本较高、项目经济性较差。

燃气分布式能源涉及多个专业学科，因此前期缺乏专业的综合性运营人员，且燃气分布式能源系统与燃气电厂一脉相承，部分项目按照燃气电厂规格进行运营人员配置，从而导致人员运营成本较高。

另外，因为已建分布式能源项目核心设备多采用国外进口设备，设备日常检修、备品备件、耗材成本较高，也导致项目运营成本较高。但随着行业的不断发展，除大修外的运维工作已可以由国内工程人员完成，有效降低了设备运维成本。

4.2.5.3　项目产能未达预期

燃气分布式能源行业发展早期，由于对负荷预测不精准、系统配置不科学，导致项目装机容量较大，项目在实际运行过程中负荷难以达到预期，但随着行业的不断发展，这一问题已得到很大改善。

目前园区类企业，由于覆盖面较广，涉及用能末端众多，准确、全面预测用户情况仍存在较多不确定因素和难度，因此此类项目仍然存在产能不达标、经济效益较差的情况。针对此类型项目，还应在项目设计优化、项目管理能力提升及外围工程配套简化等方面持续发力。

第5章 燃气分布式能源系统核心设备

燃气分布式能源系统核心设备主要包括燃气发电设备、余热利用设备及其他辅助设备。发电设备有燃气内燃机、燃气轮机、微型燃气轮机、燃气外燃机以及燃料电池等，其中燃气外燃机和燃料电池由于技术发展尚不成熟且成本较高尚未得到广泛应用；随着燃气分布式能源市场的发展和项目规模的不断增大，微型燃气轮机的应用也日益减少；目前燃气分布式能源领域多选用燃气内燃机和燃气轮机作为发电设备。余热利用设备主要包括余热锅炉、余热溴化锂机组等。其他辅助设备包括气体处理设备、燃气增压设备、隔声降噪设备、脱硝设备、热泵等。燃气分布式能源系统所涉及的设备详见表5-1。

表5-1 燃气分布式能源系统设备分类

燃气发电设备	余热利用设备	其他辅助设备
燃气内燃机发电机组	余热锅炉	气体处理设备
燃气轮机发电机组	余热溴化锂机组	燃气增压设备
微型燃气轮机发电机组		隔声降噪设备
燃气外燃机发电机组		脱硝设备
燃料电池（PEMFC、SOFC 等）		热泵

燃气分布式能源系统的显著特点是通过能源的梯级利用提高综合能源利用效率，即"高能高用，低能低用"。因此燃气分布式能源系统设备需根据用户用能需求及项目条件，同时结合不同设备自身特性，进行系统最优化配置（见图5-1）。

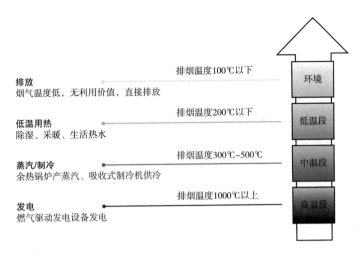

图 5-1　燃气分布式能源系统梯级利用

5.1　燃气发电设备

5.1.1　燃气内燃机技术及应用分析

5.1.1.1　燃气内燃机简介

燃气内燃机主要结构与液体燃料内燃机（柴油机、汽油机等）基本相同，是以燃气为燃料的四冲程内燃机，燃气与空气在气缸内混合压缩后点火发生爆燃，推动活塞带动连杆和曲轴驱动发电机发电。燃气内燃机一般由一个机体、两大机构（曲柄连杆机构、配气机构）和六大系统（供给系统、润滑系统、冷却系统、点火系统、起动系统、电子调速系统）组成，主要包括机体、曲轴、减震器、活塞、连杆、气缸套、气缸盖、点火系统、润滑系统、冷却系统、排气系统等部件。

燃气内燃机应用初期以小型、高速机（额定功率在 1000kW 以下，转速在 1000r/min 以上）为主要市场供应产品，到 1990 年初期迈入发展中大型、中速机（额定功率在 1000kW~8000kW，转速在 1000r/min 以下）阶段。目前主流品牌燃气内燃机发电机组功率范围已覆盖 20kW ~ 10000kW。燃气内燃机发电机组主要具有以下特点。

（1）发电效率高。主流的燃气内燃机发电机组制造商都采取了稀薄燃烧技术，可以使燃料得到充分的利用，在能量的流动与传递中，也采用了大量的节能技术，从而使燃气发电机组的单机发电效率普遍达到 40% 以上，甚至达到了 45%。与其他类型的燃气发电机组相比具有明显优势。

（2）余热利用形式多样化。燃气内燃机在燃料燃烧后产生的余热主要有：350℃ ~ 450℃ 的高温烟气、90℃ ~ 110℃ 的中温缸套冷却水、50℃ ~ 80℃ 的中冷器冷却水和润滑油冷却水。可根据实际应用需求对不同类型的余热回收利用，最大程度实现能源的梯级利用，能源综合利用效率通常可达到 80% ~ 85%，最高可达到 90% 以上。

（3）燃料适应性强。燃气内燃机可应用于各种类型的气体，除天然气外，还可应用于垃圾填埋气、生物沼气、污水沼气、工业废水沼气、石油伴生气、井口气、可燃工业废气等多种气体燃料，可广泛应用于各种不同场景。

（4）运行灵活性强。燃气内燃机发电机组可连续长时间满载运行，也可根据实际需求实现间歇性运行，且间歇运行不会对机组性能及机组寿命产生影响。机组可在 30% ~ 100% 范围内灵活调节、稳定运行。

（5）NO_x 排放浓度较高。虽然燃气内燃机发电机组的 NO_x 排放水平与传统柴油发电机组排放相比较具有明显优势，但与其他类型燃气机组相比 NO_x 排放浓度仍然较高。内燃机制造商通常提供 $500mg/Nm^3$（5%O_2 含量）和 $250mg/Nm^3$（5%O_2 含量）两种标准的设备，此标准均高于国家现行规范中大部分地区对于 NO_x 排放浓度的要求，因此需加装烟气处理设备。

（6）负载突变适应能力较差。气体燃料的能量密度要远远低于液体燃料，这就导致了燃气内燃机发电机组的负载响应速度远远低于柴油发电机组。机组从启动达到满载通常需要 60s ~ 120s，当负载从 100% 突然降低到 50% 时，燃气发电机组频率和电压的稳定时间往往长达 20s，因此燃气发电机组最佳工作状态是并网运行。

5.1.1.2　燃气内燃机在分布式能源领域的应用

在燃气分布式能源领域，燃气内燃机发电机组可以搭配不同单机容量，以多机组合、可渐进扩充发电容量，满足分布式能源项目经济性和投资弹性[①]。常见的燃气内燃机分布式能源系统的主要形式如表5-2所示。

表 5-2　燃气内燃机分布式能源系统主要形式

系统形式	能源产出类型	适用场景
燃气内燃机+余热溴化锂机组	电+供冷/热	仅有电和供冷、供热需求的场合
燃气内燃机+水-水换热器+烟气-水换热器	电+热水	仅有电和生活热水需求（或供热）的场合
燃气内燃机+余热溴化锂机组+水-水换热器	电+供冷/热+热水	同时有电、供冷、供热、生活热水需求的场合
燃气内燃机+余热锅炉+换热器	电+蒸汽+热水	同时有电、蒸汽和热水需求的场合
燃气内燃机+余热锅炉+热水型溴化锂机组	电+蒸汽+供冷/热或生活热水	同时有电、蒸汽和供冷需求的场合

燃气内燃机发电机组分布式能源系统主要适合以下应用场景。

（1）医院与宾馆。医院和宾馆的特点在于能源需求多样化，不仅有较大的电负荷和供冷、供热需求，还有全年生活热水需求，且电负荷和生活热水负荷都比较稳定。负荷特性非常适合采用燃气内燃机分布式能源系统。医院与宾馆的装机容量一般为300kW～3000kW。

（2）公共交通枢纽。机场与火车站运行时间长，建筑物空间高度高，对电力和供冷、供热需求都很大，但负荷存在一定的波动性。这样的负荷特性也非常适合燃气内燃机分布式能源系统。公共交通枢纽的装机容量一般为3000kW～10000kW。

（3）商业综合体及区域能源中心。商业综合体和区域能源中心通常有较大的电负荷和供冷、供热负荷，且全年运行时间较长，同时还需满足该类

---

① 黄宇：《分布式能源系统燃气内燃机国产化现状及应用》，《煤气与热力》2016年第3期，第26~31页。

用户间歇运行的需求，因此燃气内燃机分布式能源系统也适用该类用户。商业综合体及区域能源中的装机容量一般为3000kW~10000kW。

（4）数据中心。数据中心用能量大、用能安全性要求高，不仅有稳定的电负荷，还有全年稳定的冷负荷。数据中心电、冷负荷比约为1：1.1，这与燃气内燃机发电机组的电、冷输出比十分匹配，因此数据中心采用燃气内燃机分布式能源系统，利用余热供冷不仅可以减小电空调装机容量，减少用电量，还可以提高用能安全性。数据中心的装机容量一般为10000kW~50000kW。

（5）小型工业用户。燃气内燃机发电机组高温烟气余热可通过锅炉产生蒸汽，但由于烟气余热占比仅为全部可利用余热的50%左右，产蒸汽量较少。因此对于有用热需求的小型工业用户，可采用燃气内燃机分布式能源系统，但同时需考虑中温余热和低温余热的利用，否则会导致系统能源利用效率较低。

典型燃气内燃机分布式能源系统如图5-2所示。

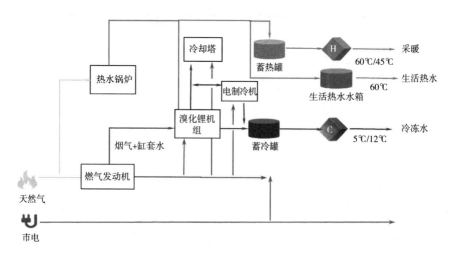

图5-2　典型燃气内燃机分布式能源项目技术路径

项目确定燃气内燃机发电机组装机容量时，通常遵循热电平衡原则，以稳定电负荷和冷（热）负荷中较小者作为选型依据。同时与常规供能设备联合使用、优势互补，以实现系统的最优化配置。

5.1.1.3　燃气内燃机设备现状

目前已建和在建燃气内燃机分布式能源项目的发电设备仍以国外进口设备为主。主要品牌有川崎、康明斯电力、卡特、颜巴赫、瓦锡兰、MWM、瓦克夏、mtu 等，各品牌产品主要功率段如表 5-3 所示。

表 5-3　各品牌燃气内燃机主要功率段

单位：kW

品牌	川崎	康明斯电力	卡特	颜巴赫	瓦锡兰	MWM	瓦克夏	mtu
产地	日本	英国	美国	奥地利	芬兰	德国	加拿大	德国
主要功率段	5000~8000	1000~2000	50~4500	300~10400	>10000	400~4500	220~3600	250~2535

川崎燃气内燃机主要分为 5000kW 级和 8000kW 级。机组采用中速引擎，相对于高速引擎，中速机的发电容量可以高达 5000kW~10000kW，发电效率也可以达到 49%~51%。川崎的中速燃气内燃机可以在 30%~100% 的负载变化中始终保持 40% 以上的高发电效率运行，大修周期为 12000h。川崎采用稀薄燃烧方式取代了传统意义上的理论混合比燃烧方式，并采用了米勒循环技术，使得燃气内燃机的整体发电效率逐年增加。

康明斯（中国）投资有限公司是一家柴油发电机组、燃气发电机组的全球领先制造商。康明斯电力燃气发电机组全电控设计，采用先进的稀薄燃烧技术，通过涡轮增压、燃烧优化等先进技术手段，使发电机组具有效率高、寿命长、可靠性好、排放优、机构紧凑、经济性强等特点，为终端客户提供天然气、生物质气、混氢等多种燃料的发电机组产品。

卡特彼勒电力系统旗下的 CAT®（卡特）品牌燃气发电机组产品功率段覆盖 50kW~4500kW，分为 G 系列及 CG 系列，均具有效率高、可靠性强等优势。其中 G3500H 系列机组将电效率提升到一个新高度，高达 45.4%（1.0PF，ISO）。新设计的缸套及活塞环衬垫组件、优化的涡轮增压器、更新的控制装置、曲轴箱再循环系统和低损耗的发电机结构使机组的性能得以进一步提升。

INNIO 是一家领先的能源解决方案及服务供应商，致力于推动工业和社区实现可持续能源的利用。凭借旗下的两大品牌颜巴赫（Jenbacher）和瓦克夏（Waukesha）的产品以及数字平台 myPlant、INNIO 为发电和压缩领域提供创新解决方案，帮助工业和社区可持续地生产和管理能源，并引领传统能源实现向绿色能源的快速转型。

颜巴赫是往复式燃气发电机组及热电联供设备品牌。颜巴赫产品发电功率范围为 300kW~10400kW，可设计为固定式或移动式、具有连续运行能力的发电设备，并且具备高效率、低排放、高耐久性和高可靠性等特点。颜巴赫通过覆盖 80 多个国家的服务网络为全球 24000 多台已交付的颜巴赫燃气发电机组提供全生命周期技术支持和数字解决方案。

瓦锡兰内燃机发电机组的特点包括快速启停、燃气机组单机容量较大、模块化设计，可靠性能够达到 99.3%，能源利用效率能够达到 97.7%，负荷响应迅速及时，具备调峰调频能力，适合应用在动态热电联产能源站。

MWM 是卡特彼勒旗下专注于燃气发电机组的全球卓越品牌，由卡尔·奔驰先生于 1871 年在德国 MWM 市创建，拥有 150 多年悠久的生产历史。MWM 一直致力研发和建造能够高效提供电、热、冷的发动机和发电机组。作为提供高效清洁能源及能源解决方案的世界卓越企业，MWM 可以提供 400kW~4500kW 发电功率范围的燃气内燃机发电机组。广泛适用于多种可燃气体，如天然气、氢气、垃圾填埋气、生物沼气、污水沼气、工业废水沼气、石油伴生气、井口气、可燃工业废气等。MWM 的燃气内燃机被设计为固定式、具有连续运行能力的发电设备，并具备高效率、低排放、耐久度高、可靠性高、经济效益突出等特点。

瓦克夏品牌创立于 1906 年，是国际知名的天然气、煤层气、石油伴生气、垃圾填埋气、沼气及石油液化气发动机生产商。瓦克夏燃气发电机组功率为 220kW~3600kW。瓦克夏 VGF 系列具有大容量油盘、维护间隔长等优点，主要应用于井口压缩、调峰/联合发电。VHP 系列拥有 50 年的历史，可靠性、耐用性高，主要应用于驱动/燃气发电，产品拥有高效率和低排放的特点。

mtu 燃气业务产品提供 250kW~2535kW 发电功率范围的内燃发电机组，产品广泛适用于天然气、沼气及其他多种可燃气体。沿袭军工制造品质的 mtu 燃气机组产品具有同类产品中较高的功率密度比，且具备低噪声、低震动、低排放、高效率、高可靠性等突出优点。

由于进口设备价格较高，发电机组在项目总投资中占比达到 60% 以上，直接影响项目经济性，也间接限制了分布式能源的发展。近年来，众多进口品牌开始探索新的发展模式，如与国内制造商合作采用 OEM 模式，采取机头进口、国内成撬的形式，以降低内燃机发电机组制造成本。目前，额定功率 ≤1000kW 的进口发电机组主机价格约为 4500 元/kW~6500 元/kW，额定功率>1000kW 的进口发电机组主机价格约为 3000 元/kW~5000 元/kW。

5.1.1.4　装备国产化情况

核心装备国产化对于分布式能源的发展意义重大，不仅能打破垄断，降低国内分布式项目对进口设备的依赖；同时可以降低核心设备价格及维保成本，提高项目经济收益；还能缩短设备供货周期，提高项目建设及维保响应速度。

（1）技术现状[①]

我国具备一定的内燃机自主研发生产能力，但技术的发展与世界发达国家还存在较大的差距，主要体现在转换效率、机械自主研发能力、排放控制、电子控制和设备大修周期等方面。目前我国国内自主研发的燃气内燃机功率范围主要集中在 200kW~1000kW，部分厂商已研发出 1000kW 以上的燃气内燃机，但 2000kW 以上的燃气内燃机仍几乎全部依赖进口。

经过国内制造厂商的不断努力，国产燃气内燃机已在以下方面获得突破。

①采用国际先进的燃气外部混合方式，即燃气与空气的混合方式，采用增压前预混模式，实现了可燃混合气的高品质要求。同时，采用增压中冷技

---

①　黄宇:《分布式能源系统燃气内燃机国产化现状及应用》,《煤气与热力》2016 年第 3 期，第 26~31 页。

术，提高了整机经济性能。

②采用国际上先进的电控空燃比可调稀薄燃烧技术，在空燃比的补偿自动调控技术应用方面有较大的进展。

③采用磁电机点火或数字点火、电子调速的高能量点火系统。

④采用具有联网与通信功能的程控器，实现全面自诊断，使设备运行更安全。

以上关键技术，国内的制造厂家已逐步掌握，并在沼气、油田伴生气、焦炉煤气等领域有所应用，充分证明国产内燃机在动力性、经济性、可靠性和安全性方面有了大幅度提高，部分主要性能指标达到了国际先进水平。

与此同时，仍存在一些技术难题尚未攻克，也是下一阶段的技术攻关方向。

①长寿命周期原材料：燃气内燃机的燃料特性以及燃烧特性会产生爆震、热负荷大、零件腐蚀磨损加快等问题，国外对使用不同气体燃料的内燃机开发专用的材料及零部件，使其可靠性得到较好的保证。

②机械精密加工技术：曲轴、气缸及活塞的核心加工技术与进口设备存在差距；加工精度和加工材料结构性能的不足，还会导致燃烧温度与国外机组有一定差距。

③涡轮增压技术：国内与国外同规格的燃气内燃机相比，功率相差较大，增压技术是关键。国内燃气内燃机多用柴油的增压器改制匹配，缺乏针对性、效率不高、压气机易喘振等，匹配适用性差。应针对不同的气体燃料特性，进行可变几何涡轮增压器（VGT）以及高增压（米勒循环）增压器燃气内燃机的开发。

④同一系列产品气源变化适应性：气体燃料受生产原料、生产过程、地域气候等多种因素的影响，组成经常发生变化，使机器运转受到影响。从国内外的资料分析，闭环（或开环）电控缸内喷射技术被认为是最好的方式，可以使同一系列产品普及所有气体燃料，但零部件价格高，国内外生产厂家少，难以推广应用。机械控制缸外喷射以及各种预混合技术价格适宜，但控制精度低，对不同气体燃料适应程度较低。

（2）国内主要生产商介绍

国内从事燃气内燃机研发及生产制造的厂家主要有中国船舶集团第七一一研究所、湖南省力宇燃气动力有限公司、中国石油集团济柴动力有限公司、四川华气动力有限责任公司、潍柴控股集团有限公司、胜利油田胜利动力机械集团有限公司、河南柴油机重工有限责任公司、上海航天智慧能源技术有限公司等，以传统油气发动机生产制造厂家为主力。

①中国船舶集团第七一一研究所创建于 1963 年，隶属中国船舶集团公司。改革开放以来，逐渐从一个研发机构转变为以船用柴油机和动力装置为主专业，集研发、生产、服务、工程承包为一体的大型综合性实体，其核心技术与产品在国内处于领先地位并具国际影响。

2017 年 3 月 7 日，经过近两个月的性能调试试验，中船重工七一一研究所自主研发、广州柴油机厂制造的本质安全型天然气发动机 8M23G 气体机，在 1000rpm 转速、1600kW 额定功率下，发动机稳定运行，平均有效压力、热耗率均达到设计开发目标，排放满足 IMO Tier III 标准。

②湖南省力宇燃气动力有限公司致力于环保型新能源发电设备的自主设计、研发、制造和生产，研发出拥有完全自主知识产权的燃气发动机及燃气发电机组 LY170 系列产品。力宇 LY170 系列发电机组功率范围是 900kW～2000kW，机组使用力宇自主研发生产的发动机，配置知名品牌发电机及自主研发的控制系统，应用于各类沼气、煤矿瓦斯气、油田伴生气、秸秆气等多种气体发电领域。

③中国石油集团济柴动力有限公司是中国石油天然气集团有限公司下属的动力装备服务企业，拥有多种规格、类型完善的气体机系列产品（见图 5-3）。机型包括 190/200 系列的 12 缸、16 缸、20 缸，机组功率范围覆盖 400kW～2400kW，转速为 1000r/min～1200r/min；140 系列的 6 缸，机组功率范围覆盖 240kW～370kW，转速为 1200r/min～1800r/min；260 系列的 12 缸、16 缸，机组功率范围覆盖 2000kW～4000kW，转速为 900r/min～1000r/min。单机热效率可达 43.67%。燃气种类由天然气延伸至各类沼气、煤矿瓦斯气、油田伴生气、秸秆气等多种气体成分。

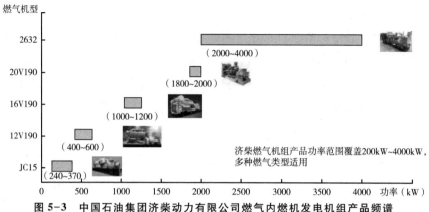

图5-3　中国石油集团济柴动力有限公司燃气内燃机发电机组产品频谱

④四川华气动力有限责任公司是国内为数不多的专业从事大功率、多用途燃气发动机研发设计生产企业，燃气发动机功率覆盖1500kW~3500kW，已实现产品零部件100%国内生产。基于稀薄燃烧技术创新开发了燃气预燃室及进气阀，提高了热效率，降低了发动机污染物排放量；通过产品改进，拓宽了发动机适用成分与热值燃气能力，发动机整体水平达到国内领先，已通过四川省重大装备项目首台（套）认定。6%~8%低浓度瓦斯发电机组已成功实现单机2000kW满载稳定运行；多个单机2000kW及3000kW天然气发电机组项目在油气田安装使用。

⑤潍柴控股集团有限公司是中国较早研制生产发电机组的企业，机组使用其自主研发生产的发动机，配套潍柴牌发电机和潍柴牌控制器。潍柴拥有柴油发电机组、天然气发电机组、环保智能型电站的研发、生产和服务能力，从产品设计、制造、项目管理、安装、系统调试和维护等方面为客户提供全周期一揽子解决方案。其中燃气发电机组功率范围涵盖10kW~3000kW，燃气动力发动机基于成熟的柴油机本体，结合天然气发动机技术特点，对活塞、缸盖、增压器、气门等零部件进行重新设计[1]。

⑥胜利油田胜利动力机械集团有限公司是国家火炬计划重点高新技术企

---

[1] 潍柴官方网站，https://www.weichai.com/cpyfw/wmdyw/dlzc/fdjz/，最后检索时间：2022年5月24日。

业，已形成 1190、4190、6190、12V190、16V190、20V190 六大系列 50 多种产品，可适用于天然气、沼气、煤矿瓦斯、焦炉煤气、生物质气等可燃气体。其中胜动集团 20V190 大功率机组，单机功率可达到 1600kW，机组转速从 1000rpm 向 1500rpm 提升的实验正在进行，功率将提升至 2000kW 以上，获得与国际一流设备相近的体积功率。未来 3~5 年，12V190、16V190 系列机组的相关技术指标将与国际产品接近，控制水平、可靠性达到相当水平，效率差距控制在 3% 以内，体积功率达到国际产品的 70% 左右。未来 5~10 年，推出成熟稳定的大功率燃气内燃机组，单机功率达到 2000kW 或更高，与国际产品整体效率差距控制在 2% 以内，体积功率达到国际产品的 80% 以上。

⑦河南柴油机重工有限责任公司以引进的德国道依茨－曼海姆发动机制造技术和原动机为基础，先后自主研发了 CHG234 系列、CHG620 系列、CHG622 系列燃气发动机和双燃料发动机，发电效率达到进口机组水平，发电效率最高达 40%，综合利用效率达 85% 以上，运行、维护费用成本较进口机组大幅下降①。

河南柴油机重工有限责任公司现生产的燃气发动机主要产品有 CHG234 系列、CHG620 系列、CHG622 系列共计 9 款机型，发动机单机功率覆盖范围为 120kW~2105kW，燃气发电机组功率覆盖范围为 110kW~2000kW，形成了"以机为主、多种经营、船陆通用"的产品格局。燃气发电机组广泛应用于煤矿瓦斯气（最低 CH_4 浓度 6%）、沼气、天然气、垃圾填埋气、LNG 等燃气，产品已在国内大批量生产和销售。

⑧上海航天智慧能源技术有限公司是中国航天科技集团旗下的多能互补综合能源利用的研发及产业化平台，公司围绕核心技术自主研发，根据不同气态能源及应用场景，从 20kW 至 4300kW，设计、研发并生产标准化、模块化 NY 系列能源站产品，包括微型燃气分布式供能装置、

---

① 中国动力官方网站，http：//www.hnd.com.cn/cpjs/hccp/qtjxl/index.htm，最后检索时间：2022 年 5 月 24 日。

小型燃气内燃机、热电联产机组、燃气轮机能源站机组等（见图5-4）。实现能源行业关键设备国产化替代，填补国内空白，为终端用户提供安全高效、智能化、高度集成的产品和技术。公司以能源站产品为核心，以 E^2S 能源方舱系统及 Mensys ⓒ 仿真平台为支撑，提供产品全生命周期服务。[1]

核心产品	NY400	NY600	NY800	NY1000	NY1200	NY1500	NY2000	NY2250	NY3000	NY4300	备注
应用产品	NYR400-A	NYR600-A	NYR800-A	NYR1000-A/B	NYR1200-A	NYR1500-A/B	NYR2000-A/B	NYR2250-C	NYR3000-C	NYR4300-A	电+热水
	/	/	NYZ0.6-A	NYZ0.8-A/B		NYZ1.0-A/B	NYZ1.4-A/B	NYZ2.6-C	NYZ3.2-C	NYZ3.3-A	电+蒸汽
	NYL400-A	NYL600-A	NYL800-A	NYL1000-A/B	NYL1200-A	NYL1500-A/B	NYL2000-A/B	NYL2250-C	NYL3000-C	NYL4300-A	电+制冷
工程套件	发电并网系统										
	集中控制系统										
	产品远程数据平台										
可选版本	低排放、低噪声、便维护										
适用气源	天然气		沼气		瓦斯气		页岩气		工业废气		石油伴生气
适用场景	数据中心	商业综合体	医院	工业园区	垃圾填埋场	秸秆沼气	养殖场	矿区	油气田		

图5-4　上海航天智慧能源技术有限公司燃气机组产品频谱

5.1.1.5　技术发展趋势

（1）效率提升

效率提升是内燃机技术永恒的话题，内燃机的热效率相比发明之初已得到了大幅提高，但根据美国汽车研究理事会（USCAR）报告，活塞式内燃机结构最大有效热效率可以实现60%，若对内燃机进行根本性改造，极限有效热效率可实现85%，可以看出内燃机热效率还有巨大的提升空间，目前的内燃机热效率还远未达到极限[2]。改善燃烧、提高涡轮效率、余热回收

---

① 上海航天智慧能源技术有限公司官方网站，http：//www.aseri.cn/#page1，最后检索时间：2022年5月24日。

② 《面向碳达峰碳中和的内燃机技术概述》，https：//zhuanlan.zhihu.com/p/424564988，最后检索时间：2021年10月22日。

及减小散热损失等都是提高内燃机热效率的主要方法，其中减小散热损失是提高内燃机热效率的直接途径，目前市场上内燃机热效率的水平普遍在40%左右，还有一定的提升空间。

（2）高海拔燃烧

我国西部地区均平均海拔在 1000m 以上。随着我国经济的发展，西部地区经济建设规模不断扩大，对新能源的需求也在增加。因此开发适宜高海拔地区的内燃机组十分必要。内燃机的燃料消耗和额定功率是在标准大气压条件下通过测试的，该参数不包括内燃机在高海拔地区条件下的功率输出和使用。随海拔的增加大气压力下降的现象，将直接导致发动机燃烧不良、功率下降，燃耗增加、使用成本增加。发动机的散热是依靠空气作为媒介，高原地区由于空气密度小，不利于散热，导致发动机的散热性能下降，出现发动机过热、温度升高等现象。这种情况会导致发动机运动部件因散热不良造成局部润滑不到位，使机构、部件产生半干摩擦，损坏部件或增加运动阻力，增加耗油量或造成故障，影响正常使用。

（3）降低润滑油耗量

内燃机运行过程中需持续消耗润滑油，这是燃气内燃机发电机组重要运行成本。润滑油消耗量随内燃机转速、温度以及运转模式的不同会有较大的差异。采取合理的设计，提高制造工艺，优化活塞改进燃烧，适当提高进气压力等措施，均可降低发动机润滑油耗量。目前技术领先的进口发电机组润滑油消耗量可以低至 0.1g/kW·h。

（4）结构紧凑化及模块化

燃气内燃机组体积较大、外围配套辅助设备较多，对安装空间有较高的要求。为此，全球供应商都在机组结构的紧凑化方面投入大量研究。以 MWM 的 TCG 3016 系列为例，MWM 专为其设计了集成化的冷却系统模块，适用于所有安装现场和集装箱布置。所有配套组件、传感器和线束都进行预装，并集成了包含缸套水、中冷水、余热利用系统循环泵在内的冷却回路组件。整体框架在工厂全部预装完成，实现项目现场快速便捷安装。

（5）面向碳中和的新型燃料内燃机技术

随着电气化时代的到来，内燃机面临着越来越多的质疑和挑战，其中最主要的就是内燃机的污染物排放和二氧化碳排放。随着国际社会对碳排放的关注，零碳燃料、碳中性燃料等新型燃料的使用为内燃机的零碳化、零污染物排放的实现创造了条件，相比于其他新型动力装置，内燃机可继续发挥其可靠性高、产业成熟、应用场景广的优势。下面选取了几种热门的面向碳中和的内燃机燃料进行概述。

①氢燃料内燃机技术

氢燃料由于不含碳，其燃烧产物只有水，被称为零碳燃料；氢燃料又可以从其燃烧产物水分解制备，故也是可循环利用的清洁能源。氢能产业当前受到各国的高度重视，被认为是未来能源的重要发展方向。氢燃料电池发动机也被认为是未来极具潜力的动力装置，受到广泛关注。容易被忽视的是，氢气易点燃，燃烧速度快，也可直接应用于内燃机燃烧，并且相对于燃料电池，氢燃料内燃机对氢气的纯度要求更低，动力装置可靠性更高，随着内燃机技术的发展，其热效率也相差不大。燃气内燃机掺氢燃烧也成为一种重要的技术发展方向。

氢气与其他燃料（天然气、汽油和柴油等）掺烧，可以补偿由于其他燃料能量密度低或采用稀燃带来的功率损失，并且可以提高燃料的经济性。掺混氢燃料发动机所需的氢气量不大，主要是作为燃料添加剂，以达到提高发动机热效率、降低化石燃料消耗和排放的目的。下面介绍部分内燃机生产制造商在掺氢燃烧领域的机组研发情况。

MWM 燃气发电机组已经可以高效使用 10% 的混氢天然气，并将于2022 年第四季度开始分阶段推出能够商业化使用混合高达 25% 氢气的天然气发电机组，可用于连续、主用和孤岛等模式，涵盖 TCG 3016、TCG 3020、TCG 2032 和 TCG 2032B 系列。同时 MWM 将对现有运行机组提供25% 混氢升级套件，以便满足原有天然气机组使用混氢天然气的升级需求。

卡特于 2021 年底推出了使用 100% 纯氢的内燃机发电机组 G3516H，额定功率 1250kW，适用于 50Hz 或 60Hz 连续、主用和负载管理应用工况。同时针对国内天然气管道 20% 掺氢工艺，卡特现有型号 CG132B、CG170/170B、G3500H、G3500 及 CG260 系列燃气发电机组均可使用掺入高达 25% 氢气的天然气作为燃料，功率范围为 400kW～4500kW，用于连续、主用和负载管理应用工况。此外，卡特还将提供升级改装套件，为在现有发动机平台基础上组装的发电机组提供高达 25% 的氢气混合能力。

mtu 正在开发用于发电和热电联产的燃气发动机产品组合，以进一步采用氢气作为燃料运行。由 mtu500 系列和 4000 系列燃气发动机驱动的发电机组已经可以在混合 10% 氢气的情况下运行。2022 年开始，氢气含量为 25% 的运行将成为可能。此外，由 100% 绿色氢能提供动力的燃料电池与可再生能源结合，在未来能源供应中可发挥重要作用。在德国腓特烈港总部，mtu 安装了一台 250kW 的燃料电池组样机，用于测试和向客户展示未来的零二氧化碳能源系统。

2001 年，德国北部的比苏姆示范项目中，使用 100% 氢气燃料的颜巴赫试验内燃机首次运行。2020 年，在 INNIO 和 HanseWerk Natur 展示的氢气利用旗舰项目中，1MW 的 J416 燃气内燃机能够使用任意比例的氢气、天然气混合气体，或使用 100% 氢气。2021 年韩国晓星重工业选择 INNIO 颜巴赫氢气发电机组用于亚太地区以 100% 氢气为燃料的发电厂试点项目。该项目预计将于 2022 年第三季度实现商业运营，并于 2022 年底完成验证示范。康明斯燃气发电机组可使用高达 25% 掺氢天然气，在保持高发电效率及高性能的同时，有效降低温室气体排放，也将设备维护成本、维保间隔等影响降到最低。同时，仍然在持续加大更高比例氢气的发电机组研发投入。

川崎重工株式会社于 2021 年开始燃气内燃机的天然气与氢气的混烧技术开发。川崎燃气内燃机现在可以混烧氢气比为 5%。计划今后几年内，实现氢气的混烧比例增加到 20%～30%，2030 年全面实现氢气专烧。

②氨燃料内燃机技术[①]

与氢燃料相同，氨燃料也不含碳元素，完全燃烧只产生清洁无污染的水和氮气，也属于零碳燃料；且其含氢量高，已有广泛使用的基础设施，因此也被认为是面向碳中和的理想的内燃机燃料。氨燃料还具备常用燃料应有的主要特点：廉价易得、易挥发、便于贮运、适当的燃烧值、高辛烷值、操作相对安全、可与一般燃料兼容等。氨气燃料发动机主要技术发展趋势在于控制 NO_x 排放、提高热效率，采用混合燃料掺烧来调节其理化特性也是一种重要手段，同时氨气燃料内燃机在船舶上的应用潜力更大。

③生物质燃料内燃机技术[②]

生物质燃料由于其生长过程会大量吸收 CO_2，从全生命周期角度看，属于碳中性燃料，实现了碳的吸收和释放，因此也是面向碳中和的理想燃料。总结现阶段柴油机使用生物柴油的研究现状，可以看出适合于生物柴油的高压共轨燃油系统、排气后处理技术是未来生物柴油内燃机研究的重要方向。各种醇醚类含氧燃料的研究也是未来内燃机实现碳中和、近零排放的重要方向。

综上，"双碳"目标愿景对于内燃机而言既是挑战，又是转型机遇。短期内，以提高热效率、降低 CO_2 排放为目标，将促进内燃机技术快速发展，同时也会带来内燃机性能的整体提升；中长期，将迫使内燃机寻找面向碳中和的新型燃料，带动相关产业发展，解决新型燃料内燃机的技术难题，从而实现零碳排放、零污染物排放的内燃机技术目标。

5.1.2 燃气轮机技术及应用分析

5.1.2.1 燃气轮机简介

燃气轮机是以连续流动的气体为工质带动叶轮高速旋转，将燃料的能量

---

① 《面向碳达峰碳中和的内燃机技术概述》，https：//zhuanlan.zhihu.com/p/424564988，最后检索时间：2021 年 10 月 22 日。

② 《面向碳达峰碳中和的内燃机技术概述》，https：//zhuanlan.zhihu.com/p/424564988，最后检索时间：2021 年 10 月 22 日。

转变为有用功的内燃式动力机械，是一种旋转叶轮式热力发动机。

（1）燃气轮机分类

燃气轮机分类方式很多。按结构分类燃气轮机可分为单轴燃气轮机、多轴燃气轮机、固定式燃气轮机、移动式燃气轮机；按进口温度大致可分为 900℃的 A 级、1000℃的 B 级、1100℃的 C 级、1200℃的 D 级、1300℃的 E 级、1400℃的 F 级、1500℃的 G 级，在此基础上还开发出 1500℃以上的 H 级。

燃气轮机还可分为重型、工业型和航空改进型三类。重型是指大型燃气轮机，原始设计应用场合为陆地，选用的零件较为厚重，一般是多管火焰筒，设计的大修周期长，大修间隔一般在 60000h，燃气轮机使用寿命可达 100000h 以上。工业型是指中小型燃气轮机，原始设计应用场合为陆地，一般是环形燃烧室，兼顾了重量和尺寸，选用的零件考虑长时间运行，设计的大修周期较长，大修间隔一般在 30000h，燃气轮机使用寿命可达 100000h 以上。航空改进型燃机轮机原始设计应用场合是飞机，结构紧凑而轻，所用材料一般较好，在经过适当的改进后可用于陆地，单循环频率高，但寿命较短，一般运行 12000h 后就必须进行火焰筒和动力透平的维修，适合快速启动调峰运行。

除了常规的燃气轮机外，也有部分项目采用微型燃气轮机。根据《燃气分布式供能站设计规范》（DL/T5508—2015）中定义，通常将功率范围小于 500kW 的燃气轮机称为微型燃气轮机。它的基本技术特征为径流式叶轮机械，通常采用高效板翅式换热器，一些机组还采用空气轴承，不需要润滑油系统，结构更为简单。

（2）燃气轮机特点

燃气轮机主要有以下特点。

①发电功率大、电压等级高、供电半径大。除微型燃气轮机外，燃气轮机的单机额定功率均在兆瓦级以上，最大可达到百兆瓦级别，可供应更大区域的电力需求。

②排烟温度高。一般燃气轮机排烟温度为 500℃~600℃，余热品位较

高，更适用有高温热需求的场合。

③余热利用系统简单。燃气轮机余热形式仅为高温烟气余热，采用余热锅炉即可实现余热的回收利用，系统简单、运行稳定。

④排放清洁度高。目前主流燃气轮机厂家均采用富氧燃烧技术，排放烟气中 NO_x 含量均不高于 $50mg/Nm^3$（15%O_2含量），部分设备甚至可以达到 $30mg/Nm^3$（15%O_2含量），微燃机甚至可以达到 $18mg/Nm^3$（15%O_2含量）。

⑤烟气含氧量高。燃气轮机标准烟气含氧量为 15%，因此对于一些余热不能满足全部供热需求的情况，可以利用烟气补燃装置对该部分烟气进行补燃，以提高蒸汽产量。

⑥单循环发电效率相对较低。中小型燃气轮机的单机发电效率约为 25%~35%，明显低于燃气内燃机单机发电效率。但燃气轮机烟气余热品位较高，余热量较大，可产生中压蒸汽，因此对于电需求较大且热需求相对较小的场所，如有必要可考虑采用燃气-蒸汽联合循环以提高系统发电效率。

⑦燃气轮机低负荷运行时，效率会大幅度下降。燃气轮机利用压气机进气导叶的开度来调节空气进气量，调节范围为 75%~100%。当负荷小于75%时，只能通过控制燃料来控制燃气轮机的出力。所以燃气轮机低负荷运行时，效率会大幅度下降，50%负荷时效率下降 5%~7%，故燃气轮机不适宜长期低负荷运行。另外，燃气轮机发电机组宜连续不间断运行，对于间歇运行的分布式能源项目，发电机组的频繁启停将直接影响设备大修间隔，同时也会影响燃气轮机寿命。

⑧燃气轮机出力随环境温度变化。燃气轮机出力随环境温度升高而下降，主要是由于燃气轮机是恒体积流量的动力设备，气温越高密度越小，致使吸入压气机的空气质量流量减少，机组的做功能力随之变小。另外，压气机的耗功量随吸入空气的热力学温度成正比变化，即大气温度升高时，压气机耗功增加，燃气轮机的净出力进一步减小。

5.1.2.2　燃气轮机在分布式能源领域的应用

常见的燃气轮机分布式能源系统的主要形式如表 5-4 所示。

表 5-4　燃气轮机分布式能源系统主要形式

系统形式	能源产出类型	适用场景	应用推荐
燃气轮机+余热锅炉	电+蒸汽/导热油加热	同时有电、工业用热需求的场合	★★★★★
燃气轮机+余热溴化锂机组	电+供冷/热	同时有电和供冷、供热需求的场合	★★★
燃气轮机+余热锅炉+余热溴化锂机组	电+蒸汽+供冷	同时有电、蒸汽、供冷需求的场合	★★

（1）工业用户及工业园区

工业用户通常用能量大、用能负荷稳定，且全年不间断连续运行，这与燃气轮机的特性十分匹配。燃气轮机发电机组单机功率较大，余热品位高，可用于产生工业蒸汽、加热导热油，系统运行稳定，能源利用效率通常可以达到 80% 以上。

（2）交通枢纽及区域能源中心

国内早期及国外的一些分布式能源项目曾在机场、区域能源中心等场景采用燃气轮机发电机组作为分布式能源系统的发电设备，如浦东国际机场，利用燃气轮机和余热溴化锂机组为机场供电、供冷、供热，技术层面切实可行。但由于电制冷机组 COP 较高，单位电力价格显著高于单位冷能价格，因此在以供电和供冷为主要需求的场合，也可选用发电效率更高的燃气内燃机发电机组。

（3）小型宾馆、医院、宿舍

对于用电负荷较小，但又有多能源需求的场合，可采用微型燃气轮机提供电力、热水以及冷、热的联合供应。但微型燃气轮机发电效率较低，且设备造价较高，在经济性方面不具备优势。

5.1.2.3　燃气轮机设备现状

国内已建和在建燃气轮机分布式能源项目的发电设备几乎全部为进口设备。全世界从事燃气轮机研究、设计、生产、销售的著名企业有约 30 家，目前世界上燃气轮机工业强国有两派四国，两派指的是以英美为代表的欧美西方流派和以苏联为代表的东方流派，四国是指英国、美国、俄罗斯、乌克兰[①]。世界范围内燃气轮机市场主要被通用电气、川崎、西门子能源、MAN曼恩、索拉透平、三菱动力等品牌占据。目前主要品牌燃气轮机发电机组功率范围已覆盖2MW~340MW，而应用于燃气分布式能源领域的燃气轮机发电机组功率主要集中在2MW~50MW范围内，各品牌产品主要功率段如表5-5所示。

表5-5　主流燃气轮机发电机组

单位：MW

品牌	通用电气	川崎	西门子能源	MAN曼恩	索拉透平	三菱动力
产地	美国	日本	德国	德国	美国	日本
主要功率段	10~570	0.6~7.4	5~593	6~20	1~39	30~570

通用电气公司因其极为丰富的设备设计能力和数万台燃气轮机组的运行经验，在燃气轮机运行性能上有着强劲的竞争力。小型燃气轮机和航空改进型燃气轮机性能优越，适合天然气分布式能源项目，关键产品有LM2000、LM2500、PGT20、PGT20、GE10、LT16，功率段主要在12MW~26MW。

川崎重工业株式会社专门从事中小型燃气轮机和燃气轮机热电联产系统的生产，高性能燃气轮机是主要产品之一。该公司开发了干式低排放（DLE）燃烧方法、流体分析技术和蒸汽/注水方法等燃气轮机技术，发电机组共有五个型号，分别为M1A（2MW级）、M5A（5MW级）、M7A（8MW级）、L20A（18MW级）、L30A（30MW级），可以满足不同需求的能源供给。

西门子能源燃气轮机采用DLE燃烧技术，可以最大限度地降低氮氧化合物排放。燃气轮机产品的型号齐全，覆盖了发电、工业驱动、舰船驱动、油气行业，2014年收购的德莱赛兰更扩充了其对应天然气分布式能源领域

---

① 火心：《世界燃气轮机工业巡礼》，《中国经贸导刊》2012年第18期，第85~87页。

的机型系列。该公司提供范围高达 593MW 的各种重型、工业和航改燃气轮机。主要产品为 SGT-100、SGT-300、SGT-400、SGT-800、SGT5-8000H、SGT5-9000HL 等。

MAN 曼恩布局研发的系列产品包括 6MW、8MW、12MW 以及 20MW 级等机型，关键产品为 MGT6000-1S、MGT6000-2S 和 THM1304。2007 年在江苏常州建立了制造公司，以制造透平机械部件和服务为主。

索拉透平在世界范围内面向工业用户，油气开发及油气管线用户提供燃气轮机发电机组及燃气轮机机械驱动机组整体解决方案。燃气轮机功率覆盖范围为 1MW～39MW，主要燃气轮机产品系列包括大力神 350、大力神 250、大力神 130、火星 100、金牛 70、金牛 60 等，在国内海上油气平台、油气管线传输、工业发电等领域有广泛应用。

三菱动力公司是三菱重工集团旗下能源转型及电力业务板块的重要品牌企业。与此同时，三菱动力公司也是全球为数不多的产品范围涵盖所有火力发电设备的 OEM 厂家之一。其业务范围有燃气轮机联合循环发电、常规燃煤火电、整体煤气化联合循环发电、地热发电等，主要产品包括燃气轮机、汽轮机、发电机、锅炉、烟气处理装置、控制系统、燃料电池及新型储能系统等。截至 2022 年 4 月末，三菱动力公司已从全球客户获得了近 1050 台燃气轮机订单。其中，最先进的 J 系列燃气轮机取得了近 90 台的订单业绩，已投产机组累计运行超过 170 万 h。J 系列燃气轮机在成熟的 G 系列设计的基础上，采用了更为先进的技术使涡轮进口温度提升到 1600℃，燃气轮机联合循环发电效率超过 64%。

进口燃气轮机发电机组在分布式能源领域处于绝对垄断状态，导致设备价格始终居高不下，但近年来各燃机厂家也开始尝试不同生产模式，如在国内建设组装产线、与国内企业合作等，以降低设备成本。目前，中小型燃气轮机发电机组的主机价格约为：

小于 500kW（微燃机）：10000 元/kW～15000 元/kW；

500kW～2MW：5000 元/kW～7500 元/kW；

2MW～5MW：3500 元/kW～5000 元/kW；

5MW～15MW：3000 元/kW～4000 元/kW；

15MW～50MW：3100 元/kW～3400 元/kW。

5.1.2.4　装备国产化情况

（1）技术现状

相对于燃气内燃机，我国燃气轮机研发生产能力仍相对薄弱。国家非常重视燃气轮机的自主研发和技术引进。2001 年，国家发改委发布《燃气轮机产业发展和技术引进工作实施意见》，决定以市场换取技术的方式，引进、消化、吸收燃气轮机制造技术。在 2001～2007 年，中国以"打捆招标、市场换技术"的方式，引进了通用电气、西门子能源、三菱动力的 F/E 级重型燃气轮机 50 余套共 2000 万 kW①。但是这种技术引进是有很大限制的，中国仅仅能够实现整机组装，不能够生产压气机、燃烧室和透平，即使是组装的整机，也只能在国内销售，国内企业仅掌握燃机组装技术，而未掌握燃机设计技术。

通过引进先进技术和自主创新，我国已经掌握了部分先进燃气发电装备的制造技术和工艺，如重型燃气轮机核心热端转动部件的核心技术，燃气轮机系统制造能力逐渐增强，打破了垄断，价格有所降低；技术服务逐步本地化，燃机运营维护成本也逐步降低。以 F 级燃机为例，我国燃气轮机零部件国产化率可达到 80%～90%。

尽管从数量上看我国燃气轮机零部件国产化率较高，但从价值上看，还不到 70%。国内厂商还未掌握 F 级、E 级燃气轮机热端部件制造与维修技术以及控制技术，均依赖进口。而在与外方合作过程中，外方通过合作协议的约定，限制了重型燃气轮机制造企业的技术改进和品牌创造。突破技术瓶颈是一场困难的持久战，燃气轮机自主化任重道远。

为加快推进燃气轮机产业创新发展，2017 年国家发展改革委和国家能源局联合印发《依托能源工程推进燃气轮机创新发展的若干意见》，并组织

---

① 《2020 年中国燃气轮机行业市场规模及发展趋势分析》，https：//mp.weixin.qq.com/s/0jMWzid3rjqldNUXiAm-8g，最后检索时间：2020 年 9 月 9 日。

了第一批燃气轮机创新发展示范项目，力争在 2022 年前完成技术装备攻关和项目建设，我国燃气轮机产业长期依赖进口的关键核心技术将逐步实现国产化。其中第一批共有 24 个项目，电力调峰、分布式能源、油气类、运维服务项目个数分别为 7、13、2、2 个（见表 5-6）。

表 5-6 第一批燃气轮机创新发展示范项目情况

单位：个

示范项目类别	燃气轮机生产厂商	项目数量
电力调峰	哈尔滨电气	2
	东方电气	2
	上海电气	2
	中国航发	1
分布式能源	中国航发	3
	哈尔滨电气	2
	南京汽轮电机	2
	中科院上海高等研究所	2
	东方电气	1
	上海电气	1
	辽宁福鞍燃气轮机	1
	新奥能源动力	1
油气类	中国航发	1
	中国船舶重工集团	1
运维服务	中国船舶重工集团	1
	华电电力科学研究院	1

资料来源：《国家能源局综合司关于第一批燃气轮机创新发展示范项目的公示》，http://www.nea.gov.cn/2019-07/19/c_ 138239854.htm，最后检索时间：2019 年 7 月 19 日。

（2）国内主要生产商

不同于内燃机，我国燃气轮机研发生产能力仍相对薄弱。目前国内的燃气轮机生产厂商主要分为以下几类。

①与国外知名品牌合作

通过技术引进和自主创新，逐步掌握部分制造技术和工艺，提高国产化率。比如，采用通用电气技术的哈尔滨动力设备股份有限公司、采用三菱动力技术的东方汽轮机有限公司、采用通用电气技术的南京汽轮机（集团）有限公司和华电通用轻型燃机设备有限公司（HDGE）。

②航空发动机厂商自主研发改造

我国中小燃气轮机工业主要集中在航空系统，通过对航空发动机改型生产工业燃气轮机。

中航工业沈阳发动机设计研究所以昆仑和太行发动机为母型机，系列化派生发展舰船和工业用燃气轮机产品。中档功率 QD128 工业燃气轮机，已经在中原油田和大庆油田并网发电，累计运行超过 15000h。QD70 燃气轮机是拥有完全自主知识产权的轻型燃气轮机，该燃气轮机在标准大气条件下的额定输出功率为 7060kW，热效率 31%，最大输出功率为 8000kW。QD70 工业燃气轮机，已经在中原油田发电，累计运行超过 3000h①。

中国航空工业第一集团公司的沈阳黎明航空发动机集团始建于 1954 年，是国家"一五"期间 156 项重点工程项目之一，是中国大、中型航空喷气式发动机科研生产基地。

2012 年 12 月，中国具有自主知识产权的重型燃气轮机——中航工业黎明 R0110 重型燃气轮机在中海油深圳电力有限公司现场完成 72h 带负荷试验运行考核。此次运行考核验证了 R0110 重型燃气轮机的设计状态，是重型燃机研制过程的重要里程碑，为未来实现商业化运行打下了良好基础。R0110 额定功率 114500kW，热效率 36%，它的研制成功预示着我国将成为世界上第五个具备重型燃气轮机研制能力的国家②。

航发燃机（株洲）有限公司专业从事燃气轮机的研究与开发，主要生

---

① 《2017 年中国燃气轮机产量增长速度统计及前景趋势分析预测》，https：//www.chyxx.com/industry/201612/473280.html，最后检索时间：2016 年 12 月 1 日。

② 《我首台 R0110 重型燃气轮机完成 72h 连续带负荷运行》，http：//www.gov.cn/gzdt/2012-12/27/content_ 2299924.htm，最后检索时间：2012 年 12 月 27 日。

产航改型和工业型燃气轮机及成套设备等产品。公司主干产品 QDR20、QDR54、QDR79、QDR129、AGT7、AGT25 等型号燃气轮机以天然气、焦炉煤气、瓦斯气、矿热炉煤气、黄磷尾气、甲醇驰放气、沼气等各种工业废气为燃料，是国家重点推荐的节能与环保高科技产品，特别适合冶金、石化及分布式能源领域等有关行业的综合利用项目[①]。

③中小型工业燃气轮机自主研发生产企业

2015 年 4 月 28 日，中科院协鑫金鸡湖天然气分布式能源项目正式投运，项目主设备燃气轮机由中国科学院上海高等研究院牵头自主研发和制造，项目装机容量 1250kW、设计供蒸汽能力 7.6t/h、制冷量 116kW。该机组属于 ZK1200 系列，单机功率为 1250kW，主体部分由控制室、燃气轮机、发电机三大部分组成。该燃气轮机由一个额定功率为 30kW 的启动马达、一个 1 级离心式压气机、一个由 1 个燃烧室组成的燃烧系统、一个 1 级透平转子组成。随后，该系列燃气轮机开发出 2000kW 机型，又分别在上海科技大学分布式能源中心一期建设 1250kW 国产燃气轮机试验平台，在上海浦东前滩建设 2000kW 国产燃气轮机示范验证平台[②]。

新奥能源动力科技有限公司是新奥集团旗下专注于微、小型燃气轮机研发及产业化的高科技创新型企业。公司先后攻克了燃气轮机关键核心部件技术及启发一体高速电机、空气轴承等多项国际先进技术，推出了 100kW、300kW、2MW 等系列化微、小型燃气轮机及其衍生产品，并在多年的市场化应用过程中，打造出适应不同用能场景的深度产品定制化产品，形成了强劲的自主研发和市场创新能力。新奥能源动力科技有限公司生产的主要机型包括 E135、E135-R、E150R、E390 和 E2100。E135 是其自主设计研制的第一款微型燃气轮机，该产品的开发充分考虑了国内现有材料和装备水平，采用了齿轮箱加常规发电机的成熟结构，核心机部件实现了 100% 国产化，总

---

① 航发燃机（株洲）有限公司官方网站，http：//www.aeccnfrj.com/cpjs，最后检索时间：2022 年 3 月 19 日。

② 《实现能源梯级利用，国内首个自主研发分布式燃机项目成功投运》，https：//www.thepaper.cn/newsDetail_ forward_ 1464871，最后检索时间：2016 年 5 月 4 日。

体性能指标达到行业领先水平，填补了国内微型燃气轮机产业化的空白（见图 5-5、表 5-7）。其他机型也都是在 E135 基础上开发的。

图 5-5　新奥能源动力科技有限公司微型燃气轮机外形

表 5-7　新奥能源动力科技有限公司 E135 及 E135-R 设备性能参数

产品特点	核心机采用单级离心压气机、两级轴流涡轮、滑动轴承,发电机采用常规发电机		
电气性能	发电功率(kW)	135	116
	额定发电效率(%)	15	25
环境性能	NO_x 排放(ppmv)	≤25	≤25
	噪声(距离 1m)dB(A)	≤85(≤70 可选)	≤85(≤70 可选)

5.1.2.5　技术发展趋势

目前燃气轮机主要有以下几个发展趋势。

（1）先进材料与制造

重点在高性能复合材料、高温耐热合金材料涂层、大尺寸高温合金（单晶、定向结晶）铸造、复杂结构高温合金无余量精密铸造、高精度与高质量 3D 打印及智能制造等方面开展研发与攻关。

（2）燃气轮机机组设计

重点在微型燃气轮机领域的高效径流式叶轮及系统一体化设计、中小型燃气轮机领域的高效多级轴流压气机设计、重型燃气轮机领域的先进气动布局与通流设计等方面开展研发与攻关。

（3）提高部件性能

燃气轮机部件性能的提高，不仅可以促进负荷的提高，还为燃气轮机能量转化工作提供了更多的支持。可结合发电和工业企业生产的需求，进行燃气轮机部件综合性能的提升，从而提高重型燃气轮机压气机和透平部件性能。

（4）高效清洁燃烧

重点在低污染燃烧室、分级燃烧燃烧室、回流燃烧室、贫预混与预蒸发燃烧室和可变几何燃烧室，以及低热值燃料稳燃与多燃料适应性、富氢与氢燃料燃烧等方面开展研发与攻关。

（5）研发高温材料

燃气轮机在运行过程中，温度会随着运行时间的增加逐渐上升，导致运行故障存在隐患，不利于安全运行。为了运行稳定性，应进行高温材料研发，进行高温合金及其加工方式突破，为燃气轮机提供高质量部件。

（6）拓宽燃料范围

基于双碳发展背景及环境保护需求，进行燃料适应范围的拓宽，不仅可以降低燃气轮机的污染物排放，还可以提高燃气轮机的能源适用范围，可结合现阶段主要运行的燃气轮机能源使用情况，进行燃气轮机燃烧室特征的分析，并在特征分析的基础上，以提高燃气轮机燃烧稳定性、低排放性为目的，开展相关研发技术突破工作，不断拓宽燃气轮机燃料适用范围。

（7）氢燃料燃气轮机

氢燃气轮机已成为全球未来战略新兴产业科技创新领域的焦点。在现役天然气机组中增加氢燃料来源，不仅能够有效缓解天然气用气量，保证冬季供暖安全稳定，同时具有积极减碳效应。此外，氢燃气轮机可化解天然气紧缺导致的燃机行业发展阻力，有利于推动燃气轮机高端装备制造产业升级。

GE HA 级燃气轮机采用干式低氮（DLN）2.6e 燃烧系统，该燃烧系统可以在不使用稀释剂的情况下实现高浓度氢气的燃烧，目前可实现天然气掺加 50% 氢气燃烧。与此同时，GE 制定了技术路线图，计划在 2030 年前将 HA 级燃气轮机的燃氢能力提高到 100%。2021 年 12 月广东省能源集团旗下的惠州大亚湾石化区综合能源站正式向 GE 及哈电集团订购含两台 9HA.01 重型燃气轮机的联合循环机组。此外，此次协议中的机组将由哈电通用燃气轮机（秦皇岛）有限公司生产，标志着 9HA 燃机的国产化进程迈出关键一步[①]。

三菱动力公司在氢燃料燃气轮机的开发方面也取得了一定的成果。在传统的能够实现 100% 氢燃料的扩散燃烧器基础上，在 2018 年完成了 30vol.% 掺氢干式低氮燃烧器的研发工作，并于 2022 年 6 月在美国的 M501G 型机组上实现了基于 DLN 的 20vol.% 掺氢满负荷验证试验，在改善燃烧效率降低最小负荷（满足排放要求的最低负荷率）、氮氧化物排放控制等方面都获得了理想的结果。同时三菱动力也在着力开发 100% 氢燃料的干式低氮燃烧器。

安萨尔多能源公司开展了一系列的燃烧室测试，结果证明其燃机可以燃用纯氢燃料。该公司通过开发可适用不同燃料的先进燃烧系统，使燃机具备燃烧富氢燃料的能力，例如可为在运行的 F 级燃机进行氢燃料转换的改造，使现役 F 级燃机也具备燃氢能力。该公司还将针对 GT36 开展纯氢燃料适应性测试[②]。

2019 年初，西门子能源有限公司与行业组织 EU Turbines 的成员签署了一项承诺，到 2020 年将燃气轮机中的燃氢能力逐步提高到至少 20%，到 2030 年提高到 100%。从 20 世纪 70 年代开始西门子能源有限公司就已经有以合成气为原料的燃机，目前燃烧高含氢的燃气轮机累计运行小时数已经超过 250 万 h。天然气混氢和高含氢的合成气在技术上有所区别，西门子能源已经在材料方案等方面有了相应的准备和研发，其中的一个技术难题在于氢

---

① 《国内首座掺氢燃烧 9HA 燃气轮机发电厂落地惠州》，https://mp.weixin.qq.com/s/7KdIehX46swRaL_ C4mWNRw，最后检索时间：2021 年 12 月 8 日。

② 秦锋、秦亚迪、单彤文：《碳中和背景下氢燃料燃气轮机技术现状及发展前景》，《广东电力》2021 年第 10 期，第 10~17 页。

腐蚀。据西门子能源有限公司介绍，提高燃料混合物中氢比的关键在于燃烧器的设计，必须相应地调整燃料喷射，在引入增材制造和 3D 打印后，已取得技术突破，能够在不改变外观的情况下调整燃烧器内部的设计，更容易改造现有的涡轮机，并大大加快燃烧器设计的发展（见图 5-6）。

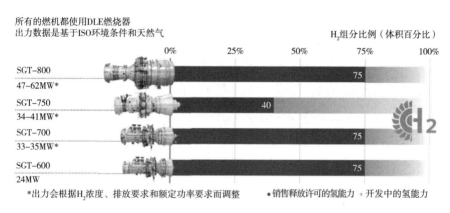

图 5-6　西门子能源掺氢燃机

川崎燃气轮机最小机型的 GPB17-H2 已经实现以纯氢作为燃料进行燃烧，并成功在 2018 年 4 月于神户人工岛上进行了实机运行。川崎 DLE 燃烧器成功使氢以高达 30% 的体积比与天然气混烧，并实现稳定的低 NO_x 运行。川崎的燃气轮机从结构上采用独立罐式燃烧器，在方便维护保养的同时，只需更换燃烧器单体，便可以实现燃料由天然气到氢气的转换。这样不仅仅大大节约了改造成本，还可以在具备氢气供给条件的时候最大限度地使用现有设备，实现低成本向清洁能源转化。川崎重工业株式公社在 2021 年 12 月 9 日发布与德国的一家名为 RWE Generation 能源公司合作开发 30MW 级燃气轮机的氢专烧发电机组，此项目的试点测试预计于 2024 年内实施。此项目将在德国的萨克森联邦州 RWE Generation 公司运营的伊姆斯乐园氢能园区以及天然气发电所里安装川崎燃烧氢能的 30MW 级燃气轮机 L30A。预计于 2024 年开始使用扩散燃烧器进行氢气和天然气混烧以及氢专烧的发电试点测试，并收集运行数据，确认运行特性。试点测试使用的氢燃料是通过 RWE Generation 公司拥有的约 2GW 左右的风电设施来供给的电能，通过电解水制取。上述试点实测的数据，为接下来川崎重工业株式会社独自开发的微混燃烧技术开发提供数据支持，在干式排放低排放氮氧化物的燃烧器中实现氢专烧发电。

国家电投所属北京重型燃气轮机技术研究有限公司瞄准国际燃机产业发展制高点，提前部署氢混燃机技术创新和示范应用，正式启动30%掺氢燃机试验示范项目。该项目计划分为两期：一期于2021年12月底开展15%掺氢燃烧；二期于2022年底开展30%掺氢燃烧，届时机组将具备0~30%掺氢运行条件下自由切换的灵活性。2021年12月23日，国家电投荆门绿动电厂在运燃机成功实现15%掺氢燃烧改造和运行，机组具备了纯天然气和天然气掺氢两种运行模式的兼容能力。12月26日，改造后的机组接受电网调度，正式投入运行，整体方案可行性得到验证，这标志着国内已掌握一套完整的燃气轮机电站掺氢改造工程设计方案，为加速国内自主氢燃机开发、运行积累了宝贵的经验[①]。

5.1.3 燃料电池技术及应用分析

5.1.3.1 燃料电池简介

燃料电池是一种主要通过氧或其他氧化剂、氢或其他还原剂进行氧化还原反应，把燃料中的化学能转换成电能的发电装置。最常见的燃料为氢，其他燃料还包括任何能分解出氢的碳氢化合物，例如天然气、醇、甲烷等。燃料电池由阳极、阴极和离子导电的电解质构成，还原剂（燃料气）在阳极被氧化，氧化剂在阴极被还原，电子从阳极通过负载流向阴极构成电回路，产生电流。具有能量转换效率高、环境污染小、比能量高、噪声小、可靠性高等特点。

燃料电池按燃料电解质的类型来分，可分为质子交换膜燃料电池（PEMFC）、碱性燃料电池（AFC）、磷酸燃料电池（PAFC）、熔融碳酸盐燃料电池（MCFC）和固体氧化物燃料电池（SOFC）五大类。目前质子交换

---

① 《全球首个掺氢改造燃气轮机机组商运》，https://mp.weixin.qq.com/s/TCP5gvwOE65er ZIyEe7fRw，最后检索时间：2021年12月31日。

膜燃料电池（PEMFC）技术和固体氧化物燃料电池（SOFC）技术，尤其是质子交换膜燃料电池的发展最为领先。

5.1.3.2　燃料电池在分布式能源领域的应用

在分布式能源领域，燃料电池的应用以热、电联供为系统主要应用形式，其中质子交换膜燃料电池已实现商业化应用，而固体氧化物燃料电池则仍处于商业化初期。

（1）质子交换膜燃料电池应用

伴随着质子交换膜燃料电池技术的突破，质子交换膜燃料电池燃料电池已在交通领域得到了一定规模的商业化应用。

在分布式能源领域，质子交换膜燃料电池也得到了一定的应用，其中日本家用燃料电池 Ene-Farm 项目始于 2009 年，该系统采用热电联产模式，系统综合效率超过 95%，700W 功率可基本满足一般家庭 60%~90% 的用电。该项目从前期研发到示范推广，获得了日本政府的大力支持。截至 2019 年，已有约 32 万户日本家庭购买了 Ene-Farm 系统[1]。

目前国内已建设多个燃料电池分布式能源项目，项目多以示范应用为主。由于国内尚未研发出专门用于固定式发电的燃料电池电堆，因此示范项目通常采用进口电堆或车用电堆。

由贵阳经济开发区产业发展投资控股（集团）有限公司投资建设、贵州氢能效率能源科技有限公司供应设备、上海舜华新能源系统有限公司提供系统设计及供氢系统的贵阳经开区新能源产业示范基地燃料电池分布式能源项目，采用德国 HEE 燃料电池热电联产设备，发电功率为 100kW，最大余热回收功率可达 130kW，单位小时耗氢量为 6.7kg，系统综合能源利用效率达到 90% 以上[2]。

江苏科技大学 5kW 天然气重整型燃料电池分布式能源项目，采用江苏

---

① 钟财富：《国内外分布式燃料电池发电应用现状及前景分析》，《中国能源》2021 年第 2 期，第 34~37、73 页。

② 《贵州省首套燃料电池热电联产系统顺利投运》，https://www.163.com/dy/article/GUK7M95205387A5L.html，最后检索时间：2022 年 1 月 26 日。

铧德氢能源科技有限公司自主研发的 5kW 氢燃料电池热电联产设备，系统技术路径与 Ene-Farm 类似，采用天然气作为原料，通过天然气重整制氢、燃料电池发电，最终为用户提供电力和 40℃~60℃ 生活热水，最大具备 7.5kW 的热功率输出[①]。

（2）固体氧化物燃料电池应用

固体氧化物燃料电池作为高温燃料电池（质子交换膜燃料电池的运行温度约为 50℃~100℃，固体氧化物燃料电池的运行温度约为 700℃~1000℃）被认为更适合应用于固定式发电和能源供应领域。固体氧化物燃料电池主要具有以下特点。

①发电效率高。固体氧化物燃料电池的发电效率可以高达 65% 以上，发电效率具有明显优势，尤其是在兆瓦级以下的发电单元，优势特别明显。

②燃料来源广泛。固体氧化物燃料电池可直接使用天然气燃料。不同于质子交换膜燃料电池，固体氧化物燃料电池运行温度较高可将燃料中含碳化合物催化重整为 H_2 和 CO 后发电，且采用非贵金属 Ni 作为内重整催化剂，成本低，可实现化石能源清洁利用。

③余热品质高。固体氧化物燃料电池发电余热温度较高，约 300℃~400℃，且余热温度稳定，余热经过热回收系统可以供暖，也可以以热制冷的形式使用。

④启动时间较长，宜长时间稳定运行。由于工作温度较高，热管理系统较为复杂，因此固体氧化物燃料电池运行启动时间相对较长，且宜保持长时间稳定运行，不宜频繁启停。质子交换膜燃料电池在启停灵活性上明显优于固体氧化物燃料电池。

目前，固体氧化物燃料电池还处于商业化初期，仅少数发达国家的企业开发出商业化应用的固体氧化物燃料电池发电系统。美国 Bloom Energy 公司是固体氧化物燃料电池行业公认技术力量最强的公司之一，其主打产品是

---

① 《铧德氢能首套 5kW 燃料电池分布式能源系统成功下线》，https：//baijiahao.baidu.com/s?id=1652703683693706503&wfr=spider&for=pc，最后检索时间：2019 年 12 月 12 日。

50 千瓦至数百千瓦规格的产品，发电效率可达 65%。日本京瓷株式会社在 2017 年宣布推出 3kW 的固体氧化物燃料电池系统，应用在小型商业领域。该技术采用平板管状电池技术路线，发电效率可达 54%，综合热电联产效率可达 90% 以上。德国博世集团积极布局固体氧化物燃料电池的全产业链，在 2018 年和 2019 年两次投资英国电堆生产商 Ceres Power 引进电堆生产线，并且开发 10kW 的固体氧化物燃料电池热电联产系统，以天然气为燃料，发电效率大于 60%，热效率大于 85%，主要针对的应用市场是小型的工商业和数据中心[①]。

5.1.3.3　燃料电池国产化情况

（1）质子交换膜燃料电池产业发展情况

我国质子交换膜燃料电池的研发主要以交通领域作为主要应用场景，且已实现商业化。2021 年中国氢燃料电池电堆出货量为 757MW，同比增长 128%，氢燃料电池电堆平均单堆功率显著提升。

车用燃料电池电堆为满足车用要求，电堆功率主要以 30kW 级、80kW 级、130kW 级为主要功率级，因此若使用车用燃料电池电堆作为分布式能源示范项目设备，项目规模也将受到一定制约。

交通应用场景和固定式发电应用场景对于燃料电池设备性能要求的另一个显著不同是对于设备寿命要求。车用电堆需满足频繁启停的需求，但全生命周期使用寿命要求不长；作为能源供应设备，则要求其具备长时间稳定运行的能力和较长的使用寿命。国产质子交换膜燃料电池的使用寿命约为 8000~10000h，而 Ene-Farm 产品所使用的质子交换膜燃料电池最长使用寿命可达到 90000h。因此质子交换膜燃料电池在能源供应领域的应用需要更多针对性的研究。

（2）固体氧化物燃料电池产业发展情况

从 20 世纪 90 年代开始，我国一些高校和研究所在科技部的支持下开始

---

① 陈烁烁：《固体氧化物燃料电池产业的发展现状及展望》，《陶瓷学报》2020 年第 5 期，第 627~632 页。

固体氧化物燃料电池技术的研究工作。最早参与开发研究的单位包括中国科学院上海硅酸盐研究所、宁波材料研究所、大连物理化学研究所及中国矿业大学（北京）等。经过多年的研究积累了大量的成果，对固体氧化物燃料电池技术背后的机理研究已经非常透彻，对影响衰减、可靠性等技术问题的认识逐渐成熟，建立的理论模型可以探索和指导进一步的技术提升。随着技术成熟度逐步提高，越来越多的企业参与到该产业。潮州三环（集团）股份有限公司是较为突出的一家，该公司是我国电子陶瓷领域的龙头企业，从2004年开始开展固体氧化物燃料电池相关技术的开发和量产工作，电堆发电效率达68%以上，预计寿命可达到5年，可靠性高。2021年开发了35kW热电联供系统，经国际第三方机构SGS检测，发电效率高达64.1%，热电联供效率高达91.2%，指标达到了世界先进水平。佛燃能源已组建SOFC专业研发团队，合作各方正在开展50kW SOFC系统架构优化设计、关键部件方案论证及关键部件（燃烧器、重整器等）的设计。徐州华清京昆能源有限公司、宁波索福人能源技术有限公司也在积极开展固体氧化物燃料电池的产业化工作。

中国石油天然气集团有限公司作为全国最大的天然气供应商，2020年开始布局固体氧化物燃料电池业务，启动了科技攻关项目，并将固体氧化物燃料电池技术纳入公司的中长期发展规划。目前，其正在搭建固体氧化物燃料电池片、电堆、系统试验研究平台，设计开发固体氧化物燃料电池系统的关键辅助部件，完成针对油气工业的应用场景设计及经济性评价研究。

5.1.3.4　技术发展趋势

氢气是清洁、高效、可再生的二次能源，可实现电、气、热等不同能源形式的相互转化，其广泛应用可部分替代石油和天然气，成为能源消费的重要组成部分，是支撑可再生能源大规模发展的理想互联媒介，也是实现交通运输、工业和建筑等领域大规模深度脱碳的最佳选择，已成为碳中和目标下被高度关注的清洁能源。在能源转型过程中，氢能可以发挥七大重要作用以应对挑战。

- 实现可再生电能到能源系统的大规模集成；
- 允许跨地域和跨季节的能源分配；
- 作为备用燃料增加能源系统的恢复能力；
- 交通运输脱碳化；
- 工业用能源的脱碳化；
- 建筑热力和能源的脱碳化；
- 为工业界提供清洁原料。

随着燃料电池在能源供应领域的应用推广，燃料电池设备势必需要在设备容量、功率密度以及使用寿命方面实现突破。氢燃料电池分布式能源将在未来燃气分布式能源乃至整个能源供应领域扮演重要角色。

5.2　余热利用设备

5.2.1　余热锅炉组技术及应用分析

余热锅炉是燃气分布式能源系统中重要的余热利用设备，通过对发电机组排气中的高温余热（400℃～600℃）进行回收利用，用以产生蒸汽、热水、加热导热油等，满足用户末端用能需求。

余热锅炉工作原理与燃气锅炉基本类似，只是将燃料与燃烧室替换成了高温烟气来加热介质，以产生相应的热产品。余热锅炉产热量主要受烟气温度、流量影响，而排烟性质则由发电机组运行状态决定。由于大多数燃气分布式能源项目采用并网不上网模式，发电机组出力随用户电负荷变化而调节，若电负荷发生波动则热产品产量也将相应变化；当燃机停机检修时，余热锅炉也将停止工作。因此在项目实施过程中通常配置燃气锅炉与余热锅炉搭配使用，以起到调峰和备用的效果。另外，由于燃气轮机发电机组烟气中含氧量较高（标准氧含量为15%），因此近年来实施的燃气轮机分布式能源项目采用烟气补燃技术，通过向发电机组烟气中混入燃气进行再燃烧，以产出更多的热产品。采用该技术路线可减少设备数量，但由于烟气流量有限，仅适用于热产品缺口不大的场所；由于烟气二次燃烧对于燃烧器控制要求较高，因此目前基本都采用进口燃烧器；再者烟气补燃仍无法解决燃机停机检修无法产热的问题，因此对于用热稳定性和可靠性要求较高的情况，仍建议另设燃气锅炉作为备用热源。

蒸发量相同的状态下，余热锅炉的排烟量比燃气锅炉多 5~6 倍。因此风机的电耗比普通风机多，进入余热锅炉的烟气温度较低，受热面利用率也低，当烟气温度低于 400℃ 时，受热面利用效率过低，余热锅炉是不经济的。

在全球范围内，大型余热锅炉的制造商较多，目前在中国市场投用的制造商主要有比利时 CMI 公司、法国 ALSTOM 公司、英国 JBE 公司、荷兰 NEM 公司、美国 DELTAK 公司、荷兰 STANDARD 公司等。随着国内大型余热锅炉生产技术的不断成熟，大型余热锅炉也趋于国产化，主要有中国船舶重工集团公司第七〇三研究所、上海锅炉厂、哈尔滨锅炉厂、杭州锅炉集团、东方锅炉厂等。中小型余热锅炉制造技术成熟、难度较低，比较有代表性的厂商有南京南锅动力设备有限公司、苏州海陆重工股份有限公司、无锡华光锅炉股份有限公司等，这些品牌的设备都已在燃气分布式能源项目中广泛应用，经验证其运行稳定可靠。

余热锅炉价格与常规锅炉接近，约为 10 万元/t~15 万元/t，市场竞争激烈，产业发展成熟。

5.2.2 余热溴化锂机组技术及应用分析

溴化锂吸收式冷温水机组是一种采用热能（燃气、燃油、沼气、蒸汽、热水、烟气等）驱动的制冷机组，其中余热溴化锂吸收式机组由于可以直接采用余热来实现制冷、制热用于生产工艺或舒适性空调，在燃气分布式能源领域被广泛应用。

按余热温度不同，余热溴化锂吸收式冷温水机组适用类型如表 5-8 所示。

表 5-8　余热溴化锂机组分类

废热类型	低温热水	中温热水 ≤0.3Mpa 蒸汽	高温热水 ≤0.8Mpa 蒸汽	中温烟气	高温烟气	超高温烟气
温度范围	50℃以下	70℃~130℃	140℃~180℃	250℃~350℃	400℃~500℃	600℃以上
制冷 COP	1.4~1.7	0.5~0.8	1.2~1.5	0.6~0.79	1.2~1.5	1.3~1.5
机组类型	低温热泵	单效热水机 单效蒸汽机	双效热水机 双效蒸汽机	单效烟气机	双效烟气机	转换成蒸汽 梯级利用

在燃气分布式能源领域被广泛使用的余热溴化锂机组类型包括热水型溴化锂机组、烟气型溴化锂机组、烟气-热水型溴化锂机组，部分项目中用到了蒸汽溴化锂机组，必要时还可采用补燃方式增加机组制冷/制热量。

余热溴化锂机组多用在燃气内燃机分布式能源项目中，燃气轮机分布式能源项目中使用较少。一方面，燃气内燃机发电机组多用于民用项目，供冷、供热一般多为民用项目用能需求；燃气轮机发电机组多用于工业项目，工业项目需求以工业蒸汽为主。另一方面，虽然燃气轮机发电机组具有较高的排烟温度，用于余热溴化锂机组能获得较高的 COP，但由于目前电制冷空调技术发展较快，制冷 COP 通常在 3.5 以上，因此有供冷需求的情况下，提高发电效率，再以电驱动电制冷机组，燃气内燃机从系统整体效率和经济性角度来看都更具有优势。

除了常规制冷、制热型溴化锂机组，还有利用冷凝热回收技术的温水取出型机组，即回收制冷过程中高温冷剂蒸汽的冷凝热用于制取生活热水，能进一步提高系统综合效率，适用同时有制冷和生活热水的项目，同时还推出了溴化锂机组配套的模块化输配送系统。

另外，近年来还出现了纯钛换热管、分隔式制热、绕流片烟气余热回收、落差式自动抽气、排气泵自动排气、防结晶技术、防冻管技术等多种新技术，使得溴化锂设备的性能水平、产品可靠性不断提升。

溴化锂机组的国产化程度较高，国内厂家已完全掌握核心技术和生产制造工艺，国产设备在国内燃气分布式能源项目中得到应用广泛，市场占有率较高。主流溴化锂厂家有远大空调有限公司、烟台荏原空调设备有限公司、江苏双良集团有限公司、松下制冷（大连）有限公司等。目前溴化锂设备价格约为 600 元/kW ~ 1200 元/kW，产业发展较成熟。

5.3 其他辅助设备

5.3.1 气体处理设备

（1）沼气

沼气中成分主要是 50% ~ 70% 的 CH_4、25% ~ 45% 的 CO_2 及少量 N_2、H_2S、H_2O 等上百种成分，沼气预处理系统是沼气发电工程中的一个重要设备，该系统不仅用于实现对沼气的脱水、脱硫、稳压、去除杂质、安全保护等功能，同时还是沼气厌氧反应罐与发电机组之间的燃气输送桥梁。

CO_2 是影响沼气使用效果的最主要因素，CO_2 不具有可燃性，而且在沼气中的体积分数较大，降低了沼气的热值。因此去除沼气中的 CO_2 成为沼气提纯的重中之重。沼气脱碳的主要方法有高压水洗法、膜分离法、水合物分离技术法、外源借氢法和真空变压吸附法等。大量研究者通过共同研究发现，利用沼气的良好防爆性能，可以将沼气提纯到 97% 以上，从而达到车用燃气的标准，这是目前沼气应用比较热门的方向。沼气经过提纯后，热值更高，浓度为 97% 的甲烷气体可以满足天然气的供应要求，从而能够并入天然气管网[1]。

目前国内沼气提纯技术相对国外而言存在许多不足，沼气提纯后的生物天然气如果能得到国家政策的支持和相关补贴，则有望快速发展。由于当前经济快速发展，天然气的需求不断增加，沼气提纯生产生物天然气的市场规模势必增大，导致提纯技术有广阔的发展前景。减少沼气中 CO_2 的含量也成为现如今的研究热点，而真空变压吸附法（VPSA）通过和其他技术的比

---

[1] 韩雨雪、陈彬剑、赵晶：《中国沼气提纯技术发展现状》，《山东化工》2021 年第 2 期，第 67 ~ 68 页。

较，优势显著，具有一定的经济可行性，具有大面积推广应用的前景。如能研发出更廉价吸附效率更高的吸附剂，则有望将其全国性推广应用。

（2）煤层气

煤矿在开采过程中会产生煤层气，如果不加以利用，直接排放到大气中，其产生的温室效应要比二氧化碳严重得多。利用煤层气发电，既可以有效解决煤层瓦斯事故，又有利于增加清洁能源供应，减少温室气体排放。但煤层气是直接从煤矿抽取至地面的混合气体，除了可燃组分外，还含有较多的水分和杂质。为了满足发电机组的用气要求，需要对煤层气进行除湿、过滤及降温、升压等预处理。

预处理系统主要由粗过滤器、精过滤器、换热器、汽水分离器、风机、阻火器及配套手动阀、电动调节阀、气动阀等设备组成。该系统不仅用于实现煤层气的脱水、增压、过滤除杂、安全保护的功能，同时也保证了整个发电系统的可行性和可靠性。

由于瓦斯为易爆炸气体，按照《煤矿低浓度瓦斯管道输送安全保障系统设计规范》（AQ 1076—2009）和《瓦斯内燃发电机组瓦斯预处理通用技术条件》（NB/T 10041—2017）标准要求，瓦斯输送系统需配置水封泄爆、自动抑爆、自动阻爆装置等安防设施。所有显示和控制功能接入集中控制系统，实现集中控制。瓦斯输送管道沿程放水阀和每台机组进气侧均安设正压自动放水器。

5.3.2　燃气增压设备

对于采用燃气轮机作为原动机的天然气分布式能源项目，由于燃气轮机的进口压力等级大多在 20bar～35bar 范围内，而一般用户的气源多为 ≤0.4Mpa 的中低压燃气，因此需要采用燃气增压机加压后供燃气轮机使用。

常见的燃气增压装置主要有三种类型：离心式增压机、往复式增压机和螺杆式增压机。每一种增压机都具有不同的特点，针对不同工艺条件、不同的使用环境，适用的增压机类型不同。选择合适的增压机，不仅可以节省能耗，而且可以提高设备运行的稳定性。

其中离心式增压机易造成喘振，对机器本身及相关设备都会造成损伤。螺杆式增压机相比往复式增压机有以下优点：易损与维护件很少，维护保养工作极少；设计紧凑，节省空间、减轻了重量，占地面积小；振动很小；流量调节方式更优，螺杆式增压机采用滑阀调节，可以实现燃机 20%～100%负荷滑阀调节。因此，大多数燃气分布式能源项目增压机都选用螺杆式增压机。

值得注意的是，燃气增压间为甲类厂房，故燃气增压设备与厂内外道路、铁路、余热锅炉、原动机房等都需满足相应防火间距要求，增压机的设计布置应充分考虑最小间距。天然气增压机组一般为成撬设计，现场安装快速便捷，大多数分布式能源项目中燃气增压机设备均为露天布置。

我国已具备燃气增压机的自主研发和生产制造能力，技术水平不断提高，行业发展较为成熟。目前在燃气分布式领域常用的燃气增压品牌主要有美国 GEA、日本川崎、福建雪人压缩机有限公司、汉纬尔机械有限公司、上海舜卓能源科技有限公司、冰轮环境技术股份有限公司等。

5.3.3 隔声降噪设备

燃气分布式能源系统的噪音主要包括机械噪声、燃烧噪声和气体动力噪声。为符合相关规范要求，需在分布式能源系统设备及管道上安装相应的隔声降噪设备。分布式能源系统中常采用的消声手段主要包括机房消声、隔声罩消声、消音器消声等。机房消声和隔音罩消声是在机房或消声罩内壁贴吸音材料以从源头上消除设备的机械噪音和燃烧噪声，消声器则是安装在气流通道上以消除气体动力噪声。

分布式能源项目中燃气轮机发电机组多为室外露天布置，因此多选用消声罩消声（见图 5-7）。燃气内燃机发电机组室内室外布置兼有，民用项目多以室内布置为主，因此多选用隔声罩消声+机房消声（见图 5-8）。对于项目规模较大或有独立专用机房的燃气内燃机分布式能源项目，如数据中心机房，如条件允许也可直接采用机房消声。

隔声降噪设备原理简单、技术成熟，因此均由国内厂家进行设计、生产、制造。

图 5-7　燃气轮机进气过滤、排气及隔声罩降噪结构

图片来源：通用电气（中国）有限公司。

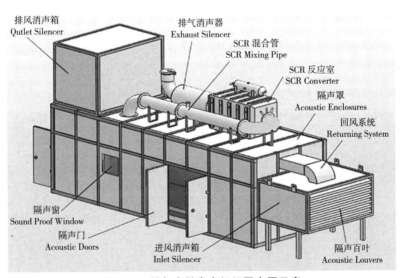

图 5-8　燃气内燃发电机组隔声罩示意

图片来源：上海怡允环境科技有限公司。

5.3.4 脱硝设备

天然气分布式能源系统以天然气为原料，烟尘、SO_2 等污染物排放几乎为零，但 NO_x 的排放却仍然较高，尤其是燃气内燃机发电机组，其燃烧方式决定了其排放烟气中具有较高的 NO_x。国外燃气内燃机 NO_x 排放浓度一般能达到 $500mg/Nm^3$，低 NO_x 机组可达到 $250mg/Nm^3$；而国产燃气内燃机则更高，一般为 $600mg/Nm^3 \sim 800mg/Nm^3$，部分工况甚至超过 $1000mg/Nm^3$（5%含氧量），远超出相关规范对 NO_x 排放的限值，因此目前绝大多数燃气内燃机分布式能源项目均需安装烟气脱硝设备对排气进行处理。

应用较广的烟气脱硝技术有选择性催化还原（SCR）脱硝技术和选择性非催化还原（SNCR）脱硝技术，近几年又出现了低温等离子体脱硝技术。

（1）SCR 脱硝技术

SCR 脱硝技术作为烟气脱硝的一种关键技术，因其没有副产物、无二次污染、装置结构简单、脱硝效率较高、运行可靠、便于维护等优点成为目前国际上应用最广泛的烟气脱硝技术之一。其技术原理为：在催化剂作用下，向烟气中喷入氨水或尿素作为还原剂，烟气与还原剂均匀混合后一起通过填充有催化剂的反应器，NO_x 与还原剂在反应器中发生还原反应，生成 N_2 和 H_2O（见图 5-9）。SCR 脱硝技术的最佳工作温度为 $300℃ \sim 700℃$，而燃气内燃机发电机组的排气温度恰好在此范围内，因此 SCR 脱硝技术已成为天然气分布式能源项目控制 NO_x 排放的最佳选择。

催化剂是 SCR 脱硝技术的核心部件。根据催化剂的活性温度窗口，可将 SCR 脱硝技术分为高温 SCR 脱硝技术（温度范围 $450℃ \sim 600℃$）、中温 SCR 脱硝技术（温度范围 $300℃ \sim 450℃$）和低温 SCR 脱硝技术（温度范围 $120℃ \sim 300℃$）。燃气供能系统目前常用的低温催化剂有钒基和铁基两大系列。

（2）SNCR 脱硝技术

SNCR 脱硝技术是指在无催化剂的作用下，在适合脱硝反应的温度内喷入还原剂将烟气中的氮氧化物还原为无害的氮气和水。该技术一般采用炉内

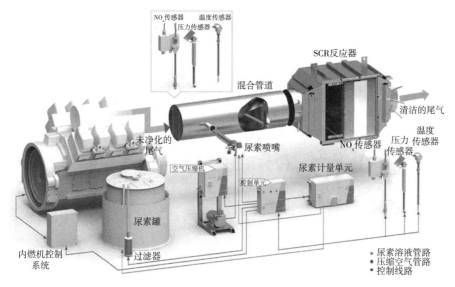

图 5-9 发电机组 SCR 脱硝原理

喷氨、尿素或氢氨酸作为还原剂还原 NO_x。还原剂只和烟气中的 NO_x 反应，一般不与氧反应，该技术不采用催化剂，所以这种方法被称为选择性非催化还原法。该工艺不用催化剂，因此必须在高温区加入还原剂。还原剂喷入炉膛温度为 850℃ ~ 1100℃ 的区域，迅速热分解成 NH_3，与烟气中的 NO_x 反应生成 N_2 和水。

（3）低温等离子体脱硝技术

近年来低温等离子技术因其工艺简单、效果好且适用于多种污染物而成为广大学者的研究热点。低温等离子体脱硝技术是通过简单经济的方式产生等离子体，使 NO_x 在等离子体区域被分解，浓度降至国家排放标准以下。目前使用较多的技术包括电子束法、脉冲电晕放电法和介质阻挡放电法。电子束法和脉冲电晕放电法能耗较高，耗费成本较大；介质阻挡放电法能耗较低、结构简单，也是国内外学者研究的重点，但该技术还没有完全成熟。

目前，国内燃气分布式能源领域已采用脱硝装置的项目均选用 SCR 技术路线，而 SCR 脱硝设备也从进口设备向国产化设备不断迈进。脱硝厂商主要有两类：一类厂商的催化剂、喷嘴及控制系统等核心部件仍采用进口，其他设备均采用国产化设计、国产化生产及集成安装，这类品牌主要包括Johnson Matthey、HUG、德国 H+H 等；另一类则是完全国产化设备厂商，如艾克赛尔能源科技江苏有限公司、河北汉蓝环境科技有限公司、上海宸云环境科技有限公司、无锡凯龙高科技股份有限公司等。虽然国产设备价格明显低于进口设备，但就整体技术和运行效果来看，无论是性能指标、尿素使用量，进口设备都明显高于国产设备，运行成本也较低。国产设备的催化剂技术及喷嘴控制技术还有待提高。

5.3.5 热泵

热泵是一种利用外部能源将低位热源（如空气、水、岩土等）的热能转移到高位热源的装置，是一种充分利用低品位热能的高效节能装置。按照驱动能源的形式不同，可分为溴化锂吸收式热泵、电动热泵、燃气热泵。按照热源种类不同，可分为空气源热泵、水源热泵、地源热泵、双源热泵（水源热泵和空气源热泵结合）等。

（1）溴化锂吸收式热泵

溴化锂吸收式热泵机组是一种以溴化锂溶液作为吸收剂，以水为制冷剂，利用吸收式原理回收利用低品位热源（10℃以上，30℃~70℃最佳）的热量，向高温处输送热量，制取高温水的热泵机组，它具有节约能源、保护环境的双重作用。

溴化锂吸收式热泵机组可分为两类。第一类吸收式热泵（也称增热型）是以消耗少量高温热能，产生大量中温有用热能，同时可以实现制冷（性能系数可大于 1.2）。第二类吸收式热泵（也称升温型）是以消耗中温热能（通常是废热），制取热量少于但温度高于中温热能的热泵。两类溴化锂吸收式热泵机组的应用范围和目的不同，工作方式也不同，但都是工作在三个热源之间，三个热源的温度变化直接影响到热泵循环。两类机组的特点如表5-9 所示。

表 5-9　第一类和第二类溴化锂吸收式热泵机组的特点

	功能	驱动热源	热水回路	供热性能系数
第一类吸收式热泵	将 10℃~70℃ 的水制取为 45℃~95℃ 以下的热水,着眼于提高热力系数	蒸汽(0.1Mpa~0.8Mpa)、燃料、高温水(100℃~160℃)、高温热排气	热水管路+吸收器和冷凝器串联	1.2~2.5
第二类吸收式热泵	制取 175℃ 以下的热水或蒸汽,着眼于提高热水温度(30℃~80℃)	中温的热排气、低压蒸汽和液体(冷却源温度越低,驱动热源温度越低)	热水管路+吸收器(蒸汽管路+吸收器+闪蒸汽)	0.4~0.5

（2）电动热泵

电动热泵是以蒸汽压缩制冷循环为基础的热泵,机组一般包含制冷系统的四大件（压缩机、冷凝器、节流机构及蒸发器）和辅助设备。电热泵机组结构紧凑、使用灵活、管理方便,而且占地面积小、安装便捷,在供冷、供热和供热水系统中得到广泛应用。常用的电热泵机组主要包括空气源热泵、水源热泵、地源热泵。

（3）燃气热泵

燃气热泵的工作原理与电动热泵基本相同,差别在于用燃气发动机取代了常规电动空调系统的电动机来驱动压缩机运转,实现了发动机的正循环与空调系统的逆循环的联合工作,达到把低温位热能输送到高温位供给使用的目的。燃料在发动机中燃烧释放的热量一部分转化为有用功,驱动压缩机运转以实现热泵循环;发动机缸套冷却热和烟气余热均可通过热交换器回收利用,补充采暖或提供生活用热水,也可用来除湿等。

燃气热泵系统一般由燃气供应系统（气瓶或配气管路、调压阀门等）、动力系统（发动机）、热泵系统（压缩机、蒸发器、冷凝器、节流阀、储液器等）、余热回收系统（缸套余热换热器和排烟余热换热器）等组成。燃气热泵工作原理示意图如图 5-10 所示。

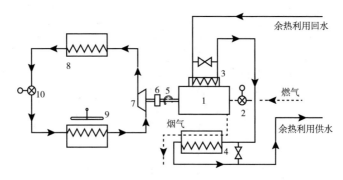

图 5-10　燃气热泵工作原理示意

1-燃气发动机；2-燃气供给控制阀门；3-缸套冷却板式换热器；4-排烟换热器节流阀；5-传动轴；6-离合器；7-压缩机；8-冷凝器；9-蒸发器；10-膨胀阀。

　　燃气热泵主要具有一次能源利用率高、供热温度高、供热速度快、除霜容易、部分负荷运行特性好等特点，同时还有利于改善电力与燃气的峰谷平衡。

　　因此，可将溴化锂吸收式热泵、电动热泵和燃气热泵与燃气分布式能源系统有机结合，充分发挥各自的优势，使整个能源供应体系配置更加合理、高效。

5.4　一体化能源站

　　分布式能源站在不同应用领域的配置有所不同，配置方案主要取决于当地的能源需求结构，但所有的系统都包括原动机、余热利用设备及辅助配套设备，设备总体数量较多，系统相对复杂。若将系统各设备均发至现场安装，会导致现场工程量较大，协调工作大幅增加，大大增加了项目进度的不确定性。

　　一体化能源站通过工厂生产预制和集成、预调试并以集装箱运输到现场，直接模块化装配。这类设备可以大幅减少现场施工及调试的工作量、缩短建设周期、节省能源站占地面积并有效降低土建成本，具有快速灵活等特点（见图 5-11）。

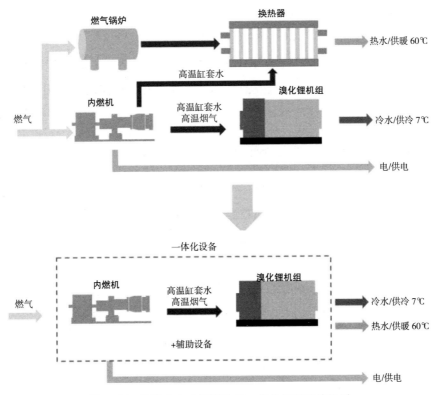

图 5-11　传统分布式能源站与一体化能源站的区别

5.4.1　供电型一体化能源站

分布式供电系统具有污染排放低、可靠性高等优点，由于靠近用户侧，有效降低了电力远距离输送损失。分布式供能的主要特征是燃料多元化、设备小型化和微型化。分布式供电方式与大电网配合，可以弥补大电网在安全稳定性方面的不足，在改善电源结构和供电效率、提高供电质量和可靠性、减轻电力工业对环境的影响、提高大电网的经济效益等方面发挥重要作用。

目前供电型一体化能源站多为集装箱式燃气发电机组，具有功率大、安全稳定的特点，可通过快速启动、调频、负荷跟踪输出稳定的功率。同时，针对具体的使用场景，配置了多种传感器，以保障设备智能、安全、平稳运行。供电型一体化能源站可以使用多种气体燃料可靠地运行，包括天然气、来自垃圾填埋场的沼气、丙烷以及替代燃料，并且可以与控制装置、排气系统、燃料管道、电气开关设备等模块集成在一起，组成完整的供电系统。

此类设备与传统能源站最大的区别在于设备可实现快速拆卸、安装和移动。设备多采用一体化集成底盘或可移动车身设计，可实现多个轴向移动，整台设备可快速完成现场组装。

5.4.2　供热型一体化能源站

供热型一体化能源站可集成燃气热水锅炉、循环泵系统、补水系统、换热系统、照明系统、排放系统、控制系统等于一体，全部设备在工厂制造集成，安装在一个集装箱内，具有防风、防雨、防冻性能，可直接放置在室外，无须土建。现场只需通水、通电即可工作。

供热型一体化能源站通常以燃气冷热电三联供机组、烟气余热利用、太阳能光伏、地源热泵为基荷热源，以燃气热水炉为调峰热源，建设高效、智能、互动的能源控制系统。与其他供热设备相比，一体化的模式不仅安全、稳定，还可以为客户提供个性化服务。

上海航天智慧能源技术有限公司重点进行天然气分布式能源机组的国产化突破，根据市场发展特点，通过自主研发的燃气发电热水机、热泵型多能耦合站，形成一款供热一体化能源站产品：NYR120 微型燃气分布式供能装置。NYR120 主要针对商业环境开发，每小时消耗 $7Nm^3$ 天然气，产生 $120kW \cdot h$ 的热能，能源综合利用率达到 95% 以上（见图 5-12）。

5.4.3　冷热电型一体化能源站

港华能源投资有限公司联合伟能机电设备（深圳）有限公司、荏源冷热系统（中国）有限公司，共同研制了冷热电三联供一体机设备，采用装配式结构，具有效率高、成本低、噪音小、占地省、安装快、布置灵活、运维便捷等优势，其控制系统高度集成，可实现一键启动、全自动运行、无人化值守。该设备有 TVE11 ~ TVE32 六种型号系列产品，电功率为 250kW ~ 2535kW 不等。

图 5-12　NYR120 设备示意

　　远大能源利用管理有限公司开发的燃气分布式能源冷热电联产集成技术，集成余热设备、控制技术，对多种形式的余热资源开发利用，为用能单位提供冷热电三联供，实现区域供暖、区域供冷、区域供电。通过自主研发可应用于冷热电联产系统的余热设备，利用发电机尾气或余热，进行制冷、制热或提供卫生热水。针对冷热电联产系统的特点，开发出了热水制冷机组、蒸汽制冷机组、烟气制冷制热机组、多能源型制冷制热机组，与各种发电机组无缝对接。

5.4.4　可移动燃气分布式能源站

分布式能源站根据能否移动，可分为以下两类。

（1）固定分布式能源站

以常规的地面固定分布式能源站为主。

（2）移动分布式能源站

可移动电源装备的选型和设计应重点考虑以下三个原则：体积小、重量轻、机动灵活，能满足在多种复杂路况下的道路通过的需求；功率大、功率密度高，能够在一定范围内恢复必要的电力供应；环境适应性强，运行安全可靠。

移动电源可采用运输方式有多种，如货车、挂车或拖车运输，也可采用船运或空运。对于大功率轻型燃气轮机移动电源，可采用单元体模块化运输、现场快速组装的方式实现远距离调用。常见的移动分布式能源站包含以下两种。

①车载移动式能源站

移动式能源站的研究始于移动发电车，在欧美等发达国家，多采用高附加值的多功能商用车。在我国，电源车多为利用现有厢式改装车技术开发，主要应用在电力抢修、通信维修、市政建设、突发事件处理、抢险救灾等方面。国内使用的电源车是将发电系统、照明系统等应急工作需要的设备组装，实现车载化[①]（见图5-13）。

图5-13　一种车载移动能源站

在可移动燃气发电模块方面，上海航天智慧能源技术有限公司针对传统电源车排放污染严重、运行费用高、智能化程度低等问题，开发出了绿色环

---

① 丁一峰、钱晶、庞峰等：《移动发电系统带电接入10kV配电网分析》，《云南电力技术》2015年第5期，第4~7页。

保、运行费用低、智能化程度高、机动性强的应急救能车。采用 LNG 清洁燃料,可提供 80kW 三相交流保障供电、60kW 直流新能源车快充、应急照明(有效距离 250 米),并支持数据传输及远程调度,服务于医院、超高层建筑、数据中心、演出场馆、新能源车充电等城市能源安全的风险防范及抢险救灾供能等特定场景[①](见图 5-14)。

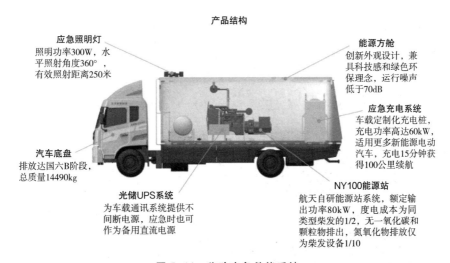

图 5-14　移动应急救能系统

②海上分布式能源站

海上分布式能源站是将分布式能源设备布置于船上,装有成套发电及变输电设备,并且可移动的水上电站(或称发电船)。可用于向某一地区或港口供电,是一种清洁能源的供应技术,可以快速填补地区电力缺口,在应急情况下可向港口、岛屿或近水工业区域提供能源,也可以作为沿江沿湖中小城市的应急电源(见图 5-15)。从技术特点上分类,已有的发电船的发电方式通常有两种。一是采用高效双燃料发电机组,热效率可以达到 45%。其优势在于从待机状态加载至满载可以控制在数分钟以内,同时可以使用多种

---

① 朱国皓、方建平、刘惠萍等:《绿色应急救能车的研发与应用》,《交通与运输》2022 年第 1 期,第 74~77 页。

燃料。二是采用燃气轮机，可以采用简单循环，也可以采用联合循环，采用联合循环整体效率接近55%。采用联合循环时通常需要两个或更多的驳船来容纳所需的设备，例如位于多米尼加共和国普拉塔港的史密斯热电联产/安然工厂就是这方面的典型案例，该工厂的净发电功率为185MWe，由一艘驳船上的76MW GE Frame 7燃气轮机和另一艘驳船上的118MWe蒸汽轮机共同完成发电[1]。

图 5-15　一种海上分布式能源站

图片来源：https：//karpowership.com/。

---

[1]　燕翔：《分布式供能的新创举——LNG发电船》，《海运纵览》2018年第11期，第14~16页。

第6章 燃气分布式能源发展展望

世界能源发展已完成两次重大转换，随着科学技术的发展和"双碳"目标的提出，在技术和政策的双重驱动下，世界能源步入低碳转型阶段，自此开启从传统化石能源到新能源的第三次能源重大转换，能源转型发展整体呈现低碳化、分散化、电气化、数字化四大趋势。在能源转型和"双碳"目标背景下，中国需要加快构建"清洁低碳、安全高效"的现代能源体系，燃气分布式能源的潜在市场十分广阔。

6.1 燃气分布式能源未来市场

6.1.1 天然气分布式能源

6.1.1.1 "十三五"期间天然气分布式能源发展分析

（1）项目总体情况

如图6-1所示，从2015年到2020年天然气分布式能源项目个数和装机容量逐年增加，项目个数从288个增加到632个，年均增速17.02%，项目装机容量从1112万kW增加到2274万kW，年均增速15.38%。其中2017~2019年增速最为明显，2019~2020年增速有所放缓。

（2）地区发展情况

从地区分布来看，项目分布仍以华北、长三角、珠三角和川渝地区为

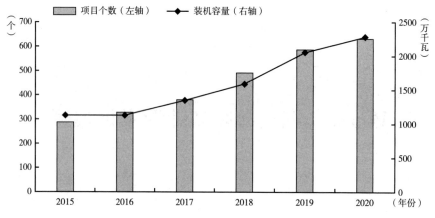

图 6-1　2015~2020 年天然气分布式能源总体发展情况

主，其中长三角地区项目个数最多，珠三角地区装机容量最大（除其他地区），即珠三角地区单个项目装机容量高于长三角地区（见图 6-2、图 6-3）。另外，根据统计结果，长三角地区园区类项目较多。"十三五"期间除川渝地区之外的其他各地区的项目个数和装机容量均有所增加，其中珠三角的增速最大，项目个数和装机容量的年均增速分别达到 26.76% 和 27.36%。

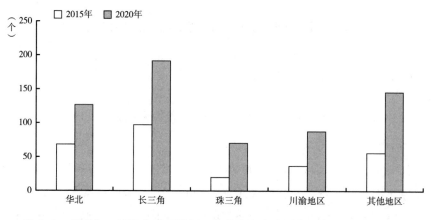

图 6-2　2015 年、2020 年不同地区天然气分布式能源发展情况（项目数量）

（3）不同应用场景发展情况

从项目类型来看，2020 年相较于 2015 年各类项目的个数和装机容量均有

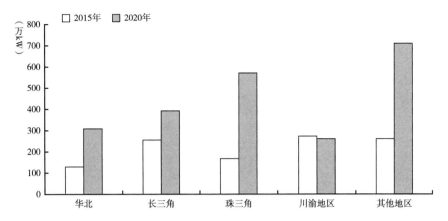

图 6-3　2015 年、2020 年不同地区天然气分布式能源发展情况（装机容量）

所增加，其中园区类项目的个数和装机容量最大。"十三五"期间，园区类项目的个数增加最多，年均增速达到 20.67%，装机容量的增速达到 14.21%；办公楼类项目装机容量增速最大，达到 34.91%，但其项目个数增速最小，仅为 3.55%，这主要是因为办公类项目中单个项目的装机容量逐渐增大。除此之外，医院和数据中心类项目的增速较小，项目个数年均增速均为 12.63%，装机容量的年均增速分别为 9.11% 和 8.89%，均小于总体项目个数和装机容量的年均增速 17.02% 和 15.38%，这主要是因为受到一些外部市场及政策因素的影响，投资市场对于此类应用场景的投资趋于谨慎（见图 6-4、图 6-5）。

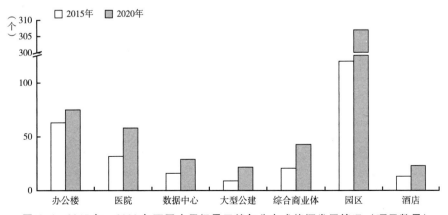

图 6-4　2015 年、2020 年不同应用场景天然气分布式能源发展情况（项目数量）

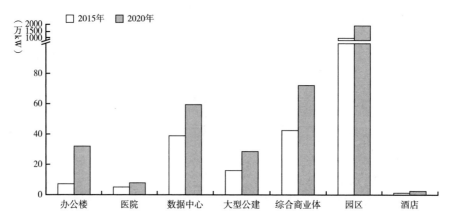

图 6-5　2015 年、2020 年不同应用场景天然气分布式能源项目发展情况（装机容量）

6.1.1.2　天然气分布式能源发展规模预测

天然气基础设施的完善和天然气市场化进程的推进，为天然气分布式能源发展提供了基础和条件。同时考虑到"双碳"背景下，可再生能源大规模发展，部分地区对天然气的利用将受限制，这将影响天然气在一次能源消费结构中的比重。而在疫情防控常态化背景下，全球经济的恢复，将对我国经济和天然气起到积极作用，为天然气分布式能源发展提供更多的保障。随着电力市场的日趋成熟、天然气调峰价值得到认可、天然气与可再生能源融合技术得到重视等，天然气分布式能源也将得到更好的发展。

本节采用因素分析、专家访谈和情景预测相结合的方法，邀请了 50 余位相关行业专家，基于天然气分布式能源发展现状对其发展前景进行了预测。按照低、中、高三种情景对 2025 年和 2030 年天然气分布式能源总装机规模进行预测，预测结果如表 6-1 所示。

表 6-1　天然气分布式能源发展潜力预测

单位：%，万 kW

预测情景	低情景	中情景	高情景
年份	2021~2025		
年均增速	5.7	9.7	13.6

预测情景	低情景	中情景	高情景
2025 年装机规模	3001	3605	4297
年份	2025~2030		
年均增速	6.2	10.1	14.2
2030 年装机规模	4050	5843	8363

6.1.1.3　天然气分布式能源发展场景

（1）低碳绿色园区

《关于做好"十四五"园区循环化改造工作有关事项的通知》（发改办环资〔2021〕1004 号）中提出，到 2025 年底，具备条件的省级以上园区（包括经济技术开发区、高新技术产业开发区、出口加工区等各类产业园区）全部实施循环化改造，显著提升园区绿色低碳循环发展水平。通过循环化改造，实现园区的能源、水、土地等资源利用效率大幅提升，二氧化碳、固体废物、废水、主要大气污染物排放量大幅降低，推动节能降碳。推进能源梯级利用和余热余压利用，开展清洁能源替代改造，提升清洁能源消费占比[①]。

（2）低碳工业

我国工业能源消费占全国能源消费总量的 70% 以上。据统计，近 70% 的工业用能集中在工业园区，工业园区二氧化碳排放约占全国的 31%。

我国仍处于工业化、城镇化深入发展的历史阶段，随着近年来工业企业入园率逐步提升，至 2020 年许多地区的化工企业入园率已达到 80%，园区碳排放在全国的贡献率未来将持续攀升。然而，一些工业园区因为碳排放控制不利，被行政处罚、削减补贴等现象比比皆是，严重影响营收和招商等工作。

根据《"十四五"工业绿色发展规划》，到 2025 年，工业产业结构、生产方式绿色低碳转型将取得显著成效，能源资源利用率大幅提高，单位工业

---

① 周震宇：《关于天然气分布式能源发展的思考》，《能源》2021 年第 11 期。

增加值二氧化碳排放降低 18%，重点行业主要污染物排放强度降低 10%。着力提高能源利用效率，构建清洁低碳高效的工业用能结构。推动煤炭等化石能源清洁高效利用，提高可再生能源应用比重。支持企业实施燃料替代，加快推进工业煤改电、煤改气[①]。

（3）低碳建筑

推动 100 个左右地级及以上城市开展"无废城市"建筑。大力发展节能低碳建筑。

加快发展绿色建造。推动绿色建筑、低碳建筑规模化发展，将节能环保要求纳入老旧小区改造。推动农房节能改造和绿色农房建设。

（4）多能互补系统

在双碳背景下，可再生能源发电将得到进一步深入、大规模的发展。但太阳能、风力等新能源发电机组发电量受环境影响大，稳定性难以保障，而燃气分布式发电机组具有启停快、运行灵活的特点，可作为基于可再生能源的多能互补系统的保障电源和调峰电源，保障系统的稳定、有序运行。

6.1.1.4　天然气分布式能源发展地区

从地区发展潜力来看，可重点关注四类地区。一是传统热点地区，主要是长三角、珠三角地区，预计其增速将大于 20%，高于平均水平。二是典型地区，主要是山东等地，由于其转型压力较大，在当地"双控"等政策引导下，将有较大的发展空间。三是新型跨省城市群和都市圈，"双循环"新格局将推动我国城镇化与区域经济发展格局发生调整变化，形成以"粤港澳大湾区""成渝地区双城经济圈"为代表的城市群与都市圈。四是新型城镇，包括中共中央办公厅、国务院办公厅印发《关于推进以县城为重要载体的城镇化建设的意见》提出的位于城市群和都市圈范围内的县城，大城市建设发展与之通勤便捷、功能互补、产业配套的卫星县城等。

---

① 罗佐县：《今冬气荒大概率重来》，《中国石油石化》2021 年第 18 期。

6.1.2 多气源燃气分布式能源

6.1.2.1 沼气分布式能源

2021 年 5 月，国家发改委、住建部印发《"十四五"城镇生活垃圾分类和处理设施发展规划》，规划提出到 2025 年底全国城市生活垃圾资源化利用率要达到 60%左右，在 2035 年前要全面建立城市生活垃圾分类制度，垃圾分类达到国际先进水平。2019 年 12 月，国家发改委等十部门联合下发《关于促进生物天然气产业化发展的指导意见》，指出产业要走工业化、商业化、市场化和专业化的发展方向。

我国沼气工程在预处理、厌氧工艺、沼气净化提纯以及沼液沼渣综合利用等方面，基本达到可以依据原料特性、产业特点，形成与行业政策相符的发展模式，初步实现了废弃生物质资源的肥料化和能源化的资源化利用，并在一些项目上取得了较好的环境效益与经济效益。我国沼气行业也涌现了一大批工程示范项目，实现了沼气用于供热、发电和生物天然气等多种成功的应用模式，在可再生能源利用与温室气体减排方面发挥了重要作用。

中国沼气学会发布的《中国沼气行业"双碳"发展报告》预测，到 2030 年可获得沼气生产潜力 1690 亿 m^3，实现温室气体减排量 3.0 亿 tCO_2 当量。到 2060 年，可获得沼气生产潜力 3710 亿 m^3，实现温室气体减排量 6.6 亿 tCO_2 当量，相当于可以替代 2020 年全国 68%的天然气消费量，或 2020 年天然气进口量的 1.5 倍以上；如全部用于发电可形成 7420 亿 kW·h 发电量，相当于 2020 年全国用电量的近 10%；若折算成能源，则相当于 2020 年全国近 6%的能源消费量[①]。

6.1.2.2 氢能分布式能源

氢能对构建清洁低碳安全高效的能源体系、实现"双碳"目标具有重要意义。《中共中央 国务院关于完整准确全面贯彻新发展理念做好碳达

---

① 中国沼气学会发布《中国沼气行业"双碳"发展报告》，https：//mp. weixin. qq. com/s/ZDFFB9SWqIsmm_ p8sDAd8A，最后检索时间：2021 年 10 月 19 日。

峰碳中和工作的意见》要求，统筹推进氢能"制储输用"全链条发展，推动加氢站建设，推进可再生能源制氢等低碳前沿技术攻关，加强氢能生产、储存、应用关键技术研发、示范和规模化应用。《国务院关于印发2030年前碳达峰行动方案的通知》（国发〔2021〕23号）明确，加快氢能技术研发和示范应用，探索在工业、交通运输、建筑等领域规模化应用。"十四五"规划《纲要》提出，在氢能与储能等前沿科技和产业变革领域，组织实施未来产业孵化与加速计划，谋划布局一批未来产业。为促进氢能产业规范有序高质量发展，2022年3月23日，国家发展改革委、国家能源局联合印发《氢能产业发展中长期规划（2021—2035年）》。

由中国氢能联盟发布的《中国氢能源及燃料电池产业白皮书2020》预测，氢气和氢相关燃料对中国能源转型的贡献将在2021~2060年逐步增大，2030年以后尤为显著。白皮书指出，在2030年碳达峰情景下，我国氢气的年需求量将达到3715万t，在终端能源消费中占比约为5%，可再生氢产量约为500万t，部署电解槽装机约80GW。在2060年碳中和情景下，我国氢气的年需求量将增至1.3亿t左右，在终端能源消费中占比约为20%。其中，工业领域用氢占比仍然最大，约7794万t，占氢总需求量60%；交通运输领域用氢4051万t，建筑领域用氢585万t，发电与电网平衡用氢600万t（见图6-6）。

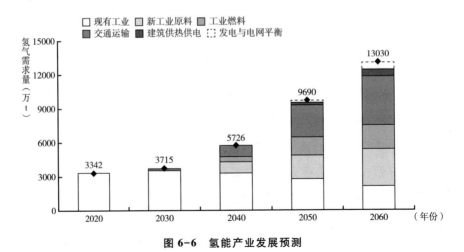

图6-6　氢能产业发展预测

6.2　燃气分布式能源的新发展

6.2.1　设备节能减排技术提升

燃气分布式能源的新发展离不开各项高新技术的交叉融合，其中原动机等装备的技术进步是产业发展的关键。分布式能源装备自身的高效化（热效率进一步提升以减碳）、排放友好化（脱硝和低氮燃烧技术以低氮排放）、零碳化（掺氢燃烧及氢能与可再生气源的循环利用）、商业化（技术进步带来的初投资降低及运行经济性提升），将激发燃气分布式能源的双碳潜能。

6.2.2　多气源及可再生能源替代

燃气分布式能源可对多种气源高效利用，包括天然气（气田气、石油伴生气、煤层气、页岩气）、人工燃气（煤气、油制气、高炉煤气）、生物质气、氢气等，多气源为燃气分布式能源的发展提供了灵活性和安全保障。天然气在能源转型中可补位（补充增量）和替代（替代存量）高碳高污染燃料，充当基础能源，碳达峰前主要承担补位功能，碳达峰后主要承担替代功能[①]。

6.2.3　多能互补及可再生能源融合

随着智能电网、互联网等技术的发展，以互联、低碳、高效和多源协调等为特征的多能互补综合能源系统应运而生，其以数字化、智慧化能源生产、储存、供应、消费和管理与服务为主线，追求横向"电、热、冷、气、水、氢"和"水、火、核、风、光、储"等多种能源品种和供应方式的协同，实现纵向"源—网—荷—储—用"等各环节间的互动优化[②]，向终端用户提供综合能源一体化解决方案。

---

① 朱兴珊、樊慧、朱博骐等：《"双碳"目标下中国天然气发展的关键问题》，《油气与新能源》2022 年第 1 期。
② 陆王林、陆启亮、张志洪：《碳中和背景下综合智慧能源发展趋势》，《动力工程学报》2022 年第 1 期。

燃气分布式能源已经成为以多能互补、集成优化、信息互联为特征的能源互联网中的主要架构。燃气分布式与可再生能源耦合构建区域能源网络，既能实现区域性的能量平衡，又能最大限度地利用可再生能源。燃气发电技术成熟、清洁高效、稳定灵活，能够及时补充可再生能源大规模接入电网可能出现的发电不连续、不稳定的短板，可起到积极的调峰、调频与波动补偿的作用。

6.2.4　虚拟电厂及能源交易

分布式能源因其经济、可靠、灵活、环保的特点，以及易于实现可再生能源充分利用及就地消纳的优势，近年来在配用电方面蓬勃发展，逐步取代了原有大规模电力生产及远距离传输相结合的能源应用模式。但分布式能源在并网时依然存在单一机组容量小、地理位置相对分散、出力间歇性强等问题，使得电网调度中心难以对其实现合理调控，随着通信技术的进步，发电、需求响应及储能设备远程聚合管理、自动优化调度使得虚拟电厂逐渐发展，并有望成为未来电网的重要组成单元[1]。

虚拟电厂（Virtual Power Plant）被称为用户与大电网互动的"桥梁"，通过先进的物联网、5G通信和大数据技术，聚合点多、面广、单体容量小的用户可调节资源。虚拟电厂是一种智能电网技术，通过分布式电力管理系统参与电网的运行和调度，主要由发电系统、储能设备、通信系统三部分构成。虚拟电厂并不是真实存在的电厂，而是聚合优化"源—网—荷"清洁低碳发展的新一代智能控制技术和互动商业模式。虚拟电厂模式无须对电网进行改造，就能充分利用分布式能源系统，实现电源侧的多能互补和负荷侧的灵活互动，给电网提供电能和辅助服务。通过聚合、协调控制可再生能源、柔性负荷、电动汽车等分布式资源，可以实现不同资源的出力互补，有效降低新能源大规模并网对电力系统运行稳定性的影响（见图6-7）。

虚拟电厂可以为分布式能源系统参与电力市场提供有效方案。虚拟电厂

---

[1] 李昭昱、艾芊、张宇帆等：《数据驱动技术在虚拟电厂中的应用综述》，《电网技术》2020年第7期。

在终端用户、分布式电源、电网和能源服务商等各个环节都能产生收益，在虚拟电厂的聚合下，用户可参与电力市场交易，包括中长期市场和实时平衡市场（见图6-8）。

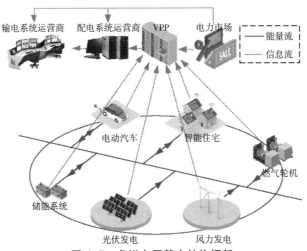

图 6-7　虚拟电厂基本结构框架

资料来源：李昭昱、艾芊、张宇帆等《数据驱动技术在虚拟电厂中的应用综述》，《电网技术》2020年第7期。

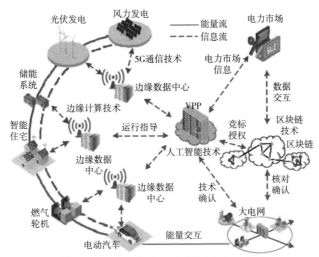

图 6-8　虚拟电厂运营的能量流及信息流

资料来源：李昭昱、艾芊、张宇帆等《数据驱动技术在虚拟电厂中的应用综述》，《电网技术》2020年第7期。

6.2.5　数字化智慧能源管理

燃气分布式能源行业发展涉及能源战略调整、能源结构转变、能源体系优化、能源业务变革及节能减排行动，需数字化全面支撑。数字化和智能化将充分挖掘和利用燃气分布式能源全生命周期数据价值，新型通信及物联网技术可实现海量设备在线接入和数据采集，云计算和人工智能技术将提高能源大数据的计算、处理和分析效率，能源企业通过数据分析优化决策，从而提升能源生产、传输、交易与消费的运营效率，最终提升燃气分布式能源系统整体效率与安全性。

能量管理平台依托海量数据采集平台，可对电、水、热、冷、气等多种能源以及各类智能终端的数据采集进行实时监控与分析统计，并对分布式能源系统进行多能协同控制、需求响应、能源大数据分析、能源客户服务。能够加快推进能源供给侧清洁低碳转型，以数字赋能实现智慧化和低碳化发展，并将服务前移，可以更好地贴近用户、服务用户，从而构建和谐共生的生态能源体系，成为推动能源转型升级、创新发展模式的重要方向。

6.2.6　区域能碳规划

综合能源规划是近年来助力城市绿色低碳发展的一种新兴政策工具，而以零碳为目标的碳规划是对该工具的再一次升级，提升了综合能源规划的战略定位，使综合能源规划与国家"碳中和"总体战略相契合，从城市层面探索零碳发展的创新路径，全面服务于国家"双碳"战略的落实。通过量化分析方法论制定明确的零碳目标体系并以此为指引为城市开发建设绘制近期、中期、远期三个阶段的零碳图景，通过跨部门、跨行业的一体化优化深入挖掘城市生产生活全过程的减排潜力，基于建设项目的规模和类型有针对性地制定能源实施方案，并以明确的责任主体为载体将分布式能源落实到后续工程规划建设中（见图6-9）。

能源行业碳排放占我国二氧化碳排放总量的88%，其中，电力行业碳排放超过能源行业排放的40%，在"双碳"目标的驱使下，电力行业的转

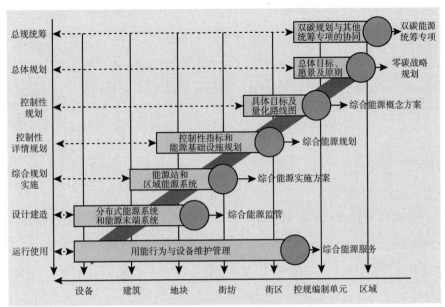

图 6-9 双碳规划体系建设目标框架

型趋势将由"电视角"下的"内因驱动"发展模式转变为"碳视角"下的
"碳中和目标"倒逼模式（见图 6-10）。

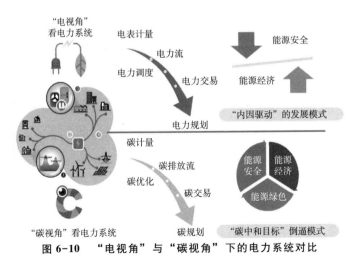

图 6-10 "电视角"与"碳视角"下的电力系统对比

资料来源：康重庆、杜尔顺、李姚旺等《新型电力系统的"碳视角"：科学问题与研究框架》，《电网技术》2022 年第 2 期。

首先，各种宏观调控与经济手段的引入，包括减排立法、碳税、碳配额、碳交易机制等，为燃气分布式能源行业构建了一个全新的宏观经济环境与政策环境；其次，可再生能源的大规模并网与发电，将显著提升电能的清洁程度，使其具有明显的低碳优势，这将促使燃气分布式能源在大能源系统中占据更为重要的地位，战略意义凸显；最后，在低碳环境下，碳减排将成为电力行业可持续发展的重要目标之一，从而改变燃气分布式能源行业的发展模式，并在行业内部各个环节引入"碳约束"，广泛地影响燃气分布式能源系统的规划、投资、运行与调度等功能环节[1]。

2013年，国家发展和改革委出台了首批十个行业的《企业温室气体排放核算方法与报告指南》并开始试行，之后又于2014年年底以及2015年中分别出台了第二批总共四个行业和第三批总共十个行业的《企业温室气体排放核算方法与报告指南》。历经两年多的时间，先后共公布二十四个行业的企业指南。该系列指南主要供开展碳排放权交易、建立企业温室气体排放报告制度等相关工作参考使用。

为精确计量各类能源含碳量，明确用户用能碳排放责任，能源系统碳计量需全面厘清碳排放量在发、输、配、用全环节过程中的分布规律，揭示碳在产生、传输、转移等过程中的特性与机理。在碳计量过程中，需充分考虑包括燃气分布式能源、可再生能源发电、储能技术、碳捕集技术、跨区输电、终端电气化等不同类型低碳供能技术对碳计量的影响。

通过与国家顶层战略的绑定，碳规划将更有望成为城市法定规划体系的一部分，并为综合能源规划体系的搭建提供引导和助力。同时，碳规划具有量化精准的特征，在规划内容和深度上有着更加明确的战略目标，更容易形成统一的规划标准，有利于突破体制约束，以共同的零碳目标形成合力，统筹协调各利益相关方开放合作，以多方共赢的方式落实综合能源规划。

以碳规划为导向的综合能源规划可以避免技术堆砌，以明确的目标为指

---

[1] 康重庆、杜尔顺、李姚旺等：《新型电力系统的"碳视角"：科学问题与研究框架》，《电网技术》2022年第3期。

引搭建合理的技术应用场景，结合 5G、物联网、人工智能、云计算、边缘计算、新能源等新兴技术，重新定义多维度、多层次的城市双碳能源应用和服务。以零碳为目标的综合能源规划不但强调合理的技术应用，也将经济性和成本效益作为规划判断的重要依据，这种对经济性的强调为后期的项目执行和商业合作打下了良好的基础。综合能源规划长期存在用户认知不清晰的问题，而以零碳为目标的综合能源规划提出了明确的战略愿景，并以此为基础实现价值转化和资产升值，提升了综合能源规划的整体战略定位。在规划落地方面，以零碳为目标的综合能源规划也更加有利于约束性政策工具的制定，将零碳目标贯彻到城市开发建设全过程。

6.2.7　基于能源物联网和综合能源服务的新型商业模式

零碳转型、能源转型与数字化转型的深度融合，正在驱动能源供需方式和商业生态发生深刻变化，催生新的商业模式和新业态。例如通过整合能源咨询、绿能替代、多能互补、投建运一体化、能效管理、碳资产管理、数字化平台等资源提供一站式智慧能源服务，实现与用户的双向互动和能源生态数据共享；数字技术及互联网公司等非传统能源企业加入市场，形成传统能源企业与新兴服务商共存的商业生态。

（1）能源物联网

随着可再生能源渗透率的日益提高，可再生能源面临的并网难、消纳难、长距离传输能效低、损耗大、设备利用率低、系统增容投资边际效率差等挑战越来越大。传统能源电力行业的高度垄断技术构架体系、管理体系，不适应高渗透率的可再生能源及分布式能源的接入。

利用风、光、生物质、天然气等多种分布式能源，通过能量存储和优化配置实现本地能源生产与用能负荷基本平衡，通过冷、热、电等多能融合，实现可再生能源的充分消纳，构建智慧型能源物联网，有利于构建新型区域能源生态系统，提高可再生能源比重，转变能源结构，提高能源综合利用效率。

能源物联网基于源网荷储全面感知、融通发展，深入挖掘巨大提质增效价值，可在促进清洁能源消纳、各环节效率提升、精益管理变革等方面发挥重要作用。能源物联网广泛紧密连接和价值外溢的特质，决定了其在实现外部共享和赋能方面的潜力巨大，可以促进产业链升级、实现企业赋能、拥抱数字经济蓝海。能源物联网将成为社会泛在服务的重要入口和基础平台，提供基础设施服务、公共治理服务和精准咨询服务，支撑泛在服务体系的构建，具有巨大的社会价值。针对燃气分布式能源行业，基于能源物联网模式，其商业模式的转型趋势如下①。

①从企业运营向平台运营的转型（从追求规模到搭建平台）

能源物联网的建设，将推动能源生产者、传输者、消费者、设备商、服务商等聚集在统一平台上，出现更多跨界融合与创新。

②从资产核心向数据核心的转型（从注重效益到注重质量）

以能源过程数据的采集、传输、处理、应用为核心，构建能源物联网平台，以数据驱动为创新引擎，推动业务和管理转型升级，推动公司数字化转型和高质量发展。

③从价值创造向共享赋能的转型（从个体卓越到协同发展）

以开发、合作、共赢的理念，吸引更多社会资本和各类市场主体参与，带动能源产业链上下游、中小微企业共同发展，实现共享共赢。

④从被动服务向主动对接的转型（从被动服务到主动服务）

以客户为中心，主动对接客户需求，为客户提供多样化、精准化、高品质的服务。

能源物联网商业生态将呈现以下四个典型特征。

①商业行为在线化

通过在线实时对接、沉淀在线数据、应用人工智能等先进技术，开展数据分析、预测、决策和业务创新。

②生态主体互动化

能源物联网要求开放、互动和共享，在互动中不断衍生新需求和新业

---

① 《泛在电力物联网商业模式创新及设计》，https://mp.weixin.qq.com/s/gI8AM5Cro EvYISQyS3ilfw，最后检索时间：2022 年 5 月 24 日。

务，推动能源商业生态持续进化。

③价值关系网络化

网络化的多主体自协同将全面取代传统的、封闭的供应链体系，价值体系也将由链条式发展为网络化，更强调共赢。

④跨界合作多样化

合作主体将更加多元，除了能源产业链相关方，还会与交通、金融、IT、房地产等其他领域的服务协作，共同提供一体化的综合服务。

能源物联网的发展方向主要是注重平台化发展。能源物联网依据感知层、网络层、平台层、应用层的架构设计，连接供应商、消费者、产品服务、货币等，促进能源领域由"管道型经济"向"平台型经济"和产业组织由"分散式"向"生态式"的转型升级，推动供需匹配、信息共享、资本流通的服务平台建设，促进能源共享经济发展和产业生态圈构建。围绕供应商、消费者、产品、服务、货币等构建能源互联网平台，能将多种能源形式（供气、供电、供热、供冷等）纳入进来。

（2）综合能源服务

综合能源服务实际上包含两层含义，即综合能源供应+综合能源服务。简单来说，就是不仅销售能源商品，还销售能源服务，包括能源规划设计、工程投资建设、多能源运营服务以及投融资服务等方面，当然这种服务主要是附着于能源商品之上的。

综合能源服务覆盖范围很广，包含城市商业综合体、工商企业及园区、政府、医院、学校和小区物业等。覆盖的主要能源领域有水、电、气、热等类别。从涉及的主要物理对象角度看，主要覆盖了源、网、荷、储的环节，具体包含有风、光、气、油、煤等多种形式的一次资源或由其转化得到的二次电力能源。从专业服务角度，综合能源服务涉及的主要有金融投资、建设改造、能源管理、物资采购以及增值服务需求等几个类别。

过去节能服务、需求响应服务、分布式能源服务主要由专项服务企业提供，这些企业的业务范围窄、业务规模不大，这些能源服务产业集中度低，小企业能源服务成本难以进一步下降，缺乏规模效应，不利于能源服务市场快速发展。

综合能源服务是能源服务的新业态，它整合了不同的能源服务业务，并且超越了能源服务范畴，可以提供满足客户需求的其他相关服务。综合能源服务企业具有更多的业务类别、利润来源，因此可以在某些服务内容上以更加低利润的价格吸引客户，结合市场机遇打造爆款产品及服务，导致这类服务的收入规模迅速扩大，产生规模效应，有效降低服务成本。因此综合能源服务有利于为客户提供更低成本、更优惠价格的能源服务，有利于能源服务市场快速发展，促进实现国家能源革命。

6.3 燃气分布式能源技术发展趋势

6.3.1 燃气分布式能源系统及其设备的标准化

设备标准化是指对燃气分布式能源相关设备的类型、性能、尺寸、质量、选用材料、工艺装备、工艺方法、试验方法等规定统一标准，并使标准得以实现，使设备可以有更广泛的应用，并能和各种式样的其他产品配套。

标准化通过提供约束和对确定性的预期，可以降低产品创新设计的不确定性程度；通过规范行为缩小了创新行为的选择空间，降低创新的内在风险和成本，提高产品创新设计的效率。标准化可以使资源合理利用，简化生产技术，实现互换组合，为调整产品结构和产业结构创造了条件。设备标准化可以规范生产活动、市场行为，推动建立最佳秩序，促进相关产品在技术上的相互协调和配合。随着科学技术的发展，生产的社会化程度越来越高，技术要求越来越复杂，生产协作越来越广泛。许多工业产品和工程建设，往往涉及几十个、几百个甚至上万个企业，协作点遍布世界各地。这样一个复杂的生产组合，客观上要求必须在技术上使生产活动保持高度的统一和协调一致。这就必须通过制定和执行许许多多的技术标准、工作标准和管理标准，使各生产部门和企业内部各生产环节有机地联系起来，以保证生产有条不紊地进行。

6.3.2　燃气分布式能源系统的模块化、橇装化

模块化设计是指在对一定范围内的不同功能或相同功能不同性能、不同规格的产品进行功能分析的基础上，划分并设计出一系列功能模块，通过模块的选择和组合可以构成不同的产品，以满足市场不同需求的设计方法。具有通用性的模块，可与其他产品要素进行多种组合，构成新的系统，产生多种不同功能或相同功能、不同性能的系列产品。

橇装模块化设计一方面可以缩短产品研发与制造周期，增加产品系列，提高产品质量，快速应对市场变化；另一方面，可以减少或消除对环境的不利影响，方便重复使用、升级、维修和产品废弃后的拆卸、回收与处理。模块化的意义在于最大化的设计重用，以最少的模块、零部件，更快速地满足更多的个性化用能需求，加快建设速度，确保设备的质量。

模块化集成能源站基于核心供能模块提供能源，涉及燃料供给系统、发电系统、烟气余热利用系统、制冷系统、供暖系统、电力配送系统和智慧能源管理系统等，将供气、供电、制冷、供暖（蒸汽、热水）、控制等不同功能模块拼装组合，满足用户供能需求。

模块化综合能源系统作为分布式能源站的一种模块化形式，通过整合优化现有能源系统，取长补短，制定能实现整体平衡的解决方案，主要以三种应用场景及对应用户为目标。①模块化能源站。目标用户主要是公共建筑、医院、数据中心等。②过渡供能。目标用户为在建的基建工地、举办大型赛事的机构、市政建设部门及庆祝集会的举办机构。③应急供能。目标用户主要为遇到紧急抢险、公共危机、自然灾害及储备短缺的地方政府等。相比较传统的分布式能源系统形式，模块化综合能源系统具有离用户距离更近、结构紧凑、灵活性高、智能互联、模块化程度高、维护方便等优点。

6.3.3　分布式能源多能互补系统

以低碳智慧能源网络为主干网络，通过主干网络和分布式网络交互协同，连接各典型能源场景，形成以新能源为主体、集中式与分布式相结合、

源网荷储协调互动、多能转换、多能互补、多网融合、数字全面赋能的多能互补智慧能源体系；通过智慧能源交易中心和智慧能源调度中心在更大范围内优化资源配置，实现低碳智慧能源体系安全可靠和高效经济运行。

（1）多能互补系统

在现有技术条件下，比较成熟的多能互补分布式能源系统是以天然气为燃料的燃气轮机和内燃机作为稳定原动机，搭配风电、太阳能等可再生能源组成的系统。多能互补系统中的控制系统既控制天然气分布式、光伏和电池储能，也兼容电制冷机和燃气锅炉。以燃气分布式能源为主的多能互补系统优先消纳燃气分布式的余热和电，通过负荷端监测来反馈控制端，提高能源供需匹配度。系统在提高能源综合利用率的同时，增强能源供应和能源需求的匹配度，达到节能减排的效果（见图6-11）。

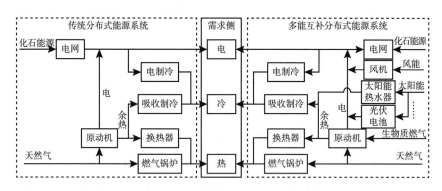

图6-11 传统分布式能源系统与多能互补分布式能源系统能流示意

资料来源：卢胤龙、韩明新、任洪波等《多能互补分布式能源系统优化设计研究进展》，《上海电力学院学报》2018年第3期，第7页。

多能互补集成优化工程是按照不同资源条件和用能对象，采取多能源品种互相补充，生产过程优化，运行智能，技术、运营创新，目前主要有以下两种模式。

①终端一体化集成供能系统

终端一体化集成供能系统主要指面向终端用户电、热、冷、气等多种用能需求，因地制宜、统筹开发、互补利用传统能源和新能源建设的一体化集成供能基础设施，通常采取天然气冷热电三联供、分布式可再生能源和智能微网等方式，实现多能协同供应和能源综合梯级利用。

②风光水火储多能互补系统

风光水火储多能互补系统主要利用大型综合能源基地风能、太阳能、水能、煤炭、天然气等资源组合优势，充分发挥流域梯级水电站和具有灵活调节性能的火电机组的调峰能力，开展风光水火储多能互补系统一体化运行，提高电力输出功率的稳定性，提升电力系统消纳风电、光伏发电等间歇性可再生能源的能力和综合效益。

在围绕国内"双碳"目标的能源新形势下，能源发展的重点从传统的"保供"转向提高能源发展质量和效益。伴随国内工业园区建设发展、微网与新能源技术革新以及新投资模式升级，为满足新形势下供能需求，各地多能互补集成优化示范工程建设如火如荼。2016 年 12 月 26 日，国家能源局公布首批 23 个多能互补集成优化示范工程①。从公布的优化示范项目来看，目前项目集中于终端一体化集成供能系统建设，示范项目达 17 个（占比 73.9%）。在首批申报示范工程项目中，终端一体化集成供能系统有 205 个，工程投资超 3000 亿元。

（2）智慧微网系统

多能互补分布式能源系统是指可包容多种能源资源输入，并具有多种产出功能和输运形式的区域能源互联网系统。它不是多种能源的简单叠加，而是在系统高度上按照不同能源品位的高低进行综合互补利用，并统筹安排好各种能量之间的配合与转换使用，以取得最合理能源利用效果与效益。如何通过"多能互补、源网荷协同"实现安全供能前提下的效益最大化，是多能互补分布式供能项目中的一个焦点问题。这个焦点问题最终是通过智慧微网系统来实现的。

智慧微网是一种智慧型能源综合利用的区域网络，它不仅具备较高的新

---

① 《首批多能互补集成优化示范工程评选结果公示》，http：//www.nea.gov.cn/2016-12/26/c_135933772.htm，最后检索时间：2016 年 12 月 26 日。

能源接入比例，还能通过能量储存和优化配置，合理协调所管辖区域内所有分布式电源、能量储存装置等多类型可控资源，实现本地能源生产与用能负荷的基本平衡，实现风、光、天然气等各类分布式能源多能互补，并可根据需要与公共电网灵活互动，提升系统可靠性与并网电能质量，提高微网运行的经济效益。

系统以能源利用效率最高、综合效益最大化为目标，考虑系统能量与容量平衡、用户差异化供电可靠性、可再生能源占比、综合能效等要求，重点解决能源耦合节点设备的配置，实现区域资源的有效配置。根据不同的场景，需合理选择能源利用技术及系统规划配置。

（3）多能互补系统技术的发展方向

目前多能互补项目发展的主流技术路径有以下两种。

①虚拟电厂下的用户侧燃气分布式联供方案

区域内配备小型燃气分布式设备，与风电、光伏等可再生能源设备联网并通过集中控制优化，共同组成一个虚拟电厂。在可再生能源过剩的情况下，热泵消耗电力并高效地生产热量供给社区；在可再生能源供应不足的情况下，小型燃气分布式设备启动，同时生产电力和热量供应给社区。分布式的设备具有灵活性高、响应快的特点，使得整个系统能够在各种情况下高效运转。基于深度学习技术的预测和调度算法，是整个虚拟电厂系统的核心。丹麦学者提出的基于绿色能源发电的"第四代区域供热技术"就是这种理念。

②多联需求侧响应方案

在基于多网耦合的多能互补系统中，需求侧响应是一个重要的灵活性选项。传统的需求侧响应主要调节电负荷，通过对负荷的迁移和调节来降低电网负载并最大化可再生能源的利用。在多能互补系统中，电能只是各类能源中的一部分，且热负荷可能占终端能源消耗的比重比电负荷更大，因此多联需求侧响应比单一需求侧响应更有潜力。

多联需求侧响应能够同时响应终端用户的电、热、冷、气等能源，其中热能的响应成本最低且时间较长但响应速度较慢，而电能的响应速度快但是持续的时间较短。在集中式区域供暖的模型中，建筑墙体就是天然的储热和热能响应单元，能够通过灵活的供暖策略储存大量的热能。

6.3.4　数字化智能运营管理平台

在新型环境下，燃气分布式能源站的运营趋向于数字化和智能化，是利用网络通信技术（5G）、物联技术、仿真技术、边缘计算及大数据等前瞻技术，对以分布式能源站为中心的多个能源设施、输配网络及终端客户等的运行特征进行数字化处理，实施"源—网—荷—储"能源全生命周期的智能化运营，根据上游资源及下游需求条件，通过物联网大数据信息捕捉及分析，以最佳运行条件优化能源生产及能量输配，提供安全、高效、低碳、便捷的供能服务。

智能运营与优化可分为智能运营与智能优化两部分，本质上是数字化运营与智能化运营。

（1）数字化运营

随着大数据技术的应用，新基建的需求逐渐形成，系统的数字化运营已经不局限于能源站工艺系统的运行工况可视化，运营管理体系数字化、输配系统数字化的需求也日益明显。数字化运营将包含以下四个方面。

①运营管理体系数字化产品

建立运行过程中的安全操作许可、交接班信息、设备轮换运行信息、设备隐患管理流程文件、设备检修记录及备品备件库等档案数据库，实时调用分析各主设备效率及系统能效，为各工艺系统稳定运行提供保障。

②能源站工艺系统运行数字化

将能源站内的各工艺系统参数、各设备健康状态、巡检过程、检修过程等数字化呈现，便于监视、分析、启停切换、调节等运行操作，可实现就地、远程、手动及自动运行。

③电力微网输配系统数字化

对输配电线路的地理分布、起点终点参数、电压等级、电流值、负载率、线损率等信息进行数字化呈现，对线路重载、过载等异常情况进行实时报警，通过小范围调度，选择性投用分布式储能装置或多点接入切换市电，分解线路压力，结合各开关设备自带的保护措施，可有效提高输配电线路的运营效率及供电可靠性。

④热力（含蒸汽、冷水、热水等）管网输配系统数字化

对整体热力管网的地理分布、各热源起点参数（温度、压力、流量）、各用户终端计量点的参数（温度、压力、流量）、管线热损率等进行数字化呈现，对管路超压、超温、压力过低等异常情况进行实时报警，通过调节装置平衡各热源输入参数，按需调配各用户端流量，提高管网输送效率及供热可靠性。

（2）智能化运营

随着人工智能技术及物联技术的发展，边缘计算、数字孪生技术及多能互补仿真技术等在分布式能源供能系统中得到应用，燃气分布式能源站的运营也逐步迈进智能化的门槛，研制出一批实用的智能化应用产品，比如运行巡检智能化产品、大数据能源互联网优化调度平台、数字孪生虚拟能源站、站端数据处理服务系统、总部数据中台等。

①运行巡检智能化产品

根据能源站设备分布、设备运行安全隐患部位制定合理巡检路线，利用机器人、视频识别监测或者人工携带快速识别监测设备，快速准确记录巡检内容，提高巡检工作效率。

智能巡检技术应用有：线路无人机巡检、厂站机器人巡检、智能安全帽。

②大数据能源互联网优化调度平台

利用通信网络技术（5G）、物联技术及边缘计算等先进技术，采集供能侧、能量输配网络及用能侧运行工况信息，建立多能互补能源智慧调度平台，对小区域内的能源生产、输送、消费、存储做全过程精细化管控。充分利用燃气分布式能源站的供能稳定性和灵活性，黏合光伏、风电、储能等新能源设施及市政电力或热力供能设施，形成以燃气分布式能源站为枢纽的多能源互补调度中心，建立安全、高速、稳定的信息物联通信网络

系统，对不同发电系统、供热供冷系统和负荷的数据统计、分析、计算，实时计算发电量、用电量、购电量、供热量、用热量等指标，实现对区域能源生产效率、能量输送效率、区域电能质量、供热质量、用能侧的负荷特性等的分析和统计，向能源网络各供能设备、输配网络提供优化运行方式和调度策略。

③数字孪生虚拟能源站

通过采用数字孪生技术，建立虚拟的能源站，调用运行数据，模拟当前能源站各系统工况，实现不同运行策略下的虚拟运行，分析虚拟运行工况下的系统能效，虚拟试行各种关键安全操作，为能源站的终端安全操作及优化调节提供示险作用。

④站端数据处理服务系统

站端数据处理系统是利用边缘计算在数据产生源的网络边缘处提供网络、计算、存储及应用能力的开放平台，就近处理海量数据，减轻网络通信负担，减轻大数据中心信息处理压力及备份存储压力，利用"边缘计算+云计算"的新型数据处理模式，使数据中心运行更低碳可靠。

⑤总部数据中台

总部数据中台设置在总部智慧运营中心，将各运行厂站的在线运行数据，按照业务、时间、地域多维度感知现场情况，通过识别业务指标异常，对全业务、全场景及全天候的问题第一时间示险纠偏，向各区域调度中心或能源站提供及时、安全及高效的运行参考数据和经营管理指标。

6.3.5　新型利用技术

6.3.5.1　LNG 冷能发电技术

（1）LNG 冷能发电

国外对 LNG 冷能利用研究起步较早，其中日本是 LNG 冷能利用开发、使用较早的国家，目前全球 LNG 接收站冷能利用方面，日本占有 50% 左右的份额。日本冷能发电装置约占冷能利用总量的 60%，是冷能利用的最主要方式①。我国 LNG 发展较晚，截至 2019 年我国已投运 LNG 接收站 21 座，其中 7 座接收站设置冷能利用装置。

全球各国纷纷投产 LNG 冷能发电装置接收站，如日本大阪燃气泉北 No.2、日本东京燃气知多 LNG 基地，均应用循环发电方式。国内已建 LNG 冷能发电装置均采用自给自足的供电模式，核心目的在于有效避免如内部供气暂时停止等意外事故对接收站造成干扰，致使经济受损，同时也是接收站供电可靠性、时效性的有力保障。利用 LNG 冷能发电具有流程快、产业链短、占地少、易于实施等优点，在其他冷能利用产业链尚难决策或这些产业链仍不能完全利用 LNG 冷能的情况下，可优先考虑冷能发电。

（2）LNG 冷能利用面临的主要问题

①LNG 冷能利用方式单一、效率较低。LNG 接收站通常远离城市，且周边配套工业需求、交通等条件差异较大，受周边配套系统影响，多数接收站的 LNG 冷能利用方式较为单一、利用效率低。在对冷能技术利用的过程中，应当充分结合政府的扶持政策，考虑站址周边交通情况及未来发展规划，联合与周围匹配度较高、集成度较高的 LNG 冷能，进而对其技术实现优化改良，制定可行性较高的技术工艺方案。现阶段，为进一步应用 LNG 冷能，研究者加大冷能阶梯技术，但其可用性及工业化应用需耗损一定时间。

②LNG 冷能需求与 LNG 不匹配。接收站的运行峰谷匹配性差，降低了冷能利用率。天然气供需实际量与气候及温度变化息息相关，下游燃气需求和冷能用户对冷能负荷需求变化规律存在一定的偏差，导致其无法实现协同实施。

③冷能利用与接收站建设不同步，远期预留用地不足。我国大量 LNG 接受站处于初期设计及规划过程中，对冷能实际用户未进行综合性考量，进而导致在时间层面无法实现同步化。同时，在实际规划及设计过程中，对使

---

① 高晓劝、梁勇：《LNG 接收站冷能利用研究进展》，《化工管理》2021 年第 19 期，第 36~37 页。

用项目考量缺位,实际占地面积有限,难以实现大面积覆盖目标。

(3) LNG 冷能利用展望

经济高速发展背景下,我国能源产业高速发展,LNG 实际需求量呈上升态势。可携带的冷能也是良好的应用资源,提高其实际利用率,成为 LNG 产业节能环保重要方向。针对 LNG 接收站冷能利用的前景提出以下两点展望。

①在 LNG 接收站规划前期充分考虑 LNG 冷能利用,遵循因地制宜的原则,确定其实际应用方式,积极促进周边产业发展,提高其实际应用率,形成产业与 LNG 冷能的联动效应。

②最大限度提高 LNG 冷能利用率,选用冷能阶梯方式,逐层次充分应用冷能,并有效提高其应用可行性。或加大研发新工艺力度,不仅对冷能利用方案优化升级,而且积极研发新冷能利用方案。

6.3.5.2　天然气管网压力能发电技术

天然气管网压力能是一种依附于管网上、能量密度较低、分布广泛的绿色能源,可充分用于发电和制冷行业。国内外对此已开展诸多研究,特别是深燃留仙洞天然气管网压力能利用项目的顺利调试,开启我国管网压力能利用的新高潮。新奥能源控股有限公司、北京市燃气集团有限责任公司、中石油西南油气田分公司、浙江省能源集团有限公司、深圳市燃气集团股份有限公司等公司都建有压力能发电项目[①]。

(1) 天然气压力能发电工艺技术研究进展

在国家政策和市场潜力的双重推动下,天然气管网压力能发电技术已经取得了长足的进步。研究主体已经从高校、设计院和研究院拓展至国家能源控股企业、各大燃气公司和燃气设备制造厂家。表 6-2 详细汇总了研究单位的研究方向和技术特点。

---

① 徐文东、刘一成、蔡振培:《天然气管网压力能发电技术现状及未来发展方向》,《现代化工》2019 年第 12 期,第 11~15 页。

表6-2　管网压力能用于发电技术分析

单位	研究方向	具体内容和工艺特点
华南理工大学	①工艺开发 ②发电和制冷的综合利用 ③小、微型智能发电工艺和装置	开发系统工艺，改造已有膨胀机，开发管道内置新型膨胀发电装置，提供整体解决方案；规模化综合利用压力能，发电规模在数百千瓦级；冷能用于制冰、空调和其他冷产业；调压站、箱式系统供电装置，发电规模在数百瓦级，一体化智能发电调压工艺及装置
深圳市燃气集团股份有限公司	①工艺开发 ②发电-制冰集成系统设计 ③发电系统设计优化	研发系统工艺，开发压力能发电-制冰集成利用工艺，更新膨胀发电设备，扩大发电规模，提高发电效率和电力稳定性，提供系统性、规模化压力能利用方案
北京市燃气集团有限责任公司	①工艺开发 ②小微发电装置设计 ③智能调压发电系统设计	研发系统工艺，实现压力能发电核心部件小微型化，设计优化微小型发电装置，调压系统智能化程度加强，均衡电量分布供应，提供场站用电安全，制定克服用电困难的解决方案
北京建筑大学	工艺开发	控制流量和膨胀机转速实现稳压、调压和控制温度，提供系统解决方案
西南石油大学	工艺开发	开发压力能综合利用工艺
无锡玄同科技有限公司	①工艺开发 ②膨胀设备研制	新型转子膨胀机用于压力能发电工艺中，提供系统膨胀发电装置
碧海舟北京石油化工设备有限公司	工艺开发	用膨胀机与齿轮箱联合带动发电机，冷媒换热进行制冷工艺，提供了压力能发电制冷系统
浙江浙能节能科技有限公司	①工艺开发 ②膨胀发电装置研制 ③冷和电的综合利用	把燃气轮机与膨胀发电机联合，提出了燃气和压力能联合循环发电技术
江苏航天惠利特环保科技有限公司	工艺开发	开发系统解决方案，能够自动实时监控发电装置的运行状态，实现智能化操作
重庆川然节能技术有限公司	工艺开发	利用稳压阀、稳压罐和旁路降压稳压系统调节过气量，以解决天然气发电系统负荷不稳定问题
新奥能源控股有限公司	①工艺开发 ②透平膨胀机	开发压力能发电冷能综合利用工艺包，并研发小型化压力能透平膨胀发电机

各研究单位积累了丰富的技术研发经验，在透平膨胀机、螺杆膨胀机等设备用于天然气管网压力能发电方面的研究达到了相当的深度，系统地研究各种膨胀发电技术方法和装置，并针对可能出现的负荷变化、换热冷却等问题提出了具体解决方案。企业主体对管网压力能的研究尝试逐步转化成产品和应用，且逐渐采取"发电联合制冷"的综合利用方式，力求更加充分地提高能源利用效率。

压力能发电项目均以应用示范为主要目的，装机规模普遍较小。同时由于整体技术、设备发展尚未成熟，多数项目未能实现长时间稳定运行。

（2）管网压力能发电技术展望

天然气管网压力能利用技术是一种基于资源之上的占用性技术，其发展必须依托于天然气管网的发展。预计到 2030 年，我国将基本建成现代燃气管网体系，国家用气规模可达 5500 亿 m^3，蕴含压力能发电量共计 6×10^{10} kW/a。

天然气管网压力能发电项目可助力管网智能化建设、安全生产、节能减排、精细化经营、产业升级等。一方面，能为管网智能化建设和安全生产提供技术保障，能有效解决偏远地区缺电少电等现实问题，为智能管网建设和智慧能源网络发展提供电力解决方案；另一方面，可借助天然气管网的资源优势和地理优势，利用分布式电能与冷量协同解决高耗能产业（冷物流和数据中心）与城市需求的矛盾，增加城市数以千计的就业岗位，使之成为新的城市经济增长点，助力智慧城市建设。总之，管网压力能利用产业是新兴的、优质的、依附于管网上的、分散的、技术密集型的、门槛较高的资源型产业，具有良好的发展潜力和前景。

6.3.5.3　太阳能—天然气联合循环模式热发电

（1）太阳能—天然气联合循环模式热发电介绍

太阳能-天然气联合循环槽式热发电系统（Integrated Solar Combined Cycle System，ISCC），又叫一体化太阳能联合循环系统，是将槽式太阳能热发电系统与燃气轮机发电系统相结合，以优化能源利用结构、提高能源利用效率的发电系统。ISCC 作为槽式太阳能热发电系统的一种新兴形式，受到国际社会越来越多的关注。目前国际上已有多个 ISCC 项目正在实施阶段或已经建成发电。

ISCC 是把槽式太阳能热发电与燃气轮机发电相结合的一种发电方式。该系统中做功工质的流程为，给水通过预热后，一路进入蒸汽发生器，利用太阳能集热器场收集的太阳热量加热，产生微过热蒸汽。其中太阳能集热器场既可采用塔式集热场，也可采用槽式集热场。另一路进入余热锅炉继续加热，在余热锅炉的过热器前两路汇合，其余的流程与单独燃气－蒸汽轮机联合循环相同。该系统中太阳能蒸汽发生器提供了常规燃气－蒸汽联合循环中余热锅炉生产蒸汽所需的部分热量。由于太阳能集热场提供了额外的热量，ISCC 方案较采用相同燃机配置的常规燃气－蒸汽联合循环可加热更多的循环工质，因此 ISCC 方案中的汽轮机、余热锅炉预热段、过热段和汽轮机凝汽器都要比相应的联合循环方案中的大。在没有太阳能的情况下，联合循环部分可自行运行。太阳热能供应不足时，需要化石燃料来补充（见图 6-12）。

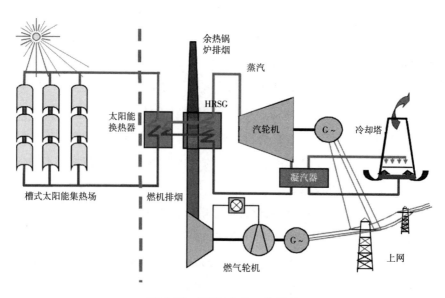

图 6-12　ISCC 电站工作原理

ISCC 发电技术将槽式太阳能热发电与燃气联合循环发电技术结合在一起，具有如下特点①。

①发电热效率高。目前采用 ISCC 的电厂净热效率可达 60% 以上，比常规燃气-蒸汽联合循环发电厂的热效率高 15~20 个百分点。

②优越的环保特性。ISCC 系统采用可再生能源——太阳能与清洁能源天然气作为主要燃料。太阳能对周边环境无任何污染物排放，天然气作为清洁能源其各种污染物排放量都远低于国际先进的环保标准，能满足严格的环保要求。

③燃料适应性广。可燃用满足燃气轮发电机组的各种燃料，包括天然气、LNG、煤制天然气等。

④节水。ISCC 项目由于地处干旱、沙漠等太阳能资源丰富的地区，机组冷凝系统均采用空冷系统。且 ISCC 机组中蒸汽循环部分占总发电量的 1/2，使 ISCC 机组比同容量的常规燃气-蒸汽联合循环发电机组的发电水耗大大降低。

⑤可以实现多联产。ISCC 项目本身为太阳能热发电与常规燃气-蒸汽联合循环发电的结合体，通过利用太阳能热，还可以引入生物质燃料作为辅助热源，使资源得以充分综合利用，从而使 ISCC 项目具有可延伸产业链、发展虚拟环境等技术优势。

⑥替代常规能源实现 CO_2 减排。ISCC 项目利用可再生能源太阳能以及清洁能源天然气，大量减少气体排放。

⑦减少对电网影响。ISCC 项目利用燃气轮发电机组作为稳定负荷，可避免纯槽式太阳能热发电项目因受外部环境影响负荷变化大，而对电网产生较大冲击的情况。

（2）国内外 ISCC 电站建设现状

国外对于 ISCC 电站的研究起步较早，从 20 世纪 80 年代初开始，各国

---

① 《太阳能—天然气联合循环发电系统（iscc）发电方式介绍》，https://max.book118.com/html/2021/0716/6212032221003213.shtm，最后检索时间：2022 年 5 月 24 日。

就对 ISCC 技术进行了深入研究并进行工程应用，目前在国际上已有不少 ISCC 电站投入运行或正在规划建设。

伊朗在 Yazd 地区投资建设的 ISCC 电站是世界上建成较早且成功运行的 ISCC 电站之一，该电站由 450MW 的燃气-蒸汽联合循环和净发电功率为 17MW 的太阳能发电回路组成。摩洛哥的 Ain Beni Mathar 电厂，整体投资 4.16 亿欧元。阿尔及利亚在 HASSI 地区投运的 ISCC 电站由 475MW 的联合循环系统与 25MW 的太阳能发电系统构成。摩洛哥东部投运的 ISCC 电站具有 250MW 的发电容量，太阳镜场面积为 22.6 万 m^2，其全年总发电量可达 17.8 亿 kW·h，节约了化石燃料消耗的同时也起到了保护环境的作用[1]。

以导热油为加热工质的 ISCC 电站存在造价高、易泄漏的问题，因此，近年来建设的 ISCC 电站考虑采用直接蒸汽发电（Direct Steam Generation，DSG）技术，通过避免热交换器的使用，降低了工质换热导致的热损失。西班牙 Almeria 建设的 DISS 项目于 1995 年立项，并于 1998 年实施，通过 4500h 的运行对集热器的布置方式进行不断修改，最终证实了该技术的可行性。随后，在 2004 年，由西班牙和德国能源合资公司投资电站容量为 5MW 的 INDITEP 项目，旨在为 DSG 技术提供资料以支撑该技术的商业化，从而使其更具有竞争力。但是，由于 DSG 电站系统在运行时涉及复杂的两相流动过程，两相流动的不稳定性使得系统研究更困难的同时，也制约了 DSG 电站的大规模商业应用[2]。

相对国外而言，我国的 ISCC 电站发展较晚，目前仍处在试点研究阶段，尚未进行大规模的推广。从 20 世纪 70 年代中期开始，部分高等院校和科研单位开始对太阳能热发电技术进行基础性研究，天津市、北京市等地分别建造了功率为 1kW 的塔式太阳能热发电模拟试验装置和碟式太阳能热发电模

---

[1] 李航行：《太阳能-燃气联合循环热电联产机组性能研究》，华北电力大学硕士学位论文，2021。
[2] 李航行：《太阳能-燃气联合循环热电联产机组性能研究》，华北电力大学硕士学位论文，2021。

拟装置。此外，2005 年 11 月，河海大学与南京春辉公司等合作在南京市江宁开发区建立了 ISCC 电站实验基地，占地面积 26700m^2，装机容量约为 70kW。中国华能集团有限公司在三亚地区的 ISCC 电站于 2012 年 10 月 30 日投入运行，该电站采用线性菲涅尔集热技术，太阳能集热场生成的蒸汽经过减温减压后进入汽轮机中低压段发电。此外，中广核在海西蒙古族藏族自治州德令哈市的戈壁滩上建立了青海德令哈 50MW 光热示范项目，占地 2.46km^2，该项目已于 2018 年 12 月 30 日成功并网发电[①]。

---

① 李航行：《太阳能-燃气联合循环热电联产机组性能研究》，华北电力大学硕士学位论文，2021。

第7章　燃气分布式能源行业发展建议

在能源转型过程中，燃气分布式能源的低碳性、稳定性、灵活性，使其在构建分布式供能系统中居于非常重要的地位。燃气分布式能源在新型电力系统中的支撑作用也更加凸显。燃气分布式能源的推广是落实国家"双碳"战略的重要组成部分，燃气分布式能源作为未来国家能源体系的重要组成部分，需在国家政策支持下找准产业发展定位和方向，创新管理体制和运营监管机制，完善产业协同创新体系，持续推进，实现行业可持续发展。

7.1　对政策制定和行业监管部门的建议

7.1.1　开展能源多元融合规划，推进顶层设计落地

构建清洁低碳、安全高效的能源体系，需兼顾能源结构调整升级、能源供应、新型城镇化、区域协调发展、绿色建筑和生态城建设、创新驱动发展等新要求，综合考虑化石能源与智能电网、可再生能源、能源互联网及以燃气为代表的清洁、低碳、可调节的新技术的充分融合。明确燃气分布式能源的定位，推动燃气分布式能源在稳定性、灵活性、环境保护、低碳等方面的价值化体现。

在宏观政策上进行引导和鼓励发展，在国家及各省、区、市能源发展"十四五"规划及相关能源政策文件中，应大力鼓励和引导发展燃气分布式

能源项目，与当地城市发展规划相结合，与区域发展规划、各地区总体发展规划、各相关专项发展规划等有效衔接，组织编制专项发展规划，科学调研测算，在条件适宜的产业园区、旅游服务区、商业商务中心以及交通枢纽、医院、学校等公共建筑，合理布局燃气分布式和分散风电、分布式光伏，逐步形成"多元、可靠、高效、清洁、智能、绿色"的能源供应体系，建设分布式智慧能源网，打造低碳能源供应基地。

各地政府在核准审批燃气分布式能源项目时，应按照国家相关文件精神，根据当地资源条件和用能需求，因地制宜地考量项目体量和供能范围，放宽对设备单机容量和项目总体装机规模的限制。同时，各地方政府和电网企业在项目引进、审批、并网等方面应给予大力支持，并为燃气分布式能源项目提供一定的便利条件。

7.1.2　完善碳市场建设，鼓励参与碳交易

规范燃气分布式能源参与碳排放交易市场。完善碳市场向燃气分布式能源的价格传导机制，能源顶层规划应兼顾"安全、低碳、经济"的发展目标；制定燃气分布式能源参与碳市场的规则，规范方法学，将其减碳部分列为自愿减排范畴，鼓励参与碳交易市场；建立并完善燃气分布式能源参与碳交易的长效管理机制和监管机制，充分考虑燃气分布式能源在节能减碳进程中的重要作用，明确在"双碳"各阶段燃气分布式能源行业的发展目标。

7.1.3　推进能源市场化改革，发挥市场调节机制

（1）深化能源价格改革

持续深化燃气分布式能源上网、电价市场化改革。发挥市场的基础性作用，建立并完善气电价格联动、气热价格联动等价格联动机制。

（2）探索多种方式参与电力市场交易

一是完善分布式能源参与电力市场化交易的机制和规则。鼓励将包括燃气分布式能源在内的多能互补分布式能源项目纳入电力市场化交易范围。

二是鼓励以燃气分布式能源聚合商/虚拟电厂的方式参与电力市场化交

易。优先在园区、负荷聚集区开展燃气分布式能源参与现货市场交易、电力辅助服务市场的试点示范。

（3）依托数字化技术建立能源综合服务市场

鼓励在低碳园区、低碳建筑领域示范应用，充分发挥燃气分布式能源等清洁能源在构建低碳能源系统过程中的作用。建议开展试点示范建设，依托现代化信息技术，建立各层级、多维度开放的能源综合服务市场。鼓励包括燃气分布式能源在内的各类清洁能源接入，在分布式能源、微电网、可再生能源、区域输配电网等多网协同、互联互通的能源系统基础上，构建多主体参与、多能源交易、多种增值服务交易的能源综合服务市场，搭建产业智慧管控一体化平台。

7.1.4　推行良性互动行政管理，优化营商环境

针对燃气分布式能源跨界发展的新趋势，建议能源领域内各主管部门加强协调合作，建立与新兴市场主体间的良性沟通互动机制，快速推动相关政策法规的落实。一是推动行政审批机制优化，促进能源领域"证照分离"改革，进一步提高项目的管理和审批效率。二是建议简化经营审批程序，鼓励采取备案制；同时简化燃气分布式能源项目电力并网程序。三是鼓励能源企业跨界经营，推行在特定行政区域内包括电、热、气（氢）等多种能源甚至结合能源、市政、环卫一体化经营的试点。

7.1.5　继续加强核心技术和装备的政策推动

（1）强化核心技术和装备攻关

继续鼓励支持具有研发实力的研究所和大型制造企业对燃气内燃机、燃气轮机等核心设备的研发制造、技术升级，对于核心设备的研发给予政策和研发经费支持。不断提高国产设备的性能水平，提升主机和配套设备质量水平，质量标准需逐步向国际先进水平看齐。

鼓励设备研发制造企业对于新兴技术、新型设备的研发、生产和应用，如氢燃料内燃机和燃气轮机、燃料电池等，并给予政策性和经济性扶持。

推动产学研结合，加强系统集成、优化运行等相关技术研究，支持燃气分布式能源装备配置、模块化设计和生产。进一步加大资金和政策扶持力度，建设一批示范项目，优先采用自主技术装备，根据其自主化水平给予投资补贴或者奖励。

（2）持续完善行业标准和后评估机制

持续修订和完善行业标准及规范，将多能耦合、电力接入、项目建设、调度协调等相关内容均纳入其中，构建完整全面的标准体系，指导燃气分布式能源行业科学、规范、有序发展。

进一步完善项目后评估机制，打造项目运行数据平台，建设项目数据库。充分利用后评估成果反向指导项目前端开发，对于优质项目给予一定政策性表彰。

7.2　对产业投资、建设相关企业的建议

7.2.1　拓展思路、创新市场策略和商业模式

（1）促成跨界合作

一是紧密与各地政府和用能单位沟通，结合各地城市建设、产业规划窗口期，在符合条件的产业园区、城市综合体、工商业、医疗、教育、行政等区域和用能建筑内大力开展分布式能源项目建设。二是加强企业间横向合作，与能源领域其他专业企业合作，打造强强联合的经营主体。

（2）创新商业模式

将燃气分布式能源项目的建设与新形势下产业转型升级、产业聚集相结合，在有产业基础的区域建设具有示范效果的优质项目，并以此为抓手，因地制宜打造符合特定产业需求的能源供应体系，促成标准化、规模化发展。

（3）推动综合化发展

加强多种能源融合，不断提高能源转化效率、能源传输和利用效率，将项目着眼点由单一的燃气分布式能源项目向综合能源转变，建设低碳化、可

持续发展的智慧能源系统。

（4）推进多元化发展

将能源与市政建设、废污处理相结合，将燃气分布式能源优势应用到建设无废区域、无废城市中，让区域资源价值最大化。开发生物质天然气、沼气、氢气等多气源的燃气分布式能源项目。

（5）打造新业态

积极响应国家振兴乡村战略，探索适合我国国情的农村能源项目发展机制，把燃气分布式能源技术和农村广大的可再生能源资源相结合，打造既能满足农村用能升级又能把农村能源变成产业的新型业态。

7.2.2 推进技术和服务升级

（1）打造燃气分布式能源智能管理系统。充分利用人工智能、云计算、区块链、物联网、大数据等现代信息技术，建设智慧能源管控平台，打造源网荷储一体化的低碳智慧能源系统。积极与地方政府合作开展产业园区数字化合作，将自身能源管理系统与园区整体能源管理系统相融合，为园区提供数字化多元化服务。

（2）工程技术服务企业拓宽专业领域、加强人才培养，由单一专业向跨专业发展，由传统燃气分布式系统向融合可再生能源、氢能、储能、碳管理的综合智慧能源领域拓展，增强服务能力、扩大服务范围，在为行业发展保驾护航的同时保持企业自身可持续发展的生命力。

（3）在新形势、新背景之下，打造专业化运营管理服务产业。通过专业化人才培养，建立专业运营管理团队，成立专业运营管理公司，为市场提供专业化运营管理服务。

7.3 对其他相关方的建议

7.3.1 推动提升气源供应保障能力

（1）完善城市燃气输配管网，优化高压、次高压管网布局，提高中压管网覆盖水平，扩大市县燃气管网覆盖范围并向具备条件的沿线乡镇辐射，加强管网互通互连，提升管网输送能力和可靠性水平。

（2）优化储气设施布局，增强天然气调峰和保供能力。因地制宜建设储气库、储气罐等多元的储气系统，加快储气能力建设，增强天然气调峰和保供能力。

（3）推动制定天然气管道掺氢、生物天然气生产及并网相关标准、指导性文件。鼓励天然气管道掺氢、生物天然气并入天然气管网进行试点示范并推广。

7.3.2　金融支持

对于金融行业和有资金实力的企业，建议在绿色金融框架下，丰富金融创新，针对燃气分布式能源的特征，协助整合资源，支持新型商业模式，发挥能源转型基金的引领作用，将燃气分布式能源作为重要投资领域，充分发挥金融与绿色产业的协同优势。

7.3.3　加大行业宣传推广工作力度

相关行业协会、媒体、高校和行业专家应加大对燃气分布式能源的推广、宣传和教育力度，强化低碳、绿色发展的理念，通过宣传培训提高各级主管部门、各类用户对燃气分布式能源的认识，积极回应社会关切，加强政策解读，加强经验总结和典型示范，推广复制成功经验，积极营造良好有利的社会环境和氛围。

7.3.4　加强国际合作

国际上分布式能源发展历史更长，在很多技术和商业模式创新上具有优势，应加强国际合作，在学习国际先进经验的同时，也积极在包括共建"一带一路"国家在内的海外投资。与 IGU（国际燃气联盟）、UNEP（联合国环境规划署）等相关国际组织加强交流合作，共同推动燃气分布式能源更好更快发展。

附录1　燃气分布式能源术语

分布式能源：分布式能源是一种布置在需求侧的能源生产和利用方式，按照用户的需求就地生产并供能，具有靠近用户、清洁低碳、多元互动、灵活高效等特征，是现代能源系统不可或缺的重要组成部分。

燃气分布式能源：布置在用户附近，以天然气、生物质气及氢气等燃料，通过热（冷）、电联供方式直接向用户提供热（冷）、电等综合能源服务的系统。

天然气分布式能源：利用天然气燃料，通过冷热电三联供等方式实现能源的梯级利用，综合能源利用效率在70%以上，并在负荷中心就近实现能源供应的现代能源供应方式。

生物天然气：是以农作物秸秆、畜禽粪污、餐厨垃圾、农副产品加工废水等各类城乡有机废弃物为原料，经厌氧发酵和净化提纯具有的较高甲烷含量的燃气，同时厌氧发酵过程中产生的沼渣沼液可生产有机肥。

燃气发电设备：利用可燃气体驱动产生热（冷）、电的动力机械，包括燃气内燃机、微型燃气轮机和中小型燃气轮机。

燃气轮机：是以连续流动的气体为工质带动叶轮高速旋转，将燃料的能量转变为有用功的内燃式动力机械，是一种旋转叶轮式热力发动机。

燃气内燃机：是以燃气为燃料的四冲程内燃机，燃气与空气在气缸内混合压缩后点火发生爆燃，推动活塞带动连杆和曲轴驱动发电机发电。

燃料电池：是一种把燃料所具有的化学能直接转换成电能的化学装置，

又称电化学发电器。

余热利用设备：利用原动机的冷却水热量及排烟热量，产生蒸汽或热水的设备。

余热锅炉：是燃气分布式能源系统中重要的余热利用设备，通过对发电机组排气中的高温余热（400℃～600℃）回收利用，用以产生蒸汽、热水、加热导热油等，满足用户末端用能需求。

溴化锂吸收式冷温水机组：一种采用热能（燃气、燃油、沼气、蒸汽、热水、烟气等）驱动的制冷机组，其中余热型溴化锂吸收式机组可以直接采用余热来实现制冷、制热用于生产工艺或舒适性空调。

燃气热泵：通过燃气发动机做功驱动压缩机，使冷媒循环运动反复发生物理相变过程，分别在蒸发器中气化吸热，在冷凝器中液化放热，实现热泵循环，使热量不断得到交换传递，并通过阀门切换使机组实现制热和制冷功能的切换。

燃气分布式能源模块化集成能源站：基于核心供能模块提供能源，涉及燃料供给系统、发电系统、烟气余热利用系统、制冷系统、供暖系统、电力配送系统和智慧能源管理系统等，将供气、供电、制冷、供暖（蒸汽、热水）、控制等不同功能模块拼装组合，满足用户供能需求。

大数据能源互联网优化调度平台：利用通信网络技术（5G）、物联技术及边缘计算等先进技术，采集供能侧、能量输配网络及用能侧运行工况信息，建立多能互补能源智慧调度平台，对区域内的能源生产、输送、消费、存储做全过程精细化管控。

LNG冷能利用：按利用LNG冷能过程可分为直接和间接两类利用方式。直接利用包括：发电、低温空分、冷冻仓库、制造液化CO_2、海水淡化、空调和低温养殖、栽培等。

天然气管网压力能发电技术：利用高压管网压力能直接膨胀发电。

太阳能-天然气联合循环槽式热发电系统：是将槽式太阳能热发电系统与燃气轮机发电系统相结合，以优化能源利用结构，提高能源利用效率。

多能互补分布式能源系统：是在传统分布式能源系统基础上的拓展，由供给侧、转换侧、需求侧等基本单元构成，供给侧的电力、燃气、太阳能、风能及可再生能源等各种形式的能源耦合输入，通过能源和技术协同优化整合，最终以较高的综合能效向用户提供冷量、热量以及电力。

虚拟电厂：通过先进信息通信技术和软件系统，实现分布式电源、储能系统、可控负荷、电动汽车等分布式能源资源的聚合和协调优化，作为一个特殊电厂参与电力市场和电网运行的电源协调管理系统。能够聚合分布式能源资源参与电力市场和辅助服务市场运行，为配电网和输电网提供管理和辅助服务。关键技术主要包括协调控制技术、智能计量技术以及信息通信技术。

年平均能源综合利用率：分布式能源系统中年输出电量、热（冷）量之和与年消耗燃气输入热量的百分比。

节能率：供应相同的电量、热（冷）量，分布式能源系统与常规供能方式相比减少消耗能量的百分比。

年利用小时数：分布式能源系统在 1 年内的满负荷等效运行小时数。

发电机发电效率：指发电机组燃料所产生的热能转化为动能，再将动能转化为电能的过程中能源的转化效率。

余热回收利用率：发电余热中用于年供热和制冷的热量与年可利用热量的百分比。

余热供热/冷贡献率：余热供热/冷量与总利用热量/冷量的百分比。

附录2 已建项目信息

附表1 已建项目汇总

序号	项目名称	所在省（区、市）	装机容量（kW）	原动机品牌	原动机类型	发电模式	建筑类型
1	安徽睬新家苑天然气分布式能源站	安徽	635	颜巴赫	燃气内燃机		康养中心
2	马鞍山经济开发区南区分布式能源项目	安徽	12000	燃气轮机		经济开发区
3	芜湖市餐厨废弃物处置工程沼气发电项目	安徽	1000	颜巴赫	燃气内燃机		沼气发电
4	玉柴联合动力股份有限公司天然气分布式能源项目	安徽	130	开普斯通	微燃机	并网不上网	办公楼
5	北京APEC场馆日出东方凯宾基斯酒店天然气分布式能源项目（金催饭店）	北京	2548	颜巴赫	燃气内燃机	并网不上网	酒店
6	北京城市副中心智慧能源项目	北京	851		燃气内燃机		住宅、学校

179

续表

序号	项目名称	所在省（区，市）	装机容量（kW）	原动机品牌	原动机类型	发电模式	建筑类型
7	北京大学人民医院（清河医院）能源中心项目	北京	1668	颜巴赫	燃气内燃机	不并网	医院
8	北京环球影城主题公园能源中心项目	北京	6003	颜巴赫	燃气内燃机		主题乐园
9	北京会议中心 9#楼天然气分布式能源项目/北京京会园酒店（奥运媒体酒店）冷热电三联供项目	北京	1050	颜巴赫	燃气内燃机	并网不上网	办公楼
10	北京火车南站天然气分布式能源项目	北京	3140	康明斯	燃气内燃机	自发自用，余电上网	火车站
11	北京京能未来科技城燃气热电联产项目	北京	248000		燃气轮机		工业园区
12	北京排水集团高碑店污水处理厂沼气热电联供项目	北京	4000	库伯+颜巴赫	燃气内燃机		沼气发电
13	北京清华文津国际大厦天然气分布式能源项目	北京	2320	康明斯	燃气内燃机	自发自用，余电上网	办公楼
14	北京热力宝能热厂天然气分布式能源项目	北京	1500	川崎	燃气轮机	并网不上网	工业园区
15	北京市大兴区绿地缤纷城燃气分布式能源项目	北京	1200	卡特彼勒	燃气内燃机	并网不上网	商业综合体
16	北京市燃气集团饮马渠城市接收站天然气分布式能源项目	北京	80	宝曼	微燃机	并网不上网	办公楼

续表

序号	项目名称	所在省（区、市）	装机容量（kW）	原动机品牌	原动机类型	发电模式	建筑类型
17	北京市燃气集团指挥调度中心大楼天然气分布式能源项目	北京	1205	卡特彼勒	燃气内燃机	并网不上网	办公楼
18	北京市左安门宾馆能源中心天然气分布式能源项目	北京	30	开普斯通	微燃机	并网不上网	酒店
19	北京通州惠通环保有限公司沼气发电项目	北京	2000	颜巴赫			沼气发电
20	北京园博会分布式能源中心	北京	280		燃气内燃机		办公楼
21	北七家商务园能源站	北京	2134		燃气内燃机	并网不上网	综合商业体
22	高安屯污泥处理中心工程－沼气利用（发电）工程项目	北京	4000				沼气发电
23	航天科工海鹰集团有限公司热电联供系统	北京	65	开普斯通	微燃机		医院
24	华电产业园综合能源服务项目	北京	6698	GE	燃气内燃机	自发自用、余电上网	商业综合体
25	京丰宾馆天然气分布式能源项目	北京	900	卡特彼勒	燃气内燃机	自发自用、余电上网	酒店
26	清河第二再生水厂工程－沼气利用（发电）工程项目	北京	4000				沼气发电
27	清华大学超低能耗示范楼	北京	70		燃气内燃机		学校
28	通州区有机质资源生态处理站沼气发电项目	北京	4000				沼气发电

续表

序号	项目名称	所在省（区、市）	装机容量（kW）	原动机品牌	原动机类型	发电模式	建筑类型
29	蟹岛绿色生态园天然气分布式能源项目	北京	3440	卡特彼勒	燃气内燃机	自发自用，余电上网	综合园区
30	亦庄华润协鑫天然气热电厂天然气分布式能源项目	北京	150000	美国普惠	燃气轮机		工业园区
31	郑王坟（槐房）再生水厂工程-沼气利用（发电）工程项目	北京	6000				沼气发电
32	北京中关村壹号天然气分布式能源项目	北京	2400	MWM	燃气轮机	并网不上网	办公楼
33	中国航天科工集团第三研究院综合体育馆分布式供能系统	北京	95	开普斯通	微燃机	并网不上网	办公楼
34	中国石油科技创新基地能源中心天然气分布式能源项目	北京	16640	颜巴赫	燃气内燃机	并网不上网	数据中心
35	重庆CBD总部经济区集中供冷供热项目	重庆	2106	颜巴赫	燃气内燃机		经济区
36	重庆大学天然气分布式能源项目	重庆	30	开普斯通	微燃机	并网不上网	学校
37	永川区人民医院分布式能源项目	重庆	1200	MWM	燃气内燃机		医院
38	重庆海尔工业园分布式能源项目	重庆	5000	卡特彼勒	燃气内燃机		工业园
39	重庆海尔精密塑料模胶天然气分布式能源项目	重庆	800	卡特彼勒	燃气内燃机		工业企业
40	重庆环保科技产业园天然气分布式能源项目	重庆	635	颜巴赫	燃气内燃机		产业园

续表

序号	项目名称	所在省（区,市）	装机容量（kW）	原动机品牌	原动机类型	发电模式	建筑类型
41	重庆骐福能源有限公司天然气分布式能源项目	重庆	28000	索拉	燃气轮机		工业企业
42	重庆燃气抢险指挥中心燃气分布式能源项目	重庆	400	卡特彼勒	燃气内燃机		抢险指挥中心
43	重庆市陈家桥医院分布式能源项目	重庆	800		燃气内燃机		医院
44	重庆市洛碛餐厨垃圾处理厂沼气综合利用项目	重庆	18000	颜巴赫	燃气内燃机		沼气发电
45	重庆市永川区妇幼保健院分布式能源项目	重庆	400		燃气内燃机		医院
46	重庆香港城分布式能源站	重庆	700	济柴	燃气内燃机		综合商业体
47	重庆医科大学附属儿童医院分布式能源项目	重庆	2000	颜巴赫	燃气内燃机		医院
48	重庆永川儿童医院分布式能源项目	重庆	400	颜巴赫	燃气内燃机		医院
49	重庆长寿天然气分布式能源项目	重庆	22500		燃气内燃机		园区
50	重庆医科大学第一医院第一分院分布式能源项目	重庆	600		燃气内燃机		医院
51	东莞理工大学天然气分布式能源项目	广东	80	开普斯通	微燃机＋内燃机	并网不上网	学校
52	广东华电番禺万博商务区燃气分布式能源项目	广东	389780	瓦锡兰	燃气内燃机		综合商业体
53	广东理工造纸自备电厂煤皮项目	广东	15000				工业企业
54	广州大学城分布式能源站	广东	312000	美国普惠	燃气轮机		大学城

续表

序号	项目名称	所在省（区、市）	装机容量（kW）	原动机品牌	原动机类型	发电模式	建筑类型
55	广州东部生物质综合处理厂沼气发电项目（分两期）	广东	10000	颜巴赫	燃气内燃机		沼气发电
56	广州发展集团从化鳌头分布式能源站	广东	28800	西门子能源	燃气轮机		工业园区
57	广州发展太平分布式能源站项目	广东	30000	西门子能源	燃气轮机		园区
58	广州华润珠江热电有限公司南沙横沥2×60MW级天然气分布式能源站项目	广东	120000	西门子能源	燃气轮机		工业园区
59	广州市超级计算中心分布式能源项目	广东	17200	颜巴赫	燃气内燃机		数据中心
60	广州万博中央商务区分布式能源站项目	广东	293400	瓦锡兰	燃气内燃机		商务区
61	广州珠江啤酒厂 CCHP 项目	广东	1421	卡特彼勒	燃气内燃机		工业企业
62	豪丰工业园分布式能源项目	广东	13160	GE	燃气轮机		工业园区
63	华电三水工业园天然气分布式能源项目	广东	133860	GE	燃气轮机		工业园区
64	玖龙纸业（东莞）有限公司天然气热电联产项目	广东	189000	GE	燃气轮机	自发自用	自备电厂
65	南方电网佛山供电局天然气分布式能源项目	广东	600	开普斯通	微燃机	并网不上网	办公楼
66	深圳燃气大厦分布式能源改造项目	广东	400	卡特彼勒	燃气内燃机		办公楼
67	深圳燃气集团总部大楼分布式天然气分布式能源项目	广东	865	开普斯通	微燃机	并网不上网	办公楼

续表

序号	项目名称	所在省（区、市）	装机容量（kW）	原动机品牌	原动机类型	发电模式	建筑类型
68	中电江门高新区 2×60MW 级天然气分布式能源站项目	广东	120000	南京汽轮电机（集团）有限责任公司	燃气轮机		高新区园区
69	珠海中信生态环保产业园厨余垃圾处理一期工程	广东	2000	颜巴赫	燃气内燃机		沼气发电
70	华电南宁江南分布式能源站	广西	180000	GE	燃气轮机	自发自用，余电上网	工业园区
71	华能桂林世界旅游城分布式能源项目（一期）	广西	210000	GE	燃气轮机	并网上网	旅游区
72	贵阳 100kW 质子交换膜燃料电池热电联产系统	贵州	100	贵州氢能效率能源科技有限公司	燃料电池		
73	海南翔泰渔业分布式能源项目	海南	3000	卡特彼勒	燃气内燃机		工业
74	河北华电石家庄东南智汇城分布式能源项目	河北	8550	MWM	燃气内燃机		商业综合体
75	河北华电石家庄市第一医院天然气分布式能源项目	河北	4000	MWM	燃气内燃机		医院
76	廊坊市泛能微网-新朝阳区天然气分布式能源站项目	河北	2000	卡特彼勒	燃气内燃机		综合园区

185

续表

序号	项目名称	所在省（区、市）	装机容量（kW）	原动机品牌	原动机类型	发电模式	建筑类型
77	秦皇岛市燃气总公司分布式能源系统项目	河北	130	开普斯通	微燃机	并网不上网	办公楼
78	石家庄绿岛开发区泛能微网一期"君乐宝"项目	河北	5500	开普斯通	燃气内燃机		乳制品加工企业
79	威县君乐宝四牧粪污无害化处理与资源化利用大型沼气工程热电联产项目	河北	2330	mtu	燃气内燃机		沼气热电联产
80	河南省顺成集团燃气发电项目	河南	42000	GE	燃气轮机		区域能源中心
81	河南许昌生物医药产业园天然气分布式能源站项目	河南	67000	GE	燃气轮机		工业园区
82	夏邑生态印染科技产业园	河南	20000		燃气轮机		产业园
83	新密市妇幼保健院天然气分布式能源站项目	河南	500		燃气内燃机		医院
84	郑州航空港高铁南站、会展中心商业配套冷热电多联供项目	河南	17600	颜巴赫	燃气内燃机		交通枢纽、会展中心
85	哈尔滨工业大学天然气分布式能源项目	黑龙江	65	开普斯通	微燃机	并网不上网	学校
86	哈尔滨太平国际机场天然气分布式能源站项目	黑龙江	2400	颜巴赫	燃气内燃机		机场
87	黑龙江蔚利和成发项目	黑龙江	1400	康明斯	燃气内燃机	并网不上网	工业
88	国家电投湖北省城市人民医院综合智慧能源项目	湖北	1600	MWM	燃气内燃机	并网不上网	医院
89	武汉创意天地分布式能源站	湖北	16176	颜巴赫	燃气内燃机		综合园区

续表

序号	项目名称	所在省（区、市）	装机容量（kW）	原动机品牌	原动机类型	发电模式	建筑类型
90	武汉国际博览中心天然气分布式能源站	湖北	21500	颜巴赫	燃气内燃机		综合会展中心
91	永旺梦乐城分布式能源项目	湖北	4500	三菱	燃气内燃机		综合商业体
92	国家电投荆门高新区天然气多联供能源项目	湖北	100000	西门子能源	燃气轮机		开发区
93	湖南妇女儿童医院分布式能源项目	湖南	1000	MWM	燃气内燃机		医院
94	长沙黄花国际机场三联供能源站	湖南	2320	康明斯	燃气内燃机	并网不上网	机场
95	长沙市浏阳经开区天然气分布式能源项目	湖南	15930	索拉	燃气轮机		工业园区
96	长沙湘江欢乐城冰雪世界分布式能源项目	湖南	2106	颜巴赫	燃气内燃机		度假区
97	长沙新奥浏阳天然气分布式能源项目	湖南	17030	MAN	燃气轮机		经开区
98	中国航天科工集团七八〇一研究所热电联供系统	湖南	30	开普斯通	微燃机		办公楼
99	株洲神农城分布式能源站	湖南	6000		燃气内燃机	并网不上网	综合商业体
100	株洲职教城分布式能源站	湖南	1250	康明斯	燃气内燃机		办公楼
101	吉林省科技文化中心天然气分布式能源项目	吉林	3080	康明斯	燃气内燃机		文化中心
102	四平市中心人民医院分布式能源项目	吉林	1200	颜巴赫	燃气内燃机		医院
103	松原市中东新天地购物公园天然气分布式能源三联供系统	吉林	2000	卡特彼勒	燃气内燃机		综合商业体

187

续表

序号	项目名称	所在省（区、市）	装机容量（kW）	原动机品牌	原动机类型	发电模式	建筑类型
104	常州光伏产业园综合能源并购项目	江苏	6600	颜巴赫	燃气内燃机		产业园
105	昆山福伊特造纸厂分布式能源项目（一期）	江苏	600	MWM	燃气内燃机		工业企业
106	鼓楼医院江北国际医院分布式能源项目	江苏	2400	GE	燃气内燃机		医院
107	华电泰州医药城母楼宇型天然气分布式能源项目	江苏	4000	湘潭电机	燃气轮机	并网上网	医院
108	江苏凤凰数据中心天然气分布式能源站项目	江苏	6000	康明斯	燃气内燃机	并网不上网	数据中心
109	江苏海伦石化PTA	江苏	3400	康明斯	燃气内燃机	并网不上网	化工
110	江苏省盐城市亭湖区人民医院分布式能源	江苏	600	卡特彼勒	燃气内燃机	并网不上网	医院
111	昆山东部医疗中心能源站项目	江苏	3120	卡特彼勒	燃气内燃机		医院
112	南京工业大学天然气分布式能源项目	江苏	30	开普斯通	微燃机	并网不上网	学校
113	南京禄口国际机场天然气分布式能源项目	江苏	6666	颜巴赫	燃气内燃机		机场
114	南京市浦口新城医疗中心天然气分布式能源站项目	江苏	2400	颜巴赫	燃气内燃机		医院
115	青奥村能源中心（南京河西新城区域能源）	江苏	1360	卡特彼勒	燃气内燃机		综合园区

续表

序号	项目名称	所在省（区、市）	装机容量（kW）	原动机品牌	原动机类型	发电模式	建筑类型
116	苏州工业园区蓝天燃气热电有限公司中科院苏州金鸡湖天然气分布式能源站项目	江苏	1250	中科院上海研究院	燃气轮机		工业园区
117	无锡压缩机股份有限公司热电联供项目	江苏	155	康明斯	燃气内燃机	并网不上网	工业
118	协鑫苏州工研院"六位一体"分布式微能源网项目	江苏	400	卡特彼勒	燃气内燃机		办公楼
119	江西华电九江分布式能源站工程	江西	87000	GE	燃气轮机	并网不上网	工业园区
120	创业大厦分布式供能项目	辽宁	400	开普斯通	微燃机		办公楼
121	辽河油田热电联供项目	辽宁	1020	康明斯	燃气内燃机	并网不上网	油田
122	沈阳华晨宝马大东厂区分布式能源站项目	辽宁	4000	颜巴赫	燃气内燃机		工厂
123	固原人民医院冷热电三联供项目	宁夏	1160	康明斯	燃气内燃机	并网不上网	医院
124	寒亭区天然气分布式能源122MW热电联产项目	山东	122000	川崎	燃气轮机		开发区
125	济柴集装箱式氢燃料电池热电联供系统	山东	30	济柴	燃料电池		
126	济钢燃气-蒸汽联合循环发电项目（高炉煤气）	山东	539000	GE	燃气轮机	并网发电	钢厂
127	青岛胶东国际机场冷热电三联供项目	山东	5000	卡特彼勒	燃气内燃机	并网不上网	机场
128	青岛世园会天然气冷热电三联供项目	山东	2320	康明斯	燃气内燃机	并网不上网	综合园区
129	青岛万达游艇业园泛能站工程	山东	1540	康明斯	燃气内燃机	并网不上网	工业园
130	山东民和鸡粪沼气发电项目	山东	6236	颜巴赫	燃气内燃机		沼气发电

续表

序号	项目名称	所在省（区,市）	装机容量（kW）	原动机品牌	原动机类型	发电模式	建筑类型
131	山东柠檬生化公司沼气发电	山东	18000	颜巴赫	燃气内燃机		沼气发电
132	山东日照金禾沼气发电	山东	6000	颜巴赫	燃气内燃机		沼气发电
133	山东振龙生物沼气发电项目	山东	4000	康明斯	燃气内燃机	并网不上网	工业
134	胜动集团办公楼天然气分布式能源项目	山东	500	胜动	燃气内燃机	并网不上网	办公楼
135	胜动集团设计咨询新厂区天然气分布式能源项目	山东	300	胜动	燃气内燃机	并网不上网	办公楼
136	胜动集团新厂区天然气分布式能源项目	山东	1400	胜动	燃气内燃机	上网	工业园区
137	中德生态园1号泛能站	山东	625	胜动	燃气内燃机	上网	生态园区
138	山西金驹煤电化股份有限公司卢家峪一期6兆瓦分布式低浓度瓦斯发电项目	山西	6000	济柴	燃气内燃机	并网上网	工业企业
139	山西五棉煤层气液化调峰储气设施独立电站	山西	3480	康明斯	燃气内燃机	并网不上网	石油
140	宝鸡加气站＆酒店天然气分布式能源项目	陕西	130	开普斯通	微燃机	并网不上网	办公楼
141	绿地假日酒店分布式能源项目	陕西	1000	河柴	燃气内燃机	并网不上网	酒店
142	西安西咸商务中心	陕西	3080	康明斯	燃气内燃机	并网不上网	商务区
143	奥特斯（中国）有限公司天然气分布式能源项目	上海	1166	mtu	燃气内燃机		办公楼
144	长宁临空产业园智慧能源项目	上海	4000	mtu	燃气内燃机	并网上网	园区
145	东方医院分布式项目	上海	232	mtu	燃气内燃机	并网不上网	医院

续表

序号	项目名称	所在省（区、市）	装机容量（kW）	原动机品牌	原动机类型	发电模式	建筑类型
146	东海啤酒厂沼气综合利用项目	上海	80	济柴	燃气内燃机		沼气发电
147	奉贤中心医院分布式项目	上海	357	mtu	燃气内燃机	并网不上网	医院
148	复旦大学附属眼耳鼻喉科医院（浦江院区）	上海	350	洋马	燃气内燃机		医院
149	国家会展中心（上海）天然气分布式能源站	上海	26400	颜巴赫	燃气内燃机		会展中心
150	华夏宾馆天然气分布式能源项目	上海	480	卡特彼勒	燃气内燃机	并网不上网	酒店
151	交通大学软件学院天然气分布式能源项目（上海交大紫竹院）	上海	60	开普斯通	微燃机		学校
152	尼普洛（上海）有限公司1.5MW天然气分布式供能项目	上海	1560	MWM	燃气内燃机	并网不上网	工业企业
153	诺华制药中国研发中心园区分布式能源项目	上海	2832	颜巴赫	燃气内燃机		工业园区
154	浦东金桥联合发展有限公司天然气分布式能源项目	上海	315	康明斯	燃气内燃机		办公楼
155	日月光半导体天然气分布式供能项目	上海	6160	康明斯	燃气内燃机	自发自用、电力并网不上网	工业园区
156	上海大众汽车安亭工厂天然气分布式能源项目	上海	26000	MAN	燃气轮机		工业企业
157	上海电力学院天然气分布式能源项目	上海	280	开普斯通	微燃机＋内燃机	并网不上网	学校

续表

序号	项目名称	所在省（区、市）	装机容量（kW）	原动机品牌	原动机类型	发电模式	建筑类型
158	上海东冠纸业分布式能源项目	上海	16000	西门子能源		自发自用、余电上网	工业企业
159	上海东郊宾馆银杏园——NY40微型燃气分布式供能装置示范项目	上海	22	航天智能	燃气内燃机	自发自用	酒店
160	上海飞奥智慧能源示范项目	上海	65	开普斯通	微燃机	并网不上网	办公楼
161	上海斐讯数据中心天然气分布式能源项目	上海	25800	MWM	燃气内燃机	自发自用	数据中心
162	上海国际旅游度假区核心区天然气分布式能源站项目（上海迪斯尼乐园）	上海	35208	颜巴赫	燃气内燃机	自发自用、余电上网	综合商业体
163	上海国际汽车城研发科技港天然气分布式能源项目	上海	1600	MWM	燃气内燃机	并网不上网	工业园区
164	上海大厦酒店管理公司天然气分布式能源项目	上海	130	开普斯通	微燃机	并网不上网	酒店
165	上海航天科技协作区综合楼供电热联供系统	上海	44	航天智能	微燃机	并网不上网	办公楼
166	上海航天设备制造总厂天然气分布式能源项目	上海	1200	MWM	燃气内燃机	并网不上网	其他
167	上海虹桥公共事务中心分布式能源项目	上海	454	mtu	燃气内燃机	并网不上网	办公楼
168	上海虹桥商务区核心区（一、二期）能源站	上海	11200	康明斯	燃气内燃机	并网不上网	商务区
169	上海花园饭店分布式供能改造项目	上海	350	洋马	燃气内燃机	并网不上网	酒店
170	上海华电莘庄工业区燃气热电冷三联供改造项目	上海	120000	颜巴赫	燃气轮机		工业园区

续表

序号	项目名称	所在省（区，市）	装机容量（kW）	原动机品牌	原动机类型	发电模式	建筑类型
171	上海交通大学医学院附属仁济医院（南院）分布式供能项目	上海	464	mtu	燃气内燃机		医院
172	上海交通大学医学院附属瑞金医院北院	上海	334	SCHMITT	燃气内燃机	并网不上网	医院
173	上海金桥体育中心	上海	315	康明斯	燃气内燃机	并网不上网	场馆
174	上海科技大学能源中心项目	上海	13200	颜巴赫	燃气内燃机		学校
175	上海老港工业区分布式能源项目	上海	8000	中航发	燃气轮机		工业园区
175	上海老港工业区分布式能源项目	上海	2000	MWM	燃气内燃机		工业园区
176	上海老港生活垃圾处理厂填埋气发电工程	上海	9800	颜巴赫+MWM	燃气内燃机		沼气发电
177	上海老港生物能源再利用项目（一期+二期工程）湿垃圾沼气发电工程	上海	3000	颜巴赫	燃气内燃机		沼气发电
178	上海南汇智城能源站	上海	2502	颜巴赫	燃气内燃机	自发自用，余电上网	综合园区
179	上海浦东国际机场分布式能源中心	上海	4000	索拉	燃气轮机	并网不上网	机场
180	上海浦东前滩天然气分布式能源项目	上海	6406	颜巴赫	燃气内燃机	并网上网	办公楼
181	上海燃气市北销售有限公司天然气分布式能源项目	上海	65	开普斯通	微燃机		办公楼
182	上海申能集团办公大楼能源中心	上海	200	开普斯通	微燃机	并网不上网	办公楼
183	上海世博 B 片区央企总部能源中心天然气分布式能源项目	上海	8600	MWM	燃气内燃机	并网不上网	办公楼

续表

序号	项目名称	所在省（区、市）	装机容量（kW）	原动机品牌	原动机类型	发电模式	建筑类型
184	上海市第五人民医院天然气分布式能源项目	上海	195	开普斯通	微燃机	并网不上网	医院
185	上海市第一妇婴保健医院天然气分布式能源项目	上海	130	开普斯通	微燃机	并网不上网	医院
186	上海市第一人民医院松江分院分布式能源项目	上海	195	开普斯通	微燃机	并网不上网	医院
187	上海市东方医院（同济大学附属东方医院）	上海	232	mtu	燃气内燃机		医院
188	上海市奉贤区中心医院（上海交通大学附属第六人民医院南院）	上海	357	mtu	燃气内燃机		医院
189	上海舒雅良子休闲分布式供能系统	上海	336	HIW	燃气内燃机		其他
190	上海腾讯数据中心分布式能源项目	上海	5000	卡特彼勒	燃气内燃机	并网不上网	数据中心
191	上海天庭大酒店分布式能源项目	上海	357	mtu	燃气内燃机		酒店
192	上海西虹桥商务区能源站	上海	6160	康明斯	燃气内燃机	自发自用，余电上网	商务区
193	上海英格索兰压缩机公司天然气分布式能源项目	上海	250	英格索兰	微燃机		办公楼
194	上海中心大厦天然气分布式能源项目	上海	2330	mtu	燃气内燃机		办公楼
195	世博园区华能上海大厦分布式能源项目	上海	800	卡特彼勒	燃气内燃机		办公楼
196	同济大学汽车学院天然气分布式能源项目	上海	100	特拜克	微燃机		学校

续表

序号	项目名称	所在省（区、市）	装机容量（kW）	原动机品牌	原动机类型	发电模式	建筑类型
197	上海交通大学医学院附属同济医院天然气分布式能源项目	上海	500	英格索兰	微燃机		医院
198	万象城分布式能源项目	上海	2400	MWM	燃气内燃机	自发自用、电力并网不上网	商业综合体
199	中船重工第七一一研究所莘庄生活楼天然气分布式能源站	上海	130	开普斯通＋齐耀动力斯特林	微燃机＋斯特林发动机		办公楼
200	中电投商培中心天然气分布式能源项目	上海	250	英格索兰	微燃机		办公楼
201	中国博览会展综合体（北块）天然气分布式能源站项目	上海	26400	颜巴赫	燃气内燃机		综合商业体
202	中船重工第七一一研究所分布式能源项目	上海	453	mtu＋开普斯通	燃气内燃机＋微燃机＋外燃机		办公楼
203	中国科学院上海高等研究院 CIEN 模块化微燃机 CCHP 系统集成项目	上海	65	开普斯通	微燃机		办公楼
204	成都环球中心热电联供项目	四川	10690	索拉	燃气轮机		商业综合体
205	成都会展中心天然气分布式能源项目	四川	15600	索拉	燃气轮机		办公楼
206	成都经济开发区天然气分布式能源项目	四川	94000		燃气轮机		工业园区
207	成都燃气总部办公大楼分布式能源项目	四川	120	开普斯通	微燃机		办公楼
208	成都赛普瑞兴项目	四川	3120	MWM	燃气内燃机		区域能源中心
209	成都深蓝绿色能源中心—美好花园饭店天然气分布式能源项目	四川	4000	胜动	燃气内燃机		酒店
210	成都长安垃圾填埋气体综合利用（CDM）项目	四川	30000	颜巴赫	燃气内燃机		沼气发电

195

续表

序号	项目名称	所在省（区、市）	装机容量（kW）	原动机品牌	原动机类型	发电模式	建筑类型
211	东方锅炉德阳基地氢能示范园区氢燃料电池热电联供系统	四川	100	东方电气	燃料电池		
212	广安回乡创业园分布式能源项目	四川	36800		燃气轮机	上网	工业园区
213	华润成都万象城项目	四川	6160	康明斯	燃气内燃机	并网不上网	商务区
214	南充市嘉陵工业园 40MW 天然气分布式能源项目	四川	43200	西门子能源	燃气轮机		工业园区
215	四川达宇特种车辆制造厂热电联产系统	四川	30	开普斯通	微燃机		办公楼
216	四川石油局犏气公司热电联供项目	四川	630	康明斯	燃气内燃机	并网不上网	石油
217	新都华润雪花啤酒分布式能源项目	四川	6000	索拉	燃气轮机	自发自用，余电上网	工业企业
218	华电天津北辰风电园分布式能源站	天津	120000	GE	燃气轮机		工业园区
219	天津大学天然气分布式能源项目	天津	30	开普斯通	微燃机	并网不上网	学校
220	天津西站分布式能源项目	天津	3600	康明斯	燃气内燃机	自发自用，余电上网	火车站
221	中国航天科工集团第三研究院一期天然气分布式能源项目	天津	2000	开普斯通	微燃机	并网不上网	办公楼
222	中国空间技术研究院（航天五院）天津基地燃气分布式能源（一、二期）	天津	3480	康明斯	燃气内燃机		工业园区
223	香港环境集团天然气分布式能源项目	香港	60	开普斯通	微燃机	并网不上网	办公楼
224	香港中电集团新界西垃圾填埋场	香港	10000	康明斯	燃气内燃机	并网不上网	沼气发电
225	新疆和仁天然气分布式能源项目	新疆	30	开普斯通	微燃机	并网不上网	办公楼
226	新疆塔里木油田项目	新疆	8000	康明斯	燃气内燃机	并网不上网	石油
227	国家电网 100kW 级燃料电池热电联产系统	浙江	100	豫氢动力	燃料电池		绿色能源体验中心
228	杭州绿色能源体验中心多能互补项目	浙江	125				

续表

序号	项目名称	所在省（区，市）	装机容量（kW）	原动机品牌	原动机类型	发电模式	建筑类型
229	杭州市丁桥医院天然气分布式能源项目	浙江	200	SCHMITT	燃气内燃机		医院
230	杭州市燃气集团七堡冷热电三联供项目（杭州市燃气集团办公楼）	浙江	390	开普斯通	微燃机	自发自用，余电上网	办公楼
231	杭州萧山国际机场三期能源中心天然气分布式能源系统	浙江	7800	川崎	燃气轮机		机场
232	湖州浙北医学中心分布式能源项目	浙江	2126	颜巴赫	燃气内燃机		医院
233	华电电力科学研究院多能源智能微能源网综合供能系统项目	浙江	1000	三菱+开普斯通	燃气内燃机＋微燃机＋光伏	自发自用，余电上网	办公楼
234	嘉燃集团华隆广场星级酒店天然气分布式能源项目	浙江	600	MWM	燃气内燃机		酒店
235	宁波科丰燃机热电厂优化改造项目	浙江	35000	三菱	燃气轮机		热电厂
236	青山湖1号能源站燃气冷热电三联供系统	浙江	596	MWM	燃气内燃机		科技城园区
237	燃气供应设施（滨江抢修中心）绿色能源中心站	浙江	260	颜巴赫	燃气内燃机		办公楼
238	绍兴市循环生态产业园（一期）餐厨垃圾处理厂项目	浙江	2000	颜巴赫	燃气内燃机		沼气发电
239	浙江嘉兴红船基地"零碳"智慧园区燃料电池热电联供系统	浙江	20	浙江襄城绿能	燃料电池		
240	浙江嘉兴桐昆石化沼气发电项目	浙江	1540	康明斯	燃气内燃机	并网不上网	化工
241	浙江绍兴远东石化沼气发电项目	浙江	2000	康明斯	燃气内燃机	并网不上网	化工
242	浙江义乌再生资源利用中心	浙江	1000	颜巴赫	燃气内燃机		沼气发电
243	浙江浙能清德天然气分布式能源项目	浙江	29925	MWM	燃气内燃机	并网上网	数据中心

197

附录3

序号	项目名称	项目地点	项目类型	原动机品牌	原动机类型	额定输出电压（kV）	发电机组装机容量（kW）	余热供热容量（kW）	余热供冷容量（kW）	余热占
1	北京城市副中心智慧能源项目	北京	大型城市综合体		燃气内燃机		851	897	825	
2	日月光半导体天然气分布式供能项目	上海	园区	康明斯	燃气内燃机	10	6160	4998		
3	上海国际旅游度假区核心区天然气分布式能源站项目	上海	综合商业体	颜巴赫	燃气内燃机	10	22005	17390	17450	
4	重庆环保科技产业园分布式能源项目	重庆	园区	颜巴赫	燃气内燃机		635	930	1163	
5	国家会展中心（上海）天然气分布式能源站	上海	园区	颜巴赫	燃气内燃机	10	26400		24000	
6	长沙湘江欢乐城冰雪世界分布式能源项目	长沙	园区	颜巴赫	燃气内燃机		2000	2000		

典型案例评价

典型案例情况汇总

年利用小时数（h）	发电效率（%）	年均能源综合利用率（%）	余热供冷量/总供冷量（%）	余热供热量/总供热量（%）	增量投资（万元）	年节能量（tce/a）	二氧化碳减排量（t/a）	商业模式	工程模式	运维模式	与可再生能源耦合	对双碳目标的贡献
		86.5									地源热泵	城乡建设碳达峰
4700		72										工业领域碳达峰
2653	45	52.12	23.74	67.49	0	1313	3413	银行贷款,资本金20%	设计施工总承包	自主运营,维保外包		节能降碳增效
		87.21				122	3172					工业领域碳达峰
		80				21500	60000					城乡建设碳达峰
	27.2					1290	5085					工业领域碳达峰

199

序号	项目名称	项目地点	项目类型	原动机品牌	原动机类型	额定输出电压（kV）	发电机组装机容量（kW）	余热供热容量（kW）	余热供冷容量（kW）	余
7	北京环球影城CCHP能源中心	北京	园区		燃气内燃机		6003	5793	5616	
8	重庆燃气抢险指挥中心燃气分布式能源项目	重庆	园区		燃气内燃机		400		1163	
9	海南翔泰渔业分布式能源项目	海南（澄迈）	园区	卡特彼勒	燃气内燃机		3000			
10	广州大学城分布式能源站	广州	学校	mtu	燃气内燃机	10	156000	36000	0	
11	上海虹桥商务核心区区域供能能源中心及配套工程项目	上海	生态综合园区	康明斯	燃气内燃机	10	11200	1492	1399	
12	广州万博中央商务区分布式能源站项目	广州	园区	瓦锡兰	燃气内燃机		29340		25800	
13	华电产业园综合能源服务项目	北京	园区	GE	燃气内燃机		6698	710		
14	上海世博B片区央企总部能源中心分布式能源项目	上海	办公楼	MWM	燃气内燃机	10.5	8070	6000	7800	
15	国际汽车城智能分布式能源系统项目	上海	园区	MWM	燃气内燃机		1600	1360	1216	
16	上海世博A片区能源中心分布式能源项目	上海	园区		燃气内燃机	10.5	6000		6000	
17	杭州绿色能源体验中心多能互补项目	杭州	园区		燃气内燃机		125	269	352	

续表

年利用小时数（h）	发电效率（%）	年均能源综合利用率（%）	余热供冷量/总供冷量（%）	余热供热量/总供热量（%）	增量投资（万元）	年节能量（tce/a）	二氧化碳减排量（t/a）	商业模式	工程模式	运维模式	与可再生能源耦合	对双碳目标的贡献
	40	80										城乡建设碳达峰
1000	36	72										工业领域碳达峰
5280	40.7	72.93										工业领域碳达峰
4143	50	48.73		100	0	48823	126941					绿色低碳科技创新
215	58	87.45	0	30.83		362	942	自有资金20%，银行贷款80%	设计-施工一体化	委外		节能降碳增效
		85.4										工业领域碳达峰
									自主运营		光伏	节能降碳增效
3466	45.43	85.14	27.15	34.45	4900	4266	11091	合同能源管理	EPC总包	合同能源管理		节能降碳增效
4800						1161	2035					工业领域碳达峰
											光伏+风电	城乡建设碳达峰
	36.4	88.1										绿色低碳全民行动

序号	项目名称	项目地点	项目类型	原动机品牌	原动机类型	额定输出电压（kV）	发电机组装机容量（kW）	余热供热容量（kW）	余热供冷容量（kW）
18	常州天合工厂智能微网项目	常州	园区		燃气内燃机		6600		
19	北京中国石油科技创新基地（A-29）地块能源供应中心项目	北京	园区	颜巴赫	燃气内燃机		16745	12750	15000
20	株洲神农太阳城分布式能源站项目	株洲	综合商业体		燃气内燃机	10	6000	6250	6100
21	泰州医药城天然气分布式能源站项目	泰州	医院	株洲南方	燃气轮机	6	4000	5400	1740
22	株洲职教城分布式能源站项目	株洲	综合商业体		燃气内燃机		1250	10925	14052
23	廊坊市新朝阳泛能微网示范项目	廊坊	生态综合园区	卡特彼勒	燃气内燃机		2000	1200	1200
24	苏州工研院"六位一体"分布式微能源网项目	苏州	工业园区	卡特彼勒	燃气内燃机		400	400	400
25	浙江嘉兴华隆广场星级酒店分布式能源系统项目	嘉兴	酒店	MWM	燃气内燃机	0.4	600	621.3	660
26	上海宝山罗店御溪浴场项目	上海	酒店	NY40	燃气内燃机		88	180	
27	上海美佳林天春大酒店供热水项目	上海	酒店	NY40	燃气内燃机		66	135	
28	北京雁栖湖日出东方酒店能源中心项目	北京	酒店	颜巴赫	燃气内燃机	0.4	2548	2698	3480

续表

年利用小时数（h）	发电效率（%）	年均能源综合利用率（%）	余热供冷量/总供冷量（%）	余热供热量/总供热量（%）	增量投资（万元）	年节能量（tce/a）	二氧化碳减排量（t/a）	商业模式	工程模式	运维模式	与可再生能源耦合	对双碳目标的贡献
		85				5000	13000				光伏+储能	节能降碳增效
	38.7	78			2702	1176	2522					工业领域碳达峰
3373	39.9	82.93	20.35	57.5	1240	2892	7520	BOT	BOT	BOT		绿色低碳全民行动
1912	15	55.17	100	100	2650	836	2175	银行贷款,资本金20%	工程总承包	自主运营和维保		城乡建设碳达峰
3360	42.3		90.72	63.46	2518	4101	10664	BOT	BOT	BOT	水源热泵	城乡建设碳达峰
6740	42	83.18	70.15	0.02	2232	1162	3022	BOT	BOT	BOT		绿色低碳科技创新
4320						499	1248				光伏+风电+储能	绿色低碳科技创新
3330	42	88.7				357.6	929.9					绿色低碳全民行动
2070						11	20					绿色低碳全民行动
5700		98				63	130					绿色低碳全民行动
		80				3143	6914				光伏	城乡建设碳达峰

序号	项目名称	项目地点	项目类型	原动机品牌	原动机类型	额定输出电压（kV）	发电机组装机容量（kW）	余热供热容量（kW）	余热供冷容量（kW）	余热
29	西安威斯汀酒店分布式能源系统项目	西安	酒店		燃气内燃机	10	800			
30	华夏宾馆天然气分布式能源站项目	上海	酒店	卡特彼勒	燃气内燃机	0.4	480	400	0	
31	上海花园饭店天然气分布式能源项目	上海	酒店	洋马	燃气内燃机	0.4	350	300	0	
32	浙江浙能德清天然气分布式能源项目	德清	数据中心	MWM	燃气内燃机		32000	30310	45710	
33	南京凤凰数据中心分布式能源站项目	南京	数据中心	康明斯	燃气内燃机	10	6000		6900	
34	腾讯上海云数据中心分布式能源站项目	上海	数据中心	卡特彼勒	燃气内燃机	10	10000	0	10000	
35	广州市超级计算中心分布式能源项目	广州	数据中心	颜巴赫	燃气内燃机		15904	—	16524	
36	黄花机场天然气分布式能源站	长沙	交通枢纽	康明斯	燃气内燃机	10	2320	2858	2934	
37	哈尔滨太平国际机场天然气分布式能源站项目	哈尔滨	交通枢纽	颜巴赫	燃气内燃机		2400	7164	9304	
38	上海浦东国际机场分布式能源中心项目	上海	交通枢纽	索拉	燃气内燃机	10	4000	6790	4872	

年利用小时数（h）	发电效率（%）	年均能源综合利用率（%）	余热供冷量/总供冷量（%）	余热供热量/总供热量（%）	增量投资（万元）	年节能量（tce/a）	二氧化碳减排量（t/a）	商业模式	工程模式	运维模式	与可再生能源耦合	对双碳目标的贡献
		80				638	782					绿色低碳全民行动
3836	34	82.01			890	292	758	EMC	EPC	用户自行运维		绿色低碳全民行动
4599	40	76.79			440	240	624	业主自有资金购置	EPC	业主自行运维		绿色低碳全民行动
7000	42.5	86.3				7354	18386					能源绿色低碳转型
5360	39	84.62	100		6350	5170	13442	EMC	EPC	EMC商自行运维		能源绿色低碳转型
5840	38	75.89	100		9407	4812	12510	BOT	BOT	BOT		能源绿色低碳转型
												能源绿色低碳转型
4207	35	81	49.7	76.22	1160	1120	2912	BOT	EPC	第三方运维		城乡建设碳达峰
												城乡建设碳达峰
4376	25	66.56			3500	759	1975	业主购置	平行发包	业主委托第三方运营		城乡建设碳达峰

序号	项目名称	项目地点	项目类型	原动机品牌	原动机类型	额定输出电压（kV）	发电机组装机容量（kW）	余热供热容量（kW）	余热供冷容量（kW）	余热占
39	北京大学人民医院（清河医院）能源中心项目	北京	医院	颜巴赫	燃气内燃机	0.4	1668	2300	2908	
40	湖南妇女儿童医院分布式能源项目	长沙	医院	MWM	燃气内燃机		1000	6102	6886	
41	鼓楼医院江北国际医院分布式能源项目	南京	医院	GE	燃气内燃机		2400	10600	8000	
42	重庆医科大学附属儿童医院分布式能源项目	重庆	医院	颜巴赫	燃气内燃机	10	2000			
43	上海交通大学医学院附属仁济医院（南院）燃气分布式项目	上海	医院	mtu	燃气内燃机	0.4	464	738		
44	重庆永川儿童医院分布式能源项目	重庆	医院		燃气内燃机		400	1162		
45	江苏省盐城市亭湖区人民医院天然气分布式能源项目	盐城	医院	卡特彼勒	燃气内燃机	10	630	1780	2273	
46	上海市东方医院分布式供能项目	上海	医院	mtu	燃气内燃机	0.4	232	369		
47	第六人民医院南院（奉贤区中心医院）分布式供能项目	上海	医院	mtu	燃气内燃机	0.4	357	529		

续表

年利用小时数（h）	发电效率（%）	年均能源综合利用率（%）	余热供冷量/总供冷量（%）	余热供热量/总供热量（%）	增量投资（万元）	年节能量（tce/a）	二氧化碳减排量（t/a）	商业模式	工程模式	运维模式	与可再生能源耦合	对双碳目标的贡献
0	0		0	0		0	0	BOOT	DBB	用户自行投资、自行运维		城乡建设碳达峰
4800		90.64										城乡建设碳达峰
4800		89				795.6	2068.5					城乡建设碳达峰
	40	86										城乡建设碳达峰
4776	34.1	78.9		100		315	820	用户自建	合同能源管理模式	自行运维		城乡建设碳达峰
3900	36	82										城乡建设碳达峰
3095	39.5		19.25	30.6	830	796	2069	BOT	BOT	BOT		城乡建设碳达峰
3363	40.9	80.46		100		114	297	用户自建	合同能源管理	自行运维		城乡建设碳达峰
2357	35.44	86.53		100		150	391	与院方共同投资	合同能源管理	自行运维		城乡建设碳达峰

序号	项目名称	项目地点	项目类型	原动机品牌	原动机类型	额定输出电压（kV）	发电机组装机容量（kW）	余热供热容量（kW）	余热供冷容量（kW）	余
48	上海大众汽车安亭工厂分布式能源项目	上海	工厂	MAN	燃气轮机	10.5	26520	10662	0	
49	东冠纸业分布式能源项目	上海	化工	西门子	燃气轮机	10	16000		0	
50	连云港杜钟新奥神分布式能源项目	连云港	工厂	NYZ15	燃气轮机		6530			
51	杭州燃气七堡办公楼冷热电联供项目	杭州	工厂	Capstone	微燃机	0.4	390	672	872	
52	昆山福伊特造纸厂分布式供能系统项目	昆山	工厂	MWM	燃气内燃机	0.4	1200	217	1725	
53	上海青浦重固燃气门站供热项目	上海	工厂	NY40	燃气内燃机		44	90		
54	江西华电九江分布式能源项目	九江	工业园区	GE	燃气内燃机	10.5	87000		5862	
55	上海莘庄工业区热电冷三联供项目	上海	工业园区	GE	燃气轮机	10.5	120000	147126	8000	
56	天津北辰风电产业园分布式能源站项目	天津	工厂	GE	燃气轮机		93200			
57	石家庄绿岛开发区泛能微网一期"君乐宝"项目	石家庄	工厂		燃气轮机		5500			
58	成都市新都华润雪花啤酒天然气分布式能源站项目	成都	食品	索拉	燃气轮机	10	7000	8400	900	
59	上海万象城分布式供能系统项目	上海	商业	MWM	燃气内燃机	10.5	2400			

年利用小时数（h）	发电效率（%）	年均能源综合利用率（%）	余热供冷量/总供冷量（%）	余热供热量/总供热量（%）	增量投资（万元）	年节能量（tce/a）	二氧化碳减排量（t/a）	商业模式	工程模式	运维模式	与可再生能源耦合	对双碳目标的贡献
5000	28.2	81.3				2563.7	6665.5					工业领域碳达峰
5664		85.3				5100	13000					工业领域碳达峰
4333	32	80.3				1533	3833					工业领域碳达峰
		80					846					工业领域碳达峰
5600		80				475.5	1214.9					工业领域碳达峰
3424						23.7	50.1					工业领域碳达峰
6000	37	50.45	0	0		45414	118076	EMC	EPC	EMC商自行运维		工业领域碳达峰
5500	55	60.12	10	100	98425	66728	173492		EPC	自行运维		工业领域碳达峰
	41	70.6				140000						工业领域碳达峰
		80.2				4190	27883				光伏	工业领域碳达峰
3516	29	82	99%			6868	30683	EMC	EPC	EMC商自行运维		工业领域碳达峰
4196		85				1765	4714					节能降碳增效

序号	项目名称	项目地点	项目类型	原动机品牌	原动机类型	额定输出电压（kV）	发电机组装机容量（kW）	余热供热容量（kW）	余热供冷容量（kW）	余
60	长沙王府井黄兴路一店天然气分布式能源站项目	长沙	商业		燃气内燃机		3000	3404	3490	
61	上海中心大厦天然气冷热电三联供项目	上海	办公楼	mtu	燃气内燃机	10	2330	2700	2200	
62	长沙湘江欢乐城冰雪世界分布式能源项目	长沙	度假区	颜巴赫	燃气内燃机		2106	2245	2814	
63	苏州站前广场天然气分布式能源项目	苏州	商业		燃气内燃机		6520	5374	6978	
64	济南大魏明都东区小区供暖项目	济南	煤改气和清洁供暖	NY40	燃气内燃机		88	180	0	
65	贵阳经开区新能源产业示范基地100kW质子交换膜氢燃料电池分布式热电联供项目	贵阳	燃料电池	贵州氢能效率能源科技有限公司			100			
66	东方锅炉德阳基地氢能示范园区氢燃料电池热电联供项目	德阳	燃料电池	东方电气			100			
67	国家电网100kW级燃料电池热电联产系统项目	台州	燃料电池	豫氢动力			100			
68	威县君乐宝四牧粪污无害化处理与资源化利用大型沼气工程热电联产项目	威县	市政清洁	mtu	沼气内燃机		2330			
69	济钢燃气-蒸汽联合循环发电项目	济南	市政清洁	GE	燃气轮机		539000			

年利用小时数（h）	发电效率（%）	年均能源综合利用率（%）	余热供冷量/总供冷量（%）	余热供热量/总供热量（%）	增量投资（万元）	年节能量（tce/a）	二氧化碳减排量（t/a）	商业模式	工程模式	运维模式	与可再生能源耦合	对双碳目标的贡献
						1198	6768					节能降碳增效
5360	40.3	84.65	23.29	35.2	3250	1747	4543	EMC	EPC	EMC商自行运维		节能降碳增效
	39.6											节能降碳增效
												节能降碳增效
1783						61	171					能源绿色低碳转型
400	54										氢能	绿色低碳科技创新
	52	90									氢能	绿色低碳科技创新
	51	95									氢能	绿色低碳科技创新
8000	42	85									沼气	循环经济
		50.78				1020000	2500000				焦炉煤气	绿色低碳全民行动

附录4 燃气分布式能源典型项目

一 园区

（一）北京城市副中心智慧能源项目

1. 项目概况

北京城市副中心工程是国家确定的京津冀协同发展重点工程。其中北京城市副中心6#能源中心作为北京城市副中心行政办公区的重要能源配套工程，以燃气作为基础能源保障，优先利用可再生能源，并辅以各类新能源技术，打造行政办公区类"多能协同，智能耦合"综合能源利用项目，实现了可持续化、低碳化、人性化、共享化的区域能源供应。

2. 技术方案

本项目地源热泵装机比例为60%，供应基本冷热负荷，燃气锅炉、三联供和储能等多种方式作为调峰和补充，装机比例为40%；在全区域以市政热力作为供热备用安全保障。6#能源中心总装机：1×851kW的燃气内燃发电机组、1×71万kcal烟气热水型溴化锂热泵机组（制冷量825kW，供热量897kW）、2×1900TR（制冷量6680kW）离心式电制冷机、2×4.2MW的燃气真空热水锅炉、6台地源热泵（制冷量1417kW，供热量1443kW），供冷装机负荷23.51MW、供热装机负荷18.85MW，外加1座20000m³的蓄能水池，以及

2×5.8MW 的市政热水板式换热器作为备用,以充分保证项目的供暖安全。其工艺流程为回水进入集水器后分别进入蓄能系统、地源热泵系统、燃气冷热电三联供系统、电制冷系统或者锅炉系统、市政热力系统的一级泵及对应的主机设备,由分水器再经二级泵加压后通过管廊供能管道送至各地块换热子站进行供冷/热,换热站夏季一次侧供回水温度 5℃/12℃,二次侧供回水温度 6℃/13℃;冬季一次侧供回水温度 53.9℃/45℃,二次侧供回水温度 50℃/40℃。

3.运行情况

本项目年发电量 293 万 kW·h,年供热量 10.4 万 GJ,年供冷量 10.7 万 GJ。可再生能源利用率达 40% 以上,清洁能源利用率高达 100%。二氧化碳减排 26%,系统节能率 29%。同时通过高效机组选用与多能协同优化控制,实现能源中心三联供系统平均能源综合利用率 86.5%,电制冷系统全年综合能效 EER>5,水蓄能系统冷热量释放系数 FOM 0.85。

(二)上海地铁十号线吴中路"万象城"分布式能源项目

1.项目概况

本项目位于上海市吴中路 1599 号万象城综合体六楼外平台,占地面积 1200m²,建筑面积 300m²,主要为万象城综合体提供冷、热、电。项目于 2017 年 11 月 23 日建成,并于 2017 年 12 月 8 日投产。项目核准建设 2 台 1200kW 燃气内燃机和配套 1200kW 级余热利用溴化锂机组,发电设备总装机容量为 2400kW,由上海通益置业有限公司和华润电力能源技术(上海)有限公司共同投资建设。

2.技术方案

本项目燃气内燃发电机组电力运行采用自发自用、电力并网不上网的方式,燃气内燃发电机组所发电力在满足分布式供能系统运行所需电力外(冷水机及相关辅机设备),多余电力通过电缆送至万象城母线端。系统发电同时产生余热(高温烟气和高温缸套水),制冷时烟气余热(410℃烟气)、缸套水余热(93℃高温缸套水)进入烟气热水型吸收式冷(温)水机,产生 7℃冷水;制热时烟气余热进入烟气换热器、缸套水余热进入板式换热器,经过热交换,二次侧产生 90℃热水，向万象城综合体提供空调所需的冷热源水。

3.运行情况

本项目于 2017 年 11 月投产，年利用约 2900h，每年消耗天然气量 178 万 Nm³。每年可实现为万象城综合体供应热量 7600GJ，供应冷量 345 万 kW·h；年综合能源利用效率为 73%。

4.项目配图（见附图1）

附图 1　机组现场

图片来源：上海燃气工程设计研究有限公司。

（三）上海国际旅游度假区核心区天然气分布式能源站项目

1.项目概况

本项目位于上海国际旅游度假区 H-11 地块，占地面积约 2 万 m²，一期建设 5 台 4401kW 燃气内燃机，总装机容量约 22005kW，主要向迪士尼乐园一期 3.9km² 内的所有娱乐设施、公共建筑和酒店等用能设施提供冷、热（包括生活热水）及压缩空气能源产品。该项目采用以冷热定电、余电上网的原则规划设计，最大限度利用发电余热制冷、制热，充分实现能源梯级利用。

本项目于 2014 年 12 月完成联合调试，具备供能条件；2015 年 5 月乐园调试，开始使用能源；2016 年 6 月 16 日乐园开园。至今项目稳定运行，为乐园稳定运营和实现低碳园区目标做出了重要贡献。

2.技术方案

本项目燃气内燃发电机组电力运行采用电力并网上网的方式，燃气内燃发电机组所发电力全部上网。系统发电同时产生的余热（高温烟气和高温缸套水）通过烟气热水型溴化锂机组加以利用，系统产生的冷量和热量主要供园区使用。

3.运行情况

年利用 5022h，每年消耗天然气量 2719 万 Nm³。每年可实现为园区供应热量 5993 万 kW·h，供应冷量 3830 万 kW·h；年综合能源利用效率为 79.8%。

4.项目配图（见附图2）

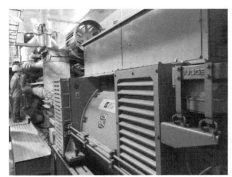

附图 2　项目现场

图片来源：上海燃气工程设计研究有限公司。

（四）重庆环保科技产业园分布式能源项目

1.项目概况

本项目位于重庆市渝北区嘉蓉路环保科技产业园内，由重庆渝润能源服务有限公司投资、建设、运营。项目除了保障产业园空调、热水、电力供应外，还为整个产业园提供节能服务及智慧能源服务。项目是以天然气分布式能源技术为基础，智慧能源管理平台为核心，耦合高效环保设备技术、数据分析预测技术和智能调节技术，实现"高效率、高可靠性、高智能化、低排放"的能源供应体系。

本项目是综合应用楼宇建筑负荷预测、大数据分析和天然气分布式能源自动控制，通过数字感知、边缘计算、态势预测、能效分析等技术手段，打造的具有实时感知能力与预测能力、动态分析与自主学习能力、优化决策能力的智慧型楼宇建筑供能系统。该项目也是在楼宇建筑空调系统采用三级调节系统（站端调节、楼栋调节、楼层调节）和终端全反馈模式，对能源需求进行全面反馈和精准调节，实现每个楼宇空调末端的可调、可控、可视，真正意义上实现个性化、精细化、智慧化供能。

同时，在节能减排方面，该项目是全超低氮排放楼宇建筑类综合能源项目，排放量$\leqslant 30mg/m^3$。

2. 技术方案

项目配置 1 台颜巴赫 J312 天然气发电机组（发电功率 635kW）、2 台高效电制冷机组（总制冷量 3413kW）、1 台烟气热水补燃型溴化锂机组（制冷量 1163kW，制热量 930kW）、3 台低氮真空热水机组（总制热量 1750kW）和 1 套智慧能源管理系统。

3. 运行情况

本项目于 2018 年开工建设，2021 年 6 月正式投运。项目实施后，能源综合利用率达到 87.21%，每年节省标准煤量 122t，年减少二氧化碳排放 3172t、二氧化硫排放 2.928t、氮氧化物排放 0.854t，节能减排效果显著。

（五）重庆长寿天然气分布式能源项目

1. 项目概况

本项目由重庆综能国复能源服务有限公司投资建设，项目地点位于重庆市长寿经开区晏家组团。项目总投资 13749 万元，其中项目资本金 4124 万元，其余为银行贷款。

2. 技术方案

项目并网不上网，直接向用户供电，不足部分从公用电网补充，不征收系统备用容量费，按相关规定缴纳电力基金及附加。该项目配置 5 台

4400kW 燃气内燃机组、5 台 2.4t/h 蒸汽余热锅炉、2 台 6t/h 燃气蒸汽锅炉、5 台 2325kW 热水型溴化锂冷水机组，以及其他主辅设备。

（六）国家会展中心（上海）天然气分布式能源站

1. 项目概况

国家会展中心（上海）是中国国际进口博览会等国家级重大展会活动举办地。由中国华电负责建设、运营的国家会展中心（上海）能源配套项目位于场馆东南角。

2. 技术方案

该项目采用 6 台 INNIO 颜巴赫 J624（4.4MW）燃气内燃机，采用一拖一方式相应装设 6 台 4MW 级烟气溴化锂机组，冷负荷调峰设备采用 10 台 2000TR 电动离心式冷水机组，热负荷调峰设备采用 2 台 7MW 燃气热水锅炉，蓄能设备采用 2 座 12000m³ 蓄水罐，为会展中心冬季供热、夏季供冷、余电上网，实现热、电、冷三联供。

3. 运行情况

本项目年平均能源综合利用率达 80% 以上，年上网电量约为 1 亿 kW·h，相当于 3 万多个家庭一整年的用电量，同时每年可节约标准煤约 2.15 万 t、减少二氧化碳排放量约 6 万 t，相当于种植了 2000 多亩的森林。

（七）长沙湘江欢乐城冰雪世界分布式能源项目

1. 项目概况

本项目位于大王山旅游度假区内，供能区域包括湘江欢乐城一期的冰雪世界、朗豪五星级酒店、洲际四星级酒店，总建筑面积约 17.7 万 m²；二期的旅游服务中心，总建筑面积约 10 万 m²。能源站向各单体供电、供冷和供热（空调和生活热水热源），同时向朗豪五星级酒店和冰雪世界供应蒸汽。

2. 技术方案

本项目采用 2 台颜巴赫 JGS320-N.L 天然气内燃发电机组，单机电力输出 1MW，热输出 1MW，系统采用一对一配置烟气热水型溴化锂机组，所发电量全部用于度假区内自用。

3. 运行情况

本项目运用燃气分布式能源系统后，湘江欢乐城项目将每年节省标煤 1290t，减排二氧化碳 5085t、二氧化硫 29t、氮氧化合物 14t，节能率达 27.2%。

（八）北京环球影城 CCHP 能源中心

1. 项目概况

北京环球影城主题公园是世界第五个、亚洲第三个环球影城，是北京市乃至华北地区的一个地标性建筑。为保障环球影城主题公园园区内的冷、热、电能源供应，CCHP 能源中心采用先进的供能技术，以燃气冷热电三联供系统为基础，耦合了冰蓄冷技术、常规电制冷技术、燃气锅炉技术，实现对环球影城园区部分的供电、供热及供冷，同时为保证反季节供冷，还采用了自然冷却系统，打造"多能协同，智能耦合"综合能源利用项目，实现了可持续化、低碳化、人性化、共享化的区域能源供应。

2. 技术方案

能源中心的总装机为 3 台发电容量为 2001kW 的燃气内燃发电机组、3 台 161 万 kcal 烟气热水型溴化锂热泵机组（制冷量 1872kW，供热量 1931kW）、4 台（3 用 1 备）2500TR（制冷量 8790kW，制冰量 6206kW）双工况电制冷机、3 台 1800RT（制冷量 6325kW）电制冷机、3 台（2 用 1 备）29MW 和 1 台 21MW 的燃气热水锅炉，冰盘管容量为 51660RT，供冷装机负荷 66.1MW，供热装机负荷 84.4MW，总供冷负荷 63.3MW，总供电负荷 6003kW。冬季冷负荷为 9.8MW，夏季热负荷为 23.4MW。项目二期预留 1 台 21MW 的燃气热水锅炉、1 台 1300RT 的基载电制冷机和 1 台 2500RT 的双工况机组，项目二期冷负荷 15.52MW、热负荷 19.75MW。

能源中心供回水总管分别接至能源中心东南侧换热站，园区全年供冷供热，采用四管制，冷水供回水温度 4℃/13℃，热水供回水温度 95℃/78℃，热水负荷包含空调采暖和生活热水一次水负荷。

3.运行情况

年发电量 2877.9 万 kW·h，年供热量 39.37 万 GJ，年供冷量 37.83 万 GJ。能源中心建设在用户附近，优先利用天然气的高品能发电，发电余热用来供热或制冷，实现能源梯级利用。在保证 40% 左右发电效率的同时，还能将中温废热回收利用供冷、供热，使能源综合利用率高达 80% 以上，清洁能源利用率达 100%，CO_2 减排率为 42%。

4.项目配图（见附图3）

附图 3　项目外观及设备现场

图片来源：北京燃气能源发展有限公司。

（九）广州大学城分布式能源站

1.项目概况

本项目位于广州市番禺区南村镇，所在地为广州大学城规划二期，占地面积 11 万 m^2，是广州大学城配套建设项目，为广州大学城一期 18km^2 区域内的 10 所大学提供冷、热、电能。能源站规划装机容量为 4×78MW，分两期建设。本项目已成功注册联合国 CDM 项目。

2.技术方案

大学城能源站以天然气为一次能源，通过燃气-蒸汽联合循环机组发电，利用发电后的尾部烟气余热生产高温热媒水，用于制备生活热水和空调冷冻水，向广州大学城区域同时提供热、电能源，是典型的分布式能源系统。大学城能源站一期建设2套2×78MW燃气–蒸汽联合循环机组。

3. 运行情况

本项目于2008年7月28日正式开工建设，2台（套）机组分别于2009年10月20日和21日通过"72+24"h试运行，全面转入生产运营。其中氮氧化物排放与同规模常规燃煤发电厂相比减少了80%，与燃气电厂的国家排放标准相比减少了36%；二氧化硫、粉尘的排放几乎为零；二氧化碳排放与同规模常规燃煤发电厂相比减少了70%，二氧化碳减排量理论上每年可达18万t。

4. 项目配图（见附图4）

附图4　现场外观

图片来源：广州大学城华电新能源有限公司。

（十）广州万博中央商务区分布式能源站项目

1. 项目概况

本项目由华电福新能源股份有限公司与广州大学城能源发展有限公司分别以55%和45%的股比合资建设。建设单位为广州大学城华电新能源有限公司。

项目建设形式为地面楼宇分布式能源站，占地面积为5502m²，位于万博商务区北侧。能源站以冷、热、电三联供方式提供能源输出，主要为万博商务区内城市综合体提供冷（热）清洁能源。能源站供能区域建筑面积 152.32 万 m²，其中商业区 64.21 万 m²，酒店（公寓）区 9.37 万 m²，办公区 78.74 万 m²。能源站设计年总供冷量约 93 万 GJ，年总供热量约 1.5 万 GJ。

2. 技术方案

本项目选用 3 台 9.78MW 芬兰瓦锡兰公司 W20V34SG 型天然气内燃机发电机组，并根据余热参数一对一配置 3 台 8.6MW 烟气热水型溴化锂机组，供冷不足部分由大温差离心式冷水机组补充。能源站以 110kV 电压就近接入南村变电站，其电力除满足自用外，富余电力还可通过电网就近消纳。

为满足供冷系统供回水温度达到 3℃/13℃ 的参数要求，能源站采用内燃机发电机组+烟气热水型溴化锂机组+串联离心式冷水机组的单元制设计，冷热电联供综合热效率达 85.4% 及以上，最大限度地满足了用户用能体验。

3. 运行情况

2019 年 6 月项目正式开工建设，三套机组于 2020 年 12 月 2 日全部完成 "72+24" h 试运，正式投入商业运行。

4. 项目配图（见附图5）

附图 5　项目外观

图片来源：广州大学城华电新能源有限公司。

（十一）华电产业园综合能源服务项目

1. 项目概况

本项目位于华电产业园地下一层，是华电产业园的供能中心，可满足园区 25 万 m² 办公、酒店、商业建筑综合体的全部空调冷热、生活热水及电力需求。项目总占地 1415m²，总建筑面积 1729m²，额定发电功率 6.698MW，最大供冷量 16.36MW，最大供热量 11.704MW，年发电总量约 2000 万 kW·h，年均综合能效约 85%。本项目投资方为华电工程集团创业投资有限公司，运维方为华电综合智慧能源科技有限公司全资子公司华电轻型燃机服务有限公司。

2. 技术方案

本项目安装 2 台 3349kW 内燃发电机组、2 台 250 万 kcal 烟气热水溴化锂机组、2 台 300 万 kcal 溴化锂直燃机、2 台 1.784MW 螺杆式水冷机组、一套 1.5MW 冷塔供冷系统、35m³ 生活热水蓄热系统。为了进一步降低碳排放，提高项目可再生能源利用率及综合能效，本项目于 2020 年开展了多能互补综合能源技术研究及应用示范，并在产业园示范应用了 187.22kW 光伏，以及 710kW 烟气余热深度利用（内燃机排烟温度降到 35℃ 以下，充分回收烟气余热及烟气中的水的潜热），自主研发的"华慧云"综合能源智慧管理平台正式上线运行，提供"用能监控、负荷预测、节能管理、智慧楼宇、智能运维、软件服务"等多种服务功能，实现"高效供能、智慧用能"。

3. 运行情况

项目于 2013 年 1 月开工建设，2013 年底正式投入商业运行，能源站采用天然气冷、热、电三联供分布式能源系统作为园区的供能配套设施，项目采用自发自用、余电上网的运行模式，是真正意义上的分布式能源，目前已稳定运行 8 年。能源站每年发电量约 2000 万 kW·h、年供冷供热总量约 11 万 GJ，燃气年消耗总量约 650 万 m³。

4. 项目配图（见附图6）

附图 6　项目现场

图片来源：华电综合智慧能源科技有限公司。

（十二）上海西岸天然气分布式能源项目

1. 项目概况

本项目占地面积约 22 万 m^2，总供能面积 46 万 m^2，主要建筑功能是办公与商业。能源中心位于地下一层至地下三层，其中，地下一层占地面积约 3000m^2，主要布置原动机房、10kV/0.4kV 变电站、并网控制柜、高压电容室、通风机房、冷却循环水泵和消防水泵房；地下二层占地面积约 1750m^2，主要布置冷冻机房、循环水泵房、低压水泵控制室、高压冷冻机控制室和通风机房等。屋面布置冷却塔机组，供能管道在地下二层和地下三层敷设。

2. 技术方案

本项目发电总装机 3000kW，选用 2 台 1500kW 燃气机发电机组；配套选择烟气热水型溴化锂机组 2 台，单台制冷量 1615kW；直燃式溴化锂机组 3 台，单台制冷量 5265kW；离心式冷水机组 3 台，单台制冷量 5616kW，蓄能水槽总需水量约 18000m^3。考虑今后扩容供能的可能性，预留 1 台 5616kW 的离心式冷水机组和 1 台 5265kW 的直燃型溴化锂机组的位置。

3. 项目配图（见附图7）

附图 7　项目现场

图片来源：上海航天智慧能源技术有限公司。

（十三）上海世博 A 片区能源中心分布式能源项目

1. 项目概况

世博 A 片区规划范围总用地面积 85.54 万 m^2，规划地上总建筑面积 112.35 万 m^2，其中规划新建地上商办建筑面积为 92.75 万 m^2，保留中华艺术宫及世博文化中心建筑面积 19.6 万 m^2。能源中心项目东西两站分别位于世博 A 片区内博青路和博展路路面以下，建筑面积各约 $19500m^2$，其中机房建筑面积各约 $5000m^2$。

2. 技术方案

能源中心东站燃气内燃机装机容量为 3MW，选用 1500kW 燃气内燃发电机组 2 台；配套制冷量 1500kW 烟气热水型溴化锂吸收式冷温水机组 2 台，空气源热泵装机容量 1135kW 机组 8 台，燃气真空热水锅炉装机容量 1400kW 机组 2 台，燃气真空热水锅炉装机容量 2800kW 机组 1 台，离心式冷水机组 2 台，离心式冷水（热泵）机组 2 台；与内燃机及溴化锂机组配套的冷却塔 2 台（单台流量 $500m^3/h$），与离心式冷水机组配套的冷却塔 4 台（单台流量 $1000m^3/h$），与离心式热泵机组配套的冷却塔 2 台（单台流量 $1000m^3/h$），总容积约 $12000m^3$ 的蓄能水槽 1 套，夏季全蓄冷，冬季约 1/2 蓄热，锅炉可以根据规划进行分批投入。

（十四）长宁临空产业园智慧能源项目

1.项目概况

本项目在上海市长宁区临空产业园区，以节能降耗、安全用电为目的，结合新能源汽车行业发展的市场化服务，打造园区级网、荷、储、用一体化综合能源试点示范典型应用，探索通过市场化运作新模式，实现企业投资园区智慧能源建设，提供运维增值服务的方式，吸引租户及业主自主消费。率先在国内实现园区市场化光储充综合能源建设，探索通过园区需量申报管理的节能降耗实现能源转换利用新模式，为国内产业园区市场化建设提供参考。其中燃气分布式能源是重要组成部分，并结合光伏、储能系统、充电桩等。

2.技术方案

设置 2 台 2000kW 燃气内燃机发电机组，机组发电效率为 44.7%，2 台烟气补燃型溴化锂冷热水机组，制冷量 2320kW，冷冻水进出水温度 13.5℃/5.5℃，制热量 1860kW，热水进出水温度 45℃/51℃，冷却水进出水温度 32℃/38℃。内燃机的高温烟气进入溴化锂机组，驱动溴化锂机组制冷（热），提供空调冷热负荷。内燃机发电机组的缸套水热量，送入生活换热器制取生活热水，缸套水热量比用户生活热水负荷多时，多余热量通过缸套水板式换热器由循环冷却水带走；缸套水热量比用户生活热水负荷少时，不足的热量通过热水锅炉来补充。内燃机发电机组的中间冷却水的热量，通过中冷水板式换热器直接由循环冷却水带走；热水锅炉产生的热水经过空调热水换热器后，再通过板式换热器二级泵、集水器、空调水二次泵等送给用户。热水锅炉与溴化锂机组及能源塔协同运行，来满足用户不同的热负荷需求。

3.项目配图（见附图8）

附图 8　项目现场

图片来源：上海方融科技有限责任公司。

（十五）济南大魏明都东区小区供暖项目

1.项目概况

济南市大魏明都东区位于天桥区，该小区供暖站承担 10 万 m² 冬季居民供暖，原供能系统为 2 台 1700kW 热水锅炉，全年采暖 150 天。

2.技术方案

采用 4 台 NY40 燃气发电热水机为系统补充供热，优先开启 NY40 燃气发电热水机，不足部分由燃气锅炉补充。NY40 将热量提供给供暖站低区，所发电力提供给能源站用电负荷。

3.运行情况

本项目于 2021 年 11 月 26 日投入运行，截至 2022 年 2 月 21 日，累计运行 7864h，累计发电 13.5 万 kW·h，累计供热 27.7 万 kW·h，折算为 40℃ 温差的热水 6152t。系统预计年节约标煤 235t，减排 CO_2 658t。

4. 项目配图（见附图9）

附图 9　项目现场

图片来源：上海航天智慧能源技术有限公司。

二　酒店

（一）上海美佳林天春大酒店供热水项目

1. 项目概况

上海美佳林天春大酒店位于浦东新区川沙路 718 号，其浴所热水需求量大，电力需求稳定，为提高能源利用效率、减少生活热水系统能耗费用，特建设上海美佳林天春大酒店供热水项目，该项目为合同能源管理模式。

2. 技术方案

酒店原有 3 台 700kW 燃气锅炉及 1 台 90m³ 蓄热水箱，增加 3 台 NY40 燃气发电热水机为酒店供热，所发电力并入酒店配电柜就近使用。优先开启 NY40 燃气发电热水机，不足部分由燃气锅炉补充。

3. 运行情况

NY40 燃气发电热水机于 2019 年 6 月 5 日投入运行，截至 2022 年 2 月

21日，累计运行28854h，累计发电54.2万kW·h，累计供热110.9万kW·h，折算为40℃的热水为24656t，节约标煤105.9t，减排CO_2 221.9t，系统综合能源利用率98.0%。

4.项目配图（见附图10）

附图 10 项目现场

图片来源：上海航天智慧能源技术有限公司。

（二）西安威斯汀酒店分布式能源系统项目

1.项目概况

西安威斯汀酒店一共六层，地下两层地上四层，空调面积约60000m²。威斯汀酒店不仅有电的需求，同时也有夏季制冷、冬季供热以及热水需求，平均电负荷约为1000kW，基础空调冷负荷为1080kW，基础空调热负荷为856kW，日最低热水负荷为100t。

2.技术方案

本项目分布式能源系统选用一套NY800/PC-E分布式能源站产品，该产品由1台发电机组和1台烟气热水型空调以及若干辅助设备组成。发电机组所发电力并入酒店 10kV 母排，余热溴化锂机组产生的冷、热、生活热水分别并入酒店原有空调及生活热水系统。

3. 运行情况

该分布式能源系统能效在 80% 以上，年节约标准煤 638t，二氧化碳减排 782t，同时可作为酒店备用电源，提高供电系统安全性。

4. 项目配图（见附图11）

附图 11　项目现场

图片来源：上海航天智慧能源技术有限公司。

三　数据中心

（一）浙江浙能德清天然气分布式能源项目

1. 项目概况

中国联通浙江德清数据中心建有 IDC 机房楼 3 栋，共装机柜 5626 个，最大电负荷 45858kW，冷负荷 38859kW。能源站项目采用燃气冷热电三联供技术方案为中国联通数据中心供能。能源站项目征地 33.15 亩，项目总投资 5.3 亿元，采用"以冷定电"原则进行设计，电气系统接入采用并网上网模式。

能源站项目设计年发电量 22588 万 kW·h，年供冷量 23782 万 kW·h。发电效率≥42.5%，余热制冷效率≥100%。

2. 技术方案

主要设备装机规模为 7×4275kW 燃气内燃机发电机组+7×4330kW 烟气-热水型溴化锂机组+10×4571kW 离心式电制冷机组+11×1820kW 柴油发电机组。燃气内燃机发电机组利用天然气发电，产生烟气和热水作为烟气-热水型溴化锂机组的输入能源，烟气-热水型溴化锂机组以溴化锂溶液中的溶剂水作为制冷剂实现循环制冷，通过烟气-热水型溴化锂机组制冷获得冷冻水向数据中心供冷，燃气内燃机发电机组所发电量"并网上网"。离心式电制冷机组同样作为数据中心的供冷设备，烟气-热水型溴化锂机组与离心式电制冷机组可实现互为备用。

冷冻水系统分为两个单元，各单元双母管独立运行，供回水温度为 7℃/12℃。在冷冻水公共供水母管上设置公共变频二次泵，对末端数据中心机房进行不间断供冷，配套建设两个 1500m³ 蓄冷水罐作为应急供冷备用设备，同时，兼顾对冷冻水的补水定压装置需求。冷却水系统分为两个单元，各单元双母管独立运行，供回水温度为 32℃/37℃。

电气系统日常由双路市电运行，在双路市电失去的情况下，使用柴油发电机组和燃气内燃机发电机组应急供电，在发生双路市电失去情况下 30s 内恢复供电，180s 内恢复数据中心冷电联供需求。燃气内燃机发电机组、柴油发电机组均为 N+1 配置，供电可靠性达到 99.999%。发电机母线采用单母分段接线，通过共箱母线联络至 110kV 变电站 10kV 母线。

本项目安装并投用天然气燃烧后排放的烟气脱硝装置，进一步削减氮氧化物排放量至 50mg/Nm³ 以内，达到超低排放标准，减少燃气内燃机发电机组工作对环境造成的污染，加大节能减排的贡献率。

3. 运行情况

本项目自 2018 年 4 月投入试运行，截至 2021 年 11 月，燃气内燃机发电机组和配套烟气-热水型溴化锂机组累计运行 13694h，离心式电制冷机组运行 61911h，天然气消耗量 1400 万 Nm³，外购电量 4806 万 kW·h，向联通数据中心供冷 34385 万 kW·h，燃气内燃机发电机组发电量 5516 万 kW·h，上网电量 3087 万 kW·h。年均综合能源利用效率 ≥86.3%。

4. 项目配图（见附图12）

附图 12　项目现场

图片来源：上海航天智慧能源技术有限公司。

（二）南京凤凰数据中心分布式能源站项目

1. 项目概况

南京凤凰数据中心位于南京市郭家山路原新华印刷厂内，是凤凰集团建设的高标准数据中心，数据中心设计容量为 3000 个标准机架。数据中心机架除集团自用外主要供百度、优酷等大型互联网公司使用。凤凰数据中心设计 IT 用电量为 10000kW，非 IT 用电量 6000kW；设计最大制冷量需求 12500kW，年制冷时间超过 9 个月；安全等级为 T3，采用双市电+柴油机组供电。

2. 技术方案

为满足国家减排降耗、绿色节能的要求，凤凰数据中心率先采用天然气分布式能源系统为数据中心提供稳定的电、冷能源需求，能源站发电装机 3

×2000kW，供冷装机 2×2300kW，整个系统能源利用率 80% 以上，整个数据中心 PUE 值降低约 20%。所发电能以自用为主，余电可送入国家电网。

3. 运行情况

本项目于 2013 年报批，2015 年 7 月正式投产并稳定运行；年均利用 7300h，年耗气量 1200 万 Nm^3，年供电量 4300 万 kW·h（其中自用电量 3900 万 kW·h、上网电量 400 万 kW·h），年余热供冷量 4700 万 kW·h，发电效率 39%，年均综合能源利用效率超过 80%。

4. 项目配图（见附图13）

附图 13　项目外观

图片来源：康明斯（中国）投资有限公司。

（三）腾讯上海云数据中心分布式能源站项目

1. 项目概况

腾讯上海云数据中心位于上海青浦工业园北青公路漕盈路交叉口，占地 100 亩，共有 5 栋数据中心大楼，每栋数据中心大楼建筑面积约 12000m^2，共分两层，单层约 6000m^2。

本项目总投资 6369 万元，为数据中心提供安全、可靠、经济、高效的能源服务。电力运行方式为并网不上网、自发自用。

2. 技术方案

本项目核心设备有 2 台 2.5MW 燃气发电机、2 台 3.05MW 溴冷机组。工艺系统主要包括内燃发电机、冷冻水、冷却水、补水和燃气供应五个子系统。

3. 运行情况

项目于 2016 年 12 月 23 日正式投产，截至 2021 年 12 月 7 日已运行 13876h。2020 年全年共消耗天然气 181 万 Nm^3，耗市电 30 万 kW·h，耗水量 0.9 万 t；全年供电 640 万 kW·h，供冷 326 万 kW·h；综合能源使用效率 70% 以上。

4. 项目配图（见附图14）

附图 14　项目外观图

图片来源：新奥能源控股有限公司。

四　交通枢纽

（一）中海油南京禄口国际机场天然气分布式能源项目

1. 项目概况

本项目由中海石油气电集团有限责任公司、南京禄口国际机场和江苏中陆油联石化科技有限公司三方成立合资公司，为配套南京禄口国际机场二期扩建工程而建设。

2. 技术方案

本项目供电部分并网不上网，为自发自用自备电源，只接入机场 10kV 开关站。项目采用 2 台 3333kW 级燃气内燃机发电机组和 2 台烟气热水型溴化锂机组（余热制冷量 3198kW，余热供热量 2695kW），总投资 6600 万元。

3. 运行情况

2020 年 11 月，中海油南京空港能源有限公司分布式能源 1 号机组启动并网。

（二）青岛胶东国际机场冷热电三联供项目

1. 项目概况

本项目由青岛国际机场集团有限公司下属青岛国际机场新能源发展有限公司投资建设。该能源站为燃气三联供分布式能源站，分为主站、子站和供热管网三部分。能源站采用 2 台 Cat® G3520H 2500kW 燃气发电机组+烟气热水溴化锂机组+地源热泵+蓄能设备+电制冷机组+燃气热水锅炉+市政热力的供能方案，对胶东国际机场工作区域进行冷热电三联供。项目以水为介质供热，供热管线全长 25966m，管径采用 DN150~DN900。项目建成后总供冷容量 4520 万 kW·h，总供热容量 14378.1 万 kW·h，年发电量 2026.5 万 kW·h，可以满足青岛胶东国际机场的日常供冷供热供电需求。

2. 技术方案

燃气内燃机发电机组所发电力优先满足能源站内部设备用电需求，多余电力全部在新机场内消纳，当燃气内燃机发电机组所发电力不足时，由机场设置的 110kV/10kV 中心变电站补充。燃气内燃机发电机组每天运行时间为 7:00~21:00，全年运行 3525h。

能源站发电运行模式为并网不上网，采用烟气热水型溴化锂机组与燃气内燃发电机组直接对接利用余热，采用溴化锂直燃机组调峰。高区与低区系统均优先运行烟气热水型溴化锂机组，以满足系统的供冷供热需求，当烟气热水型溴化锂机组无法满足冷热需求时，启用燃气热水锅炉进行供热。当用热高峰能源站无法满足机场工作区用热需求时，利用胶州市政热力管网保障冷热负荷需求。

3. 运行情况

本项目于 2021 年 8 月完成了三联供系统的联调工作。本项目天然气由市政天然气管网供给，通过机场天然气管线接入能源站主站，气压及流量基本满足本项目运行需求。本项目消耗天然气量为 670 万 Nm^3/a，天然气热值按 8600kcal/Nm^3 计取。

4. 项目配图（见附图 15）

附图 15 项目现场

图片来源：卡特彼勒（中国）投资有限公司。

五　医院

（一）北京大学人民医院（清河医院）能源中心项目

1. 项目概况

清河医院是北京血液病诊治专科的公立医院，拥有亚洲最大的干细胞库，总供能面积 6.4 万 m^2。2012 年北燃能源公司投资建设北京清河医院冷热电三联供系统及相关燃气输配管线，2013 年 10 月建成，2014 年投产。同时承担该医院冷热电三联供能源中心的运营，为清河医院提供安全保障、清洁高效的供能服务。

能源中心位于清河医院地下二层，主要为清河医院提供高质量冷、热、电供能服务。主要分为发电机房、冷冻机房和变配电室，总占地面积 $1590m^2$，高 4.8m。能源中心发电机日常提供医院三类负荷用电，在外部电源出现问题时向重要负荷提供应急电源。

2. 技术方案

采用燃气内燃发电机组供电，按照能量梯级利用原则，燃气内燃机的余热（烟气余热和高温缸套水余热）直接进入余热直燃机得以回收利用，以满足医院的部分冷热负荷，不足的部分由电制冷空调（补冷）和燃气真空热水锅炉（通过水水换热器提供热水）补充。在切网运行方式下，燃气内燃机所发电力平时只带部分三级和二级负荷，不与市电并网。当市电停电时，三联供系统所发电力则要负担起医院一级重要负荷的供电，此切换要在自动状态下快速完成，以保障医院供电的安全和可靠。

3. 运行情况

本项目于 2014 年投运，年运行 4844h。年发电量 246.31MW·h，年供热量 26010GJ，年供冷量 35930GJ，年耗气量 113.33 万 m^3。分布式能源系统的年综合能源效率为 80% 以上。全系统节能率达到 30.4%。

4.项目配图（见附图16）

附图16　项目现场

图片来源：北京燃气能源发展有限公司。

（二）湖南妇女儿童医院分布式能源项目

1.项目概况

湖南妇女儿童医院位于湖南长沙湘江新区洋湖。医院用地面积129.9亩，规划总建筑面积40万㎡，规划床位1500张。其中一期建筑面积15万㎡，包含医疗综合楼以及后勤综合楼，医疗综合楼含地下建筑2层、门诊裙楼4层、住院塔楼15层，开放床位350张。医院用能定位为高效、稳定、安全的分布式冷热电三联供系统，以燃气、市电双能源作为驱动能源，实现能源的灵活利用。

医院一期工程从2016年开始建设，分布式能源站一期工程于2019年3月开始建设施工，2020年1月投入冬季防冻运行，2021年完成燃气内燃机发电机的并网调试。

分布式能源站由远大能源利用管理有限公司投资、设计、施工、运营，为医院一期提供冷、热（含卫生热水）、电及蒸汽服务。能源站机房独立设置，位于医院西北角地下室内。机房配置1MW国外进口燃气内燃式发电机，为医院提供部分电力供应，同时与远大吸收式溴化锂余热机组匹配完成燃气发电机的余热利用，实现能源的梯级利用。

2. 技术方案

项目选用 1 台发电量为 1MW 的燃气内燃机发电机组，1 台制冷量 1450kW、制热量 1147kW 的烟气余热利用溴化锂机组，1 台制冷量为 4200kW 以及 1 台制冷量为 4855kW 的磁悬浮节电空调，1 台制冷量为 4652kW、制热量为 5739kW 的溴化锂直燃机组，1 台制热量为 3722kW 的单热锅炉，2 台 1t/h 的蒸汽锅炉进行供冷供热及卫生热水供应。

分布式能源站发电机烟气、缸套水通过溴化锂吸收式制冷机组制取部分空调冷热水，同时使用烟气换热板式交换器回收烟气余热，用于预热卫生热水上水。发电机与余热机的成套机组采用远大智能化能耗监控平台实现主机与输配系统的优化运行（见附图 17）。

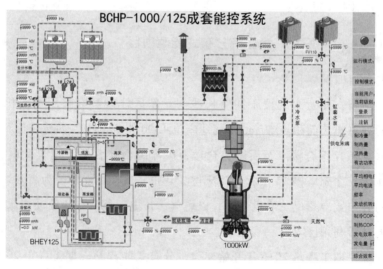

附图 17　分布式能源站 CHP 成套机组能控系统界面

图片来源：远大空调有限公司。

3. 运行情况

2021 年 11 月分布式能源站发电机进行并网调试，暂无运行小时数（计划全年发电机运行 4800h）。三联供系统能源综合利用率为 90.64%。

4. 项目配图（见附图18）

附图 18　项目现场

图片来源：远大空调有限公司。

（三）南京鼓楼医院江北国际医院分布式能源项目

1. 项目概况

南京鼓楼医院江北国际医院位于南京市浦口区，是一座"高标准、高档次、与国际性医院接轨"的大型国际医疗中心。

医院整体分两期建设，一期工程于 2019 年完工，目前已进入运营阶段，总建筑面积 16.7 万 m^2，分 A、B 两栋楼，总床位数为 600 张。医院内建设了两套分布式冷热电三联供系统，以提高医院整体能源使用效率、降低碳排放。

本项目供能系统由两部分组成：分布式能源部分和常规能源部分。分布式能源部分采取以冷、热定电方式，选取 2 台燃气内燃机发电机组和 2 台烟气热水直燃型溴化锂机组；常规能源部分包括 1 台直燃溴化锂机组及 1 台电制冷机组。为节省投资、减少机房面积，烟气热水直燃溴化锂机组为多能互补型机组，既可作为分布式能源供能设备，也可作为常规燃气能源供能设备，实现一机多用。分布式能源系统全年热效率可达 89%。

项目以燃气分布式冷、热、电三联供系统作为供能系统，以专业的合同能源管理模式进行项目的运维操作。从设计、建设、运营等阶段进行综合管理，实现该项目全生命周期的节能运行。项目采用设备买卖与托管运营的合同能源管理模式。

2.技术方案

本期工程建设规模为 2.4MW，站内设 2 台单机装机容量为 1.2MW 的内燃机发电机组。根据发电机装机选型，能源站三联供系统优先利用内燃机组发电后的排烟余热及内燃机的高温缸套水为热源进行供热和制冷，满足基本的冷热负荷，采用常规能源系统进行冷、热负荷的调节。

根据医院空调面积，能源站设计总制冷量 10600kW，空调冷水供回水温度 7℃/12℃；设计总采暖量 8000kW，空调热水供回水温度 55℃/45℃；设计卫生热水总量 2000kW，卫生热水供回水温度 60℃/50℃。三联供系统调试运行后满足院内 100% 的冷、热、生活热水负荷及 55% 的电负荷，其中，利用内燃机余热可提供 25% 的冷负荷和 35% 的热负荷。

能源站机房主要设备及参数如附表 3 所示。

附表 3　主要设备及参数

设备名称	数量（台）	单台制冷量（kW）	单台制热量（kW）	卫生热水热量（kW）	驱动能源
一体化烟气热水直燃溴化锂机组	2	3489	4312	1200	燃气或烟气或缸套水
一体化直燃型溴化锂机组	1	2326	1553	1791	燃气
水冷冷水机组	1	1793			电
燃气内燃机	2	单台发电量1200			燃气

分布式能源站内设置集中控制室，可进行燃机联合循环机组的自动控制、远方手动操作和运行监视。运行人员在少量就地人员的配合下可在集中控制室内实现整套机组的启停操作和事故处理。

3. 运行情况

2021 年 10 月，分布式能源站发电机并网调试，暂无运行小时数（计划全年发电机运行小时数 4800h）。

4. 项目配图（见附图19）

附图 19　项目现场

图片来源：远大空调有限公司。

（四）重庆医科大学附属儿童医院分布式能源项目

1. 项目概况

重庆医科大学附属儿童医院于 1956 年由上海医学院儿科系迁渝创建，是集医教研于一体的国家三级甲等综合性儿童医院。儿童医院的两江院区占地 200 余亩，已完成 4.8 万 m^2 门诊大楼、17 万 m^2 住院医技楼和 2.9 万 m^2 感染疾病诊治中心及能源中心建设。院区核定床位 1249 张，开放床位 937 张。重庆医科大学附属儿童医院分布式能源项目位于重庆市两江新区金渝大道 20 号，即重庆医科大学附属儿童医院两江院区的能源中心，主要为医院提供冷、热、电综合能源。

2. 技术方案

本项目采用天然气分布式能源供能方案，天然气通过燃气发电机组，将约 40% 的能源转换为电能，电能自发自用，不足部分由市电补充。在提供电能的同时，燃气发电机组缸套水和烟气余热进入溴化锂空调，冬季产生

85℃热水，供医院采暖使用；夏、秋季产生 7℃的低温冷冻水，供医院制冷使用。

3. 运行情况

本项目选用了 2 台颜巴赫 J320 燃气发电机组（2×1MW），输出电压 10.5kV。发电机组电效率为 40%，余热利用效率为 46%，能源综合利用率可达 86%。

（五）南京市浦口新城医疗中心天然气分布式能源站项目

1. 项目概况

南京市浦口新城医疗中心设有床位 1800 张，是一座"高标准、高档次、与国际性医院接轨"的大型国际医疗中心。

2. 技术方案

项目配置 2 台颜巴赫 J416 天然气发电机组（2×1.2MW），2 台烟气热水直燃溴化锂机组、1 台直燃溴化锂机组及 1 台电制冷机组，设计年运行 6480h。

3. 运行情况

该供能方案与传统电制冷+锅炉采暖模式相比节能效果明显，年综合节省能源成本 200 万~300 万元，年节能 2700t 油当量，年减排 CO_2 7700t，相当于种树 410000 棵。

（六）安徽舜新家苑天然气分布式能源站

1. 项目概况

舜新家苑康养中心坐落在舜耕山核心景区的豹头山下，规划用地面积约 15 公顷。总规划布局按照"东医西养"进行功能布局。以原有淮南矿业集团职工疗养院（职业病防治院）所在地为主，西侧为养老功能区，东侧为医疗功能区。

2. 技术方案

该分布式能源站主要设施为燃气内燃机及相关配套调峰设备，包含 1 台颜巴赫 J312-635kW 静音箱式内燃发电机、1 台烟气热水型溴化锂机组、2 台 1482kW 螺杆式冷水机组、1 台 2.8MW 天然气热水锅炉和 1 台 0.7MW 天然气热水锅炉，可以保障康养中心全部生活热水供应、夏季集中供冷负荷、冬季集中采暖负荷及部分商业用电。

3. 运行情况

该项目运用分布式能源系统后，能源综合利用率达到 85% 以上，与常规能源利用相比节能 40%、减排 60%。

（七）四平市中心人民医院分布式能源项目

1. 项目概况

四平市中心人民医院位于四平市铁西区英雄广场西北侧，占地面积 3.8 万 m^2，建筑面积 66877.22m^2，开放床位 800 张。医院外科楼（1# 楼）、门诊楼采用集中供冷方式，供冷面积为 45740.41m^2，其余部分采用分体式空调供冷。外科楼采用燃气锅炉集中供热，供热面积 24710.21m^2，其余部分采用市政热力供暖。新建分布式能源站主要用于满足医院改扩建工程中涉及的内科楼、校医学楼和综合办公楼，总建筑面积 69110m^2。此外，新建分布式能源站需与现有制冷机房和锅炉房进行系统连接，与现有冷热设备一起承担医院建筑面积 114850.41m^2 的制冷、建筑面积 93820.21m^2 的供热、医院全部生活热水需求及部分电力负荷需求。

2. 技术方案

本项目采用天然气分布式能源与传统供能相结合方式，主机选用 INNIO 颜巴赫燃气内燃发电机组，余热利用吸收式制冷（热）机组一对一进行配置，提供优质电力及利用余热供冷（热）。能源中心厂房采用地下布置、集中控制（PLC）模式。天然气发电设备满足医院部分电力负荷需求，余热资源也充分利用。在制冷季，烟气和缸套水通过溴化锂吸收式机组制冷供末端冷负荷需求，不足部分由电制冷空调调峰补充；在采暖季，烟气和缸套水通过溴化锂吸收式机组制热供末端采暖负荷需求，不足部分由燃气热水锅炉调峰补充。

3. 运行情况

本项目于 2017 年 10 月正式投用。与传统供能模式相比大大减少了污染物的排放，能源站供给医院部分采暖制冷需求和热水负荷。能源站年发电量 688.5 万 kW·h，年耗天然气 188.6 万 m^3/a。能源站运行后预计每年可节约标煤 2754t，减少 CO_2 排放 3982t，减少 SO_2 排放 186t。

（八）湖北省麻城市人民医院综合智慧能源项目

1. 项目概况

湖北省麻城市人民医院综合智慧能源项目（以下简称"麻城项目"），位于湖北省麻城市西城新区整体迁建的麻城市人民医院内，由 2 台燃气内燃机发电机组和对应的烟气热水型溴化锂机组、4 台电制冷机组、3 台燃气真空锅炉、2 台蒸汽锅及其相关的辅助设备组成，同时还布置有 156kWp 屋顶光伏发电系统，主要满足医院的部分电力需求和全部的空调与采暖供应。麻城项目由国家电投湖北分公司投资建设，在麻城注册成立麻城绿动能源有限公司负责建设、运营。

本项目通过与医院签订供能服务合同，每年按能量计量医院空调采暖、制冷、生活热水和蒸汽量，收取能源使用费以获取项目投资收益。双方约定"照付不议"的基本供能量，保证能源站盈亏平衡；约定电、冷、热、生活热水的联动调价机制，保证能源站投资固定收益率；约定能源站的正式供能时间和延期供能赔偿方案，保障项目建设投产与医院投用时间相一致。

2. 技术方案

利用天然气驱动内燃机带动发电机发电，内燃机的尾气及缸套水用溴化锂机组进行吸收，冬天制热夏天制冷。配置 2 台 MWM TCG 3016V16（单机输出功率 800kW）燃气发电机组，溴化锂机组 2 台。

发电运行方式为并网不上网，发电机组所发电力优先满足能源站内设备用电量，多余电力供给整个项目用电，当发电机组所发电力不足时，从市政电网购电补充。能源站内发电机组在制冷季和采暖季全天 24h 不间断运行，过渡季除发电机故障检修外，仍考虑运行。能源站内的热源主要包括发电余热、燃气锅炉，供热设备的启停优先顺序为余热供热—燃气锅炉供热。工艺设置上考虑缸套水和烟气工艺的可行性，缸套水优先用于制冷或采暖，多余部分用于供应生活热水，不足部分由燃气锅炉满足；过渡季缸套水和烟气均用于供应生活热水，不足部分由燃气锅炉满足。

3. 运行情况

麻城项目于 2020 年 11 月 15 日进入首个供暖季试运行，12 月 31 日全系统正式投产。截至 2021 年底供医院电量约 180 万 kW·h，年总供热量约 7 万 GJ（含冷、热、生活热水、蒸汽）。年均能源综合利用率达到 79%。

4. 项目配图（见附图20）

附图 20 项目现场

图片来源：国家电投集团湖北绿动新能源有限公司综合智慧能源分公司。

（九）上海交通大学医学院附属仁济医院（南院）燃气分布式项目

1. 项目概况

上海仁济医院（南院）是集教学、科研、保健于一体的三级甲等医院，医院位于闵行区浦江镇江月路 2000 号，医院占地面积 68497.1 m²，整个建筑面积82590m²，是上海市"5+3+1"工程之一。本项目天然气分布式供能系统与医院同步投建，由上海申能能源服务公司投资建设，总投资近900万元，与医院方以合同能源管理的方式结算系统供能费用。

2.技术方案

选用2台232kW天然气发电机组及配套余热回收设备组成本项目的天然气分布式供能系统。系统发出的电力分别并入医院2台1600kVA变压器，以并网不上网的形式向医院供电。系统提供的热力经板式换热器向院方提供生活热水或经由院方原先配置的溴化锂机组，提供部分冷源。

3.运行情况

本项目于2013年4月投运，截至2021年11月底，2台机组累计运行时间达73000h，累计消耗天然气4798万m³，累计供应电量1622万kW·h，累计供应热量2760万kW·h。每台机组年均满发运行时间超4800h；年均系统小计发电量232万kW·h，年均系统小计供热量394.6万kW·h，本项目累计取得合同能源管理分享的节能费用近1160万元，已初步收回投资。年均综合能源利用效率为95.9%，其中发电效率35.5%，余热回收利用率60.4%。

能源价格：本项目电价按市电价格的80%结算，热价按用户锅炉供热成本结算，维保费用按成本费用的20%向院方收取。

4.项目配图（见附图21）

附图21　项目现场

图片来源：上海申能能源服务有限公司。

（十）重庆市陈家桥医院分布式能源项目

1. 项目概况

陈家桥医院位于大学城片区，总面积约 4 万 m^2，病床 400 张，由中新能源服务（重庆）有限责任公司投资、建设、运营。项目于 2017 年 5 月 31 日正式投入运营，全天 24h 为医院提供电力、空调和热水。总投资 800 万元。

2. 技术方案

为降低医院配电容量需求和落实国家节能减排政策，陈家桥医院迁扩建工程（一期）中央空调系统设计采用天然气分布式能源系统为医院集成供应电力、制冷和热水。为保证系统全年高负荷率、高效率运行，提高系统余热利用率，分布式能源系统以"满足医院全部热负荷、热电平衡"为设计原则，根据医院用能需求，由 2 台燃气内燃发电机组、1 台烟气热水补燃型空调机组、1 台直燃型空调机组以及 1 套 CCHP 智能控制系统外加水泵、阀门、冷却塔等系统辅助设备组成。

本项目利用管道天然气为燃料发电，同时利用发电过程中产生的冷却水和烟气中的余热通过烟气热水补燃型空调机组制冷、采暖和制取生活热水。通过对能源的梯级利用，一次能源利用率可达 70% 以上。

3. 运行情况

本项目于 2017 年 5 月 31 日正式投入运营，年均能源综合利用率 75%，发电效率 36%，年利用 5000h。年总供热量 1476 万 MJ，年总供冷量 1476 万 MJ，年发电量 120 万 kW·h。

4.项目配图（见附图22）

附图 22　项目外观

图片来源：中新能源服务（重庆）有限责任公司。

（十一）重庆永川儿童医院分布式能源项目

1.项目概况

永川儿童医院分布式能源项目总建筑面积约 5.8 万 m^2，总投资约 2500 万元（含空调末端），于 2018 年 8 月正式投入运营，全天 24h 为医院提供电力、空调冷热源和热水。

2.技术方案

系统配置 1 台 400kW 内燃发电机、1 台 100 万 kcal 三用型烟气热水型吸收机、1 台 200 万 kcal 三用型燃气直燃机和 1 台 1535kW 电制冷螺杆机组。

3.运行情况

本项目年利用小时数 3900h，年均能源综合利用率 82%，发电效率 36%。年总供热量 360 万 MJ，年总供冷量 720 万 MJ。

（十二）重庆市永川区妇幼保健院分布式能源项目

1.项目概况

本项目由中新能源（重庆）有限责任公司投资建设，供能面积 5.4 万 m^2，

24h 不间断供能，为客户提供空调冷源、热源、生活热水以及部分电力。

2. 技术方案

系统配置 1 台 400kW 燃气内燃发电机、1 台 125 万 kcal 直燃机、1 台 125 万 kcal 烟气热水补燃机、1 台制冷量 2660kW 的水冷离心式冷水机组。

3. 运行情况

本项目于 2021 年 2 月开始运行。年均能源综合利用率 80%，发电效率 36%。年总供热量 550MJ，年总供冷量 1200MJ。

4. 项目配图（见附图23）

附图 23 项目外观

图片来源：中新能源服务（重庆）有限责任公司。

（十三）重庆医科大学附属第一医院第一分院分布式能源项目

1. 项目概况

本项目由中新能源（重庆）有限责任公司投资建设，供能面积为 11 万 m^2，24h 不间断供能，为客户提供空调冷源、热源、生活热水以及部分电力。

2. 技术方案

本项目配置 1 台 600kW 燃气内燃发电机及配套烟气热水型溴化锂机组，3 台 3034kW 水冷离心式冷水机组、1 台 1128kW 水冷螺杆式冷水机组、2 台

2100kW 燃气热水锅炉（供暖）和 2 台 1750kW 燃气热水锅炉。

3. 运行情况

本项目于 2021 年 12 月底开始试运行。年利用小时数 5000h，年均能源综合利用率 80%，发电效率 39%。

4. 项目配图（见附图24）

附图 24　项目外观

图片来源：中新能源服务（重庆）有限责任公司。

（十四）新密市妇幼保健院天然气分布式能源站项目

1. 项目概况

新密市妇幼保健院位于河南省郑州市新密市密州大道与溱水路交会处东北角，为迁扩建项目，有稳定的冷热、热水和电负荷需求，冷热集中供应面积 50000m²。项目于 2018 年 8 月正式开工建设，2018 年 12 月建成投产，总投资约 1600 万元，供暖参照当地市政热力非居民热价按面积收费，供冷、供热水、供电按计量收费。

2. 技术方案

项目采用燃气内燃发电机组+烟气热水型溴化锂冷温水机组的天然气分布式

能源供应方式，冷热调峰设备采用燃气直燃机，热水供应采用空气源热泵。

3. 运行情况

项目于 2018 年 12 月 30 日正式开始供暖，已完成 3 个采暖和制冷周期的安全稳定运行，燃气发电机组因近几年电价不断降低等原因暂未运行。

4. 项目配图（见附图25）

附图 25　项目现场

图片来源：北京恩耐特分布能源技术有限公司。

（十五）重庆市沙坪坝区人民医院井双院区分布式能源项目

1. 项目概况

重庆市沙坪坝区人民医院井双院区位于重庆市沙坪坝区，医院建设用地 101 亩，计划床位约 1200 张，建设总面积 227741.93m²。

2. 技术方案

项目选择 2 台燃气内燃机发电机组、2 台烟气热水补燃型吸收式机组、1 台溴化锂直燃机、2 台离心机组及相应循环水泵等设备，采用"天然气冷热电三联供+燃气直燃机及冷水机组"为建筑提供电力、冷水、热水及生活热水。

本项目在夏季空调供冷和冬季供热时优先运行内燃机机组，发电通过10kV并入医院10kV母线，发电机组余热采用烟气热水型溴化锂机组进行制冷或制热，过渡季节发电机组不运行。医院供冷由电制冷离心式冷水机组＋烟气溴化锂机组提供，采暖由天然气热水机组＋烟气溴化锂机组提供，生活热水由天然气热水机组提供。

3. 运行情况

本项目于2022年4月投运，计划年供冷时间3600h，供暖时间2160h，全天24h供应生活热水。所发电量均为医院自用。

4. 项目配图（见附图26）

附图26　项目外观

图片来源：国网重庆综合能源服务有限公司。

（十六）河北华电石家庄市第一医院天然气分布式能源项目

1. 项目概况

石家庄市第一医院建有门急诊医技楼、病房楼、科研教学楼、综合服务楼、地下车库及公用工程等。总建筑面积216320m²，其中地上153596m²，地下62724m²。建筑裙房地上5层、地下2层，高层地上22层、地下2层。设计床位数1518张。能源站位于医院绿化庭院的地下，用地面积1029m²。

2020 年 6 月 26 日正式投用，额定发电功率 2MW，最大供冷量 19.6MW，最大供热量 21.7MW。

2. 技术方案

项目装机方案为 2 台 2MW 级内燃机+2 台烟气热水型余热溴化锂机组+3 台离心式电制冷机（供冷 3×5.2MW）+2 台双效真空热水锅炉（供热 2×4.5MW，生活热水 2×2.7MW）+1 台燃气蒸汽锅炉（蒸发量 1×0.5t/h）+3 台热网采暖换热器（3×6MW）。

3. 运行情况

能源站正式供冷供热发电后，截至 2021 年 10 月底，共完成发电量 1043 万 kW·h，完成供冷量 4.46 万 GJ，完成供热量 2.33 万 GJ。

4. 项目配图（见附图27）

附图 27　项目现场

图片来源：华电综合智慧能源科技有限公司。

（十七）杭州市丁桥医院天然气分布式能源项目

1. 项目概况

杭州市中医院丁桥院区建筑面积 16.7 万 m²，设床位 1000 张，于 2018 年 12 月建成启用，丁桥医院采用天然气分布式能源系统结合常规能源系统、可再生能源系统，为医院各类建筑提供电力、制冷、采暖、生活热水等。

2. 技术方案

丁桥医院用能需求包括电力、制冷、采暖、卫生热水等，综合考虑用能需求、场地条件等各类因素，天然气分布式能源项目采用热电联供的方式，使用1台发电功率200kW的燃气内燃机（热电联供一体机），同时配置半容积式换热器、蓄热水箱等辅助设备，与市电网、燃气锅炉系统和太阳能热水系统一起，为医院提供稳定的电力和充足的生活热水。

3. 运行情况

项目投产时间为 2018 年 12 月，截至 2021 年 12 月 30 日，累计运行 5393h。供电量为 73.24 万 kW·h，供热水量为 57.30 万 kW·h。

4. 项目配图（见附图28）

附图 28 　项目现场

图片来源：杭州城市能源有限公司。

六　工　厂

（一）东冠纸业分布式能源项目

1. 项目概况

上海东冠纸业有限公司位于上海市金山工业区，年产各类原纸 14 万 t。目前上海东冠纸业有限公司生产使用蒸汽由上海金联热电有限公司提供。

本项目为企业自用能源站项目，场址位于上海市金山工业区林慧路1000号上海东冠纸业有限公司厂区内。该项目每年可节约标煤5100t，减少CO_2排放1.3万t，节能减排成效显著。

2.技术方案

本项目新建2台8MW等级的燃气轮机发电机组，配套建设1台20t/h和1台30t/h（10t/h补燃）的余热锅炉，余热锅炉蒸汽压力为1.8MPa，温度为230℃。项目建成后将作为上海东冠纸业有限公司的热源提供热量。所发电力采取自发自用，余电上网的方式，以10kV电压等级接入企业内部电网。

3.运行情况

该项目自2018年2月投入使用，每月可提供电量940万kW·h，产蒸汽量23520t，天然气月消耗量为325万Nm^3。与项目投产前对比，能耗及减排明显，能源综合利用率达89%，具有良好的经济性。截至2021年10月，该项目累计发电量达到3亿kW·h，累计供蒸汽46万t，累计天然气消耗量为9091万Nm^3。

天然气分布式能源在工业企业，尤其在造纸、发酵食品、橡胶、化工行业等用电、用蒸汽水平比较匹配的企业具有较大的成本和节能减排优势。

（二）连云港杜钟新奥神分布式能源项目

1.项目概况

连云港杜钟新奥神氨纶有限公司年产30000t氨纶丝。公司有较稳定的电力、导热油和蒸汽负荷需求。厂区原供能方式为"市电+燃煤锅炉和生物质锅炉+余热蒸汽锅炉+外购蒸汽"。为体现公司节能环保和可持续发展理念，工厂采用分布式能源系统为生产车间供电、供导热油及供蒸汽，满足厂区部分电负荷、蒸汽负荷及全部导热油负荷的需求。

2.技术方案

项目采用1台6530kW的NYZ15能源站产品、1台余热补燃型导热油蒸汽一体式锅炉及1套综合供能控制系统。

天然气在燃气轮机中燃烧后约有32%的热量转化为电能，剩余烟气进入余热补燃型导热油及蒸汽一体式锅炉，经过烟气导热油换热装置模块加热导热油供热；经过导热油换热装置后的烟气进入余热蒸汽锅炉模块产生0.8MPa的饱和蒸汽。剩余烟气热量还可经过烟气热水换热器制取高温热水，热水进入热水型溴化锂吸收式制冷机组制取冷冻水。

3.运行情况

项目自2018年9月交付投产，年运行时间超过8000h，累计运行时间25000h，累计供电量114331MW·h，导热油供热累积量约1500万 m^3，综合供能系统效率达80.3%。累计节约标煤量达到4.6万t，CO_2减排量11.5万t，系统节能率达20%以上。

4.项目配图（见附图29）

附图29　项目现场

图片来源：上海航天智慧能源技术有限公司。

（三）昆山福伊特造纸厂分布式能源项目

1.项目概况

项目位于江苏省昆山开发区高科技园晨丰路199号福伊特造纸有限公司厂区内。厂区不仅有稳定的电力需求，而且其办公区全年有舒适性空调需求，其生产用辊子全年有交替冷、热需求，这为分布式能源系统提供了发挥空间。

2.技术方案

发电总装机容量为 1.2MW，其中一期发电装机容量为 600kW，制冷量为 1725kW、制热量（导热油）为 217kW。系统主要由 1 台德国 MWMTCG2016V12C 型燃气内燃机发电机组、1 台热水补燃型溴化锂吸收式制冷机组、1 台烟气/导热油换热器、多台水-水换热器、1 套 CCHP 智能控制系统和水泵、阀组、冷却塔等组成。

所发电力以并网不上网的方式接入工厂变压器低压端母排（400V 侧），与市政电网一起满足工厂的电负荷需求，发电机组产生的电力全部由工厂自用；发电机组发电产生的高温冷却水夏季通过水-水换热器加热溴化锂空调热源水，热水补燃型溴化锂机组生产空调冷水，经地下管道输送至杂物间冷水水箱；发电机组发电产生的高温烟气通过烟气/导热油换热器加热导热油后再进入烟气/热水型换热器继续加热空调热源水，之后排出至室外。

3.运行情况

项目设计年运行时间 5600h，系统年综合能源利用效率可达 80%。通过能源的梯级利用实现高效供能和节能减排，项目年节约标准煤 475.5t，减排 CO_2 1214.87t。

4.项目配图（见附图30）

附图 30　项目现场

图片来源：上海航天智慧能源技术有限公司。

（四）山东奥德圣凯分布式能源项目

1. 项目概况

山东奥德圣凯能源有限公司依托费县圣凯热电有限责任公司燃煤机组迁建计划，在正义纺织产业园建设天然气分布式能源系统，替代原有燃煤发电机组。

2. 技术方案

项目主要由 1 台 6.63MW 的燃气轮机发电机组、1 台 30t/h 的补燃余热锅炉、1 套 CCHP 智能电气控制系统、1 台备用的 20t/h 燃气蒸汽锅炉以及系统配套辅机等设备组成。除部分电气控制设备外，主要机组露天布置。

3. 运行情况

项目 2019 年 11 月正式建成运营，已安全运行约 20000h。能源站年外供电量 5254 万 kW·h，年外供蒸汽量 240900t，余热供暖面积达 22 万 m^2，天然气能源年消耗量 1668 万 m^3。项目年节约标煤 16184t，减排 SO_2 267t、减排 NO_x 252t、减排烟尘 155t。

4. 项目配图（见附图31）

附图 31　项目现场

图片来源：上海航天智慧能源技术有限公司。

（五）上海青浦重固燃气门站供热项目

1.项目概况

青浦重固天然气门站体量约 $50000Nm^3/h$，供整个青浦区居民以及工业用气。天然气降压吸热，产生大量冷凝水，导致门站冬季常年出现较为严重的冷凝水结冰致使管路冰堵、冻胀现象。供热系统运行后，可实现天然气调压后有效升温 7℃以上，供热能耗比同体量燃气锅炉节省 40%。

2.技术方案

采用 2 台 NY40 燃气发电热水机+2 台空气源热泵为门站供热，NY40 及热泵将蓄热水箱中的水加热至设定温度，热水从水箱抽出与门站换热器内降压后的天然气换热，提高天然气出口温度，有效改善门站管道、阀门等结冰现象。

3.运行情况

供能系统分两期进行投运，每期供能系统为 1 台 NY40 燃气发电热水机+1 台空气源热泵，一期供能系统于 2020 年 12 月 3 日投入运行，二期系统于 2021 年 11 月 4 日投入运行。截至 2022 年 2 月 21 日，系统累计发电 11.5 万 kW·h，累计供热 69.5 万 kW·h，累计节约标煤 56t，累计减排 CO_2 92t。

4.项目配图（见附图32）

附图 32　项目现场

图片来源：上海航天智慧能源技术有限公司。

（六）江西华电九江分布式能源项目

1. 项目概况

项目位于江西省九江市庐山区新港工业园内。项目总装机容量为 8.7 万 kW，最高品位热能用于燃气轮机发电，中间品位的余热用于蒸汽轮机发电，做功后的低品位热能供应工业蒸汽，再低品位热能供应生活热水和制冷。

2. 技术方案

本项目采用"二拖一"形式，即采用 2 台 LM2500+G4 航改型燃气轮机，单机容量 33MW，单机效率 39.02%，排烟温度 546.9℃。配合 2 台国产单压无再热锅炉，每小时产生 90.5t 高压蒸汽，排烟温度 185℃～195℃，为进一步降低烟温，余热锅炉尾部烟道布置热水锅炉，每小时产生 900t 的热水，一部分供应到酒店作为生活热水，另一部分夏季用于溴化锂吸收式制冷、冬季用于采暖供热。同时采用 1 台 25MW 抽汽凝汽式蒸汽轮机，做功后的蒸汽被抽出向周边的工业用户供应工业蒸汽，最大供气量 70t/h。

3. 运行情况

项目于 2015 年 3 月投入运行，全年冷热电负荷均衡，能源转化效率高达 78.68%。

4. 项目配图（见附图33）

附图 33　项目现场

图片来源：华电通用轻型燃机设备有限公司。

（七）厦门集美分布式能源站项目

1. 项目概况

厦门集美分布式能源站通过燃气发电、余热利用等环保高效的多能源融合技术，实现对周边企业的冷、热、电三联供。同传统的供能方式相比，本项目可以减少能源输送的损失，并且可以根据企业的实际需求，灵活调配供能。

2. 技术方案

本项目采用 1 台 LM2500+G4 燃气-蒸汽联合循环热、电、冷三联供机组，以及 2 台燃气蒸汽锅炉和配套供热管网设备等，装机容量 31.7MW。该机型通过对天然气燃烧过程的能源梯级利用，产生工业生产和居民生活所需的电能、工业高温蒸汽、生活热水以及空调冷气，全站设计总效率可达 85.6%。

3. 运行情况

项目于 2017 年 12 月正式投运。装机容量为 33MW，每年将提供清洁电量 2.32 亿 kW·h。

4. 项目配图（见附图34）

附图 34　项目现场

图片来源：华电通用轻型燃机设备有限公司。

（八）天津北辰风电产业园分布式能源站项目

1. 项目概况

项目采用天然气冷热电三联供技术，一期建设 2 套 60MW 等级燃气–蒸汽联合循环机组。项目建成后，可满足风电产业园区及大张庄示范区的工业、商业、居民的供热、供冷及生活热水需求；同时有利于降低能源结构的耗煤比重，减少环境污染。

2. 技术方案

本项目燃气轮机选用 LM6000PFSprint 航改型燃气轮机，燃气轮机发电功率可以达到 46.6MW，单循环热效率高达 41% 左右，采用双燃料干式低排放燃烧技术，NO_x 排放量为 15ppm。

3. 运行情况

该能源站为工业园区内 23 家企业和 100 多万居民提供冷热电三联供，年发电 5.5 亿 kW·h，每年节省标煤约 140000t，供热面积 200 万 m^2，供冷面积 20 万 m^2，供蒸汽 38t/h，综合热效率为 70.6%。

4. 项目配图（见附图35）

附图 35　项目现场

图片来源：华电通用轻型燃机设备有限公司。

（九）江苏金湖经济开发区天然气分布式能源站项目

1. 项目概况

项目位于江苏省淮安市金湖县经济开发区西北，按照"以热定电、替代小煤电"的原则，建设燃气-蒸汽联合循环冷热电三联供机组。

2. 技术方案

本项目配置了2台LM2500+G4型燃机（国际标准工况31.48MW）和2台抽凝式汽轮机（国际标准工况纯凝工况13.12MW，额定供热工况7.18MW），总容量89.20MW。

3. 运行情况

该能源站设计供热流量为60t/h，年供热能力109.67万GJ，年供冷能力1.27万GJ。

4. 项目配图（见附图36）

附图36　项目现场

图片来源：华电通用轻型燃机设备有限公司。

（十）中电江门高新区2×60MW级天然气分布式能源站项目

1. 项目概况

本项目位于江门高新区园区内。江门国家高新技术开发区坐落于江门市区东南部，规划控制总面积 47.1km²。首期开发建设 18km²，分高新技术工业园、临港工业园和行政商务服务中心三个功能区。本项目建成后，改善了高新区无集中供热热源点及热网、各用热企业均通过自备中小锅炉进行供热的现状，对现有 28 家热用户进行集中供热，余电上网。

2. 技术方案

本项目燃气轮机采用 GE6F.01 型燃机，室外布置，轴向排气；汽机采用南京汽轮电机（集团）有限责任公司的 2 台供热高压、单缸、双压、双轴、高转速、抽汽凝汽补汽式汽轮机发电机组。余热锅炉采用杭州锅炉集团的双压、无再热、无补燃、卧式、自然循环余热锅炉。

3. 运行情况

2 套机组分别于 2020 年 12 月 22 日、2021 年 1 月 20 日投运。设备年利用时间为 4000h，运行时间不低于 6000h。年余热供热量 $5.72×10^8$MJ，年余热供冷量 $1.21×10^7$MJ，年总供热量 $5.72×10^8$MJ，年总供冷量 $1.21×10^7$MJ，年发电量 $2.59×10^8$kW·h。

4. 项目配图（见附图37）

附图 37　项目现场

图片来源：中国能源建设集团广东省电力设计研究院有限公司。

（十一）松阳县王村工业区分布式能源项目

1. 项目概况

松阳县王村工业区隶属丽水生态产业聚集区松阳分区。该区是 1995 年设立的省级开发区，占地约 $1km^2$，以纺织、革业及医药产业为龙头。

本项目由港华能源投资有限公司与松阳港华燃气有限公司共同投资建设，为工业区提供更节能、环保、稳定的能源服务。项目配置 2 台 8MW 燃气轮机、2 台 15t/h 余热锅炉及 2 台 25t/h 燃气蒸汽锅炉。

2. 技术方案

项目由燃气轮机通过天然气发电，余热经余热锅炉产生蒸汽，在余热不足情况下，由 2 台 25t/h 燃气蒸汽锅炉共同产生蒸汽。

3. 运行情况

项目于 2019 年开工建设，2020 年建成投产，分布式能源站及蒸汽管道总投资 13001 万元，年毛利 2824 万元。项目全部达产后，年运行时间 5756h，发电量 9210 万 kW·h，供电量约每年 8750 万 kW·h，供蒸汽量每年约 30 万 t，天然气耗量每年约 3953 万 m^3。

（十二）石家庄绿岛开发区泛能微网一期"君乐宝"项目

1. 项目概况

君乐宝乳业本部石家庄工厂包括铜冶、冠维、永盛、君源四个生产厂区，主要用能需求包括电力、蒸汽、工艺用冷水、生活热水、建筑冬季供暖和夏季供冷等。电力主要从电网购买，蒸汽、生活热水、建筑冬季供暖则由燃煤锅炉自产，工艺用冷水与建筑夏季制冷均由离心式水冷机组自产。

2. 技术方案

本项目选择太阳能光热设施，热水供应能力为 40t/d，太阳能光伏 250kW，天然气分布式能源设施包括燃气轮机 5500kW、余热锅炉 12.5t/h，另配置 3 台 15t/h 油气两用中压锅炉、1 台 15t/h 和 1 台 10t/h 低压燃气锅炉进行补充供能。3 台油气两用锅炉在天然气供应中断时还需负责低压蒸汽的供应，通过减压阀组将中压蒸汽减至约 1.0MPa 后供入低压蒸汽管网。

3. 运行情况

本项目能源利用效率达 80.2%，与传统燃煤热电及燃气蒸汽锅炉相比，每年可节约标煤 4190t，每年可减排 $CO_2$27883t，减排 $SO_2$375t，减排 NOx226t。

4. 项目配图（见附图38）

附图38　项目现场

图片来源：新奥能源控股有限公司。

（十三）沈阳华晨宝马大东厂区分布式能源站项目

1. 项目概况

本项目是天然气分布式供能绿色环保项目。沈阳燃气集团与华晨宝马工厂采用合同能源管理模式投资建设天然气分布式能源站，为华晨宝马大东厂区提供综合能源服务。

2. 技术方案

一期计划建设 2×2MW 燃气内燃机组+2×0.8MW 热水余热锅炉+2×7MW 燃气热水锅炉+5×21MW 燃气热水锅炉，并建设相应配套公辅设施，同时预留远期扩建空间。项目所发电量供天然气分布式能源站自用和华晨宝马大东工厂使用，采用并网不上网模式。

3. 运行情况

一期工程于 2021 年 10 月末竣工，11 月初试运行，2022 年 4 月 1 日正式运营。

（十四）马鞍山经济开发区南区分布式能源项目

1. 项目概况

马鞍山经济技术开发区为国家级开发区，管辖面积 44km²，分为北区、南区。南区规划用地面积约 36km²，入园企业超 150 家，重点发展食品、医药产业。食品、医药企业有稳定的蒸汽需求。

本项目由港华能源投资（深圳）有限公司与马鞍山港华燃气有限公司共同投资建设，为经开区提供更节能、环保、稳定的能源服务。项目配置 2 台 6MW 燃气轮机、2 台 14t/h 余热锅炉及 2 台 30t/h 燃气蒸汽锅炉。

2. 技术方案

项目由燃气轮机通过天然气发电，余热经余热锅炉产生蒸汽，在余热不足情况下，由 2 台 30t/h 燃气蒸汽锅炉共同产生蒸汽。

3. 运行情况

项目于 2019 年开工建设，2020 年建成投产，分布式能源站及蒸汽管道总投资 12160 万元，投资回收期 9.3 年。项目全部达产后，年运行时间为 7686h，发电量每年 9223 万 kW·h，供电量每年 8762 万 kW·h，供蒸汽量每年 41 万 t，天然气耗量每年 4787 万 m³。燃气价格 2.2 元/m³，电力售价 0.62 元/kW·h，蒸汽售价 240 元/t。

（十五）玖龙纸业（东莞）有限公司天然气热电联产项目

1. 项目概况

本项目位于广东省东莞市麻涌镇，发电机组装机容量 189MW，余热供热容量 156MW，由东莞玖龙纸业有限公司负责投资、建设和后期运营，实际投资控制在 3 亿元以内，向玖龙纸业厂内提供蒸汽，设计最大热负荷为

200t/h，供汽参数为 0.6MPa（g）、230℃，供热回水率按 70%～80%考虑，规划建设 5 台 9E-03 型燃气轮机机组，2019 年 12 月开工建设。

2.技术方案

本项目分两个片区进行建设，其中第 1、2 台联合循环机组位于海龙片区，地龙片区 3 套机组，第 1 号燃机为联合循环机组，配 1 套 50MW 汽轮机发电机组（再利用之前已运行多年的汽轮机）；2 号燃机-余热锅炉（带补燃）直供低压蒸汽；3 号燃机-余热锅炉（带补燃）直供低压蒸汽；4 号和 5 号燃机为燃气轮机机组+余热锅炉直供低压蒸汽。燃机采用 9E-03 型燃机，配置 DLN1.0+燃烧系统，50%以上负荷运行时，NOx 排放可以控制在 15ppm 以内。

3.运行情况

本项目于 2021 年 5 月正式投产，机组年预期运行 8500h，满负荷运行时天然气消耗 39120Nm³/h，低位热值 33.4MJ/Nm³，发电机组年耗气量 332.5×10⁶Nm³，发电效率 50%，年均能源综合利用率 85%，年余热供热量 4760×10⁶MJ，年发电量 1600×10⁶kW·h，二氧化碳减排量 723000t/a。9E-03 燃气轮机不仅为造纸生产线提供稳定可靠的供热和供电保障，同时其 NOx 排放控制在 10ppm 左右。燃机计划性检修次数少，可用率高，仅 32000h 开展热通道检修以及 64000h 开展大修即可。

（十六）上海日月光半导体泛能站项目

1.项目概况

日月光半导体（上海）有限公司（材料厂）从事半导体封装基板设计服务与生产制造。年耗电 9500 万 kW·h，年耗蒸汽 2.9 万 t，能源成本占总经营成本的 7%。

本能源站项目由三家企业共同投资，投资总金额 5000 万元，其中上海新奥燃气发展 40%、上海星利燃气管道 35%、上海科建机电环保 25%。项目设计寿命为 20 年，项目合作协议运营期 15 年。

2.技术方案

燃气内燃发电机组+余热锅炉+热水型溴化锂机组+蒸汽型溴化锂机组+

燃气蒸汽锅炉，采用 4 台 C1540N5CC 燃气发电机组，该型号额定功率为 1540kW、电效率 42.8%，1 台额定制冷功率为 3000kW 的热水溴化锂机组，1 台额定功率 1980kW 的蒸汽余热溴化锂机组以及 1 台 3t/h 余热锅炉，系统所发电力、蒸汽及制冷负荷供厂区使用。

3. 运行情况

2018 年 3 月项目正式运行，每年可供电 3000 万 kW · h、冷 1200 万 kW · h、蒸汽 2.9 万 t。燃气发电机效率在 42% 左右，锅炉效率在 90% 左右，能源利用率大于 70%，设施利用率大于 5000h/a。

4. 项目配图（见附图39）

附图 39　机组现场图片

图片来源：新奥能源控股有限公司。

（十七）海南翔泰渔业分布式能源项目

1. 项目概况

本项目位于海南省澄迈县老城开发区玉堂村路段南侧，海南翔泰渔业股份有限公司厂区内南侧地块。海南翔泰渔业股份有限公司的海产品生产加工车间有稳定且大量的冷负荷和电负荷需求；饲料加工生产线有稳定的蒸汽负荷需求。

2.技术方案

本项目采用 2 台卡特彼勒 CG170-16K 燃气内燃发电机组，单台发电量 1500kW。根据发电机组相关参数选配 1 台远大热水型溴化锂机组和 2 台余热蒸汽锅炉。

3.运行情况

本项目建成时间为 2018 年 6 月，年利用时间 5280h。年均能源综合利用率 72.93%，发电效率 40.7%。

4.项目配图（见附图40）

附图 40　项目现场

图片来源：卡特彼勒（中国）投资有限公司。

（十八）常州天合工厂智能微网项目

1.项目概况

常州光伏产业园位于常州高新技术产业开发区东北部，园区以天合光能股份有限公司为龙头，形成光伏产业整体布局。天合光能常州生产基地东南厂区，面积 357 亩。产区能源需求主要为电力，部分生产车间因设备冷却需要全年制冷，其余车间及行政办公区域冬季需要采暖。电力以市电为主，厂区已有部分太阳能光伏，制冷由电离心式冷水机组提供、采暖由燃气锅炉供应。

新增项目分两期投建，一期建设燃气分布式能源，二期结合天合光能现有平台和光伏系统构建微电网。项目由港华能源投资有限公司、常州港华、天合能源共同投资、建设，总投资 6200 万元，年毛利 1092 万元。

2. 技术方案

项目利用天合光能东南厂区建设燃气分布式能源站，配置 2 台 3.3MW 燃气内燃机、2 台 3.2MW 烟气溴化锂机组。能源站所发电力、供冷及供暖全部在东南厂区内消纳。

3. 运行情况

本项目于 2020 年建成投产，年运行小时数 5448h，发电量 3596 万 kW·h/a，供电量 3311 万 kW·h/a，供冷量 2973 万 kW·h/a，供热量 443 万 kW·h/a，天然气耗量每年 844 万 m³。

4. 项目配图（见附图41）

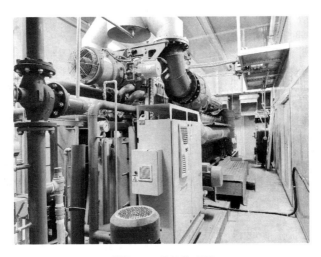

附图 41　项目外观图

图片来源：港华能源投资有限公司。

（十九）重庆海尔分布式能源项目

1. 项目概况

本项目业主重庆悦燃能源有限公司为响应国家节能减排政策、提高能源综合利用效率，采用天然气分布式能源系统，为建筑提供冷、电需求。项目配置 1 台 800kW 燃气内燃发电机组，匹配 1 台 7.5GJ 单冷型烟气热水溴化锂吸收式冷温水机组利用发电机组余热供冷。能源站不受天气因素影响，全年为海尔工业园提供电能、冷能服务。

2.技术方案

项目装机规模为 1 台 800kW Cat CG132B-16 燃气内燃机发电机组、1 台 872kW 烟气溴化锂机组及其他辅助设施。

3.运行情况

本项目自 2021 年 3 月正式投入运行，除每月 31 日海尔设备检修时间停机外，其余时间发电机组保持连续运行。截至 2022 年 7 月底，该项目发电机组运行已经超过 10000h。年运行超过 7000h，年供电量 560 万 kW·h，年供冷量 700 万 kW·h，减少碳排放 7740t/d。

4.项目配图（见附图42）

附图 42　项目设备

图片来源：卡特彼勒（中国）投资有限公司。

（二十）山西金驹煤电化股份有限公司芦家峪一期6兆瓦分布式低浓度瓦斯发电项目

1.项目概况

本项目建设规模为 6×1000kW 燃气内燃发电机组，工程总投资 3829.74 万元，占地 3700m²，位于长平煤矿芦家峪风井工业场地范围内。回收集装箱机组缸套水余热，通过缸套水板式换热器产生 75℃/50℃ 热水供厂内采暖期供暖。

2.技术方案

瓦斯发电机组主要利用煤矿井下低浓度瓦斯，瓦斯气从抽放泵站出来，经过过滤器、水封、阻火器、湿式放散、水雾发生器、精过滤、脱水器，进入瓦斯发电机组、发电机组所发电量通过电缆经高压柜并入电网，机组尾气通过烟气锅炉产生饱和蒸汽为矿上供热。

3.运行情况

本项目 2016 年 8 月投产，总运行时间 37000h。年利用时间 8000h，年发电量 4300 万 kW·h，减少碳排放 9297t/a。

4.项目配图（见附图43）

附图 43　项目设备

图片来源：中国石油集团济柴动力有限公司。

七　商业

（一）吉林省科技文化中心天然气分布式能源项目

1.项目概况

吉林省科技文化中心综合馆建筑面积 11.2 万 ㎡，地上 7 层、地下 1 层。

馆内现驻有吉林省博物院、吉林省科技馆、长春中国光学科学技术馆。

吉林省科技文化中心综合馆天然气分布式能源项目由吉林省投资集团子公司吉林省投资集团实业发展有限公司于2017年投资改造、运营。

2. 技术方案

本项目设计安装了2台C1540N5CC 1540kW燃气内燃机发电机组，1台8t、1台4t和1台1.6t燃气热水锅炉，2台1500kW溴化锂吸收式机组以及高低压开关柜等辅助设备，改造地点在负一层柴油发电机组设备间，改造面积为446㎡。改造后年发电量900万kW·h，供热、空调制冷面积为25.28万㎡。

3. 运行情况

该项目改造前年用电量电费约910万元，其中空调制冷所耗电费约210万元，采暖面积为25.28万㎡，供暖费为734万元。能源总支出为1644万元。改造后发电及废热利用，燃气费用总支出降为966万元，能源支出费用节省42%。

4. 项目配图（见附图44）

附图44　设备外观

图片来源：康明斯（中国）投资有限公司。

（二）河北华电石家庄东南智汇城分布式能源项目

1. 项目概况

东南智汇城位于石家庄城市东南区域，涵盖智能高层、庭院小高层、体验式商业中心、5A级写字楼、LOFT公寓、五星级酒店、酒吧街、商墅等多元业态。本项目主要满足智汇城1号、7号、8号地块的冷、热、电及其生活热水负荷需求，供能范围主要包括办公、商业、酒店、公寓等，建筑面积67.45万 m^2。本项目选址位于智汇城10号地块停车场下面，地下占地2613m^2，地上占地1800m^2。

2.技术方案

本项目装机方案为2台4.275MW内燃机+2台烟气热水型余热溴化锂机组+4台离心式电制冷机（供冷功率4×9.144MW）+1台离心式电制冷机（供冷功率1×3.869MW）+2台真空热水锅炉（2×2MW）+2台17MW热网加热器。项目采用自发自用、余电上网的运行模式。

3.运行情况

本项目2021年8月11日正式投入商业运行，年发电量164.87万kW·h、年供热（冷）总量6.42万GJ，燃气年消耗总量44.38万 m^3。

4.项目配图（见附图45）

附图45 项目现场

图片来源：华电综合智慧能源科技有限公司。

（三）长沙湘江欢乐城冰雪世界分布式能源项目

1.项目概况

本项目以分布式供能系统为核心，结合水蓄能、大温差机组、水源热泵机组、冷凝热回收等节能技术，依靠可靠的智能控制系统和专业化合同能源管理，保证系统运行效率佳、能源综合利用效率高、可靠性高。能源中心机房面积 4741m²，为单独的建筑，设置于矿坑边的绿化和道路平台下，分两层设置。其中分布式供能机房/锅炉房布置在地下一层，净高约 9m。

2. 技术方案

本项目采用 2 台 J320 燃气内燃机，该机型额定发电功率为 1053kW，电效率 39.6%，热效率 49.2%，同时配备 2 台烟气热水型溴化锂吸收式冷温水机组（带补燃），制冷/制热能力分别为 800RT、2245kW，1 台 4200kW 燃气热水锅炉，3 台（2 用 1 备）2T 燃气蒸汽锅炉，系统所发电力、蒸汽及冷热负荷供能源站、酒店及游乐城使用。

3. 运行情况

本项目年供冷量 2009 万 kW·h，年供热量 2392 万 kW·h，年供蒸汽量 6570t；年发电量 1415 万 kW·h，其中供能源站自用电量 750 万 kW·h，年售电量 665 万 kW·h。

（四）成都华润万象城冷热电三联供项目

1. 项目概况

本项目采用燃气三联供分布式能源站，分为 4 套发电、供热、供冷系统，由四川泛诚动力设备有限公司提供设备、技术支持与服务。能源站采用以下设备组合的供能方案，对万象城商场进行冷热电三联供：4 台 C1540N5CC 燃气内燃机发电机组、4 台烟气热水溴化锂机组、1 台燃气热水锅炉，在机组烟气末端安装有脱硝装置以降低 NOx 排放。

2. 技术方案

燃气内燃机发电机组采用并网不上网运行模式，每套燃气内燃发电机组占商场负荷约 20%，剩下的负荷由电网提供，燃气内燃发电机组运行方式分为冬季和夏季两种模式，每天运行时间冬季为 12h，夏季为 10h，每台机组全年运行时间预计约 3300h。

夏季，将燃气内燃发电机组 90℃的高温缸套水和燃气内燃发电机组排放的400℃高温烟气热量，通过溴化锂机组加热溴化锂溶液吸热，得到7℃/12℃的冷冻水，用于成都万象城商场区夏季制冷。

冬季，将燃气内燃发电机组90℃的高温缸套水和燃气内燃发电机组排放的400℃高温烟气热量，通过溴化锂余热回收机组将55℃供热回水加热成为65℃，用于商场区供热。当燃气冷热电三联供出水不能满足较高的热负荷需求时，启动燃气热水锅炉，燃气热水锅炉供回水温度为65℃/55℃，燃气热水锅炉夏季不运行。

3. 运行情况

本项目于2021年8月底完成了三联供系统的联调工作和试运行，11月开始进入冬季供暖运行。

4. 项目配图（见附图46）

附图46　项目现场

图片来源：康明斯（中国）投资有限公司。

（五）华润燃气总部基地综合能源供应系统

1. 项目概况

华润燃气总部基地（中山）及新兴产业科创中心位于广东省中山市翠亨新区马鞍岛，总用地面积约32000m²，总建筑面积为16.26万m²。项目为华润大厦量身打造一套综合能源供应系统，综合考虑天然气、电能、光伏等多种清洁能源形式。依托多能互补、智慧高效、低碳节能的创新理念和技术手段打造综合能源利用的示范型项目。

本项目采用天然气分布式三联供系统搭配电制冷系统承担基础冷（热）负荷，同时设置冰蓄冷、空气源热泵、光伏发电等系统调峰措施，根据不同工况，合理搭配各系统的配置。

2. 技术方案

本项目为综合能源供应系统，利用多能互补向大厦提供冷、热、电等多种能源形式。供能系统由天然气分布式三联供模块、电动离心式制冷机模块、冰蓄冷模块、供热模块、光伏发电模块构成。

3. 运行情况

本项目按不同负荷工况设定不同开机策略：夏季设计典型日负荷下，夜间谷电时段，由双工况主机蓄冰，由电制冷机承担冷负荷；白天平电和峰电时段，双工况主机切换为空调模式，同时开启三联供系统，其余尖峰负荷由蓄冰槽释冷来承担。夏季部分负荷工况下，按照以下原则灵活调整供冷策略：①减少白天双工况主机的供冷量；②减少非高峰电价时段三联供系统的开启时间；③白天尽量采用蓄冰槽释冷来满足冷负荷。

4. 项目配图（见附图47）

附图 47　项目现场

图片来源：华润燃气投资（中国）有限公司。

八 办公楼

（一）重庆燃气抢险指挥中心燃气分布式能源项目

1. 项目概况

重庆燃气抢险指挥中心大楼 3.5 万 m²，三联供系统由重庆燃气投资。

2. 技术方案

本项目采用 1 台 400kW 内燃机和 1 台 100 万 kcal 烟气热水溴化锂吸收机组、1 台 250 万 kcal 溴化锂直燃机组。

3. 运行情况

本项目于 2017 年 2 月投入运行。年均能源综合利用率 72%，发电效率 36%。年利用时间 1000h，年发电量 40 万 kW·h。

4. 项目配图（见附图48）

附图 48 项目现场

图片来源：中新能源服务（重庆）有限责任公司。

（二）杭州绿色能源体验中心多能互补项目

1. 项目概况

杭州绿色能源体验中心坐落在浙江省杭州市西湖区，体验中心建筑面积

19085m^2，其中地上建筑面积 14685m^2、地下建筑面积 4400m^2，地上 7 层、地下 1 层，按绿色建筑三星标准进行设计。

2.技术方案

本项目采用燃气热电联产发电机组，额定发电功率 125kW，发电效率 36.4%，总效率 88.1%。配合热水补燃型溴化锂空调机组供应 1、2 层空调制冷，额定制冷量 352kW，额定制热量 269kW。燃气热泵空调系统制冷总功率 1365kW，制热总功率 1365kW，供应 3~7 层空调。

3.运行情况

本项目于 2017 年底建成并投入试运行，天然气分布式能源系统全年发电量为 28.13 万 kW·h，可再生能源部分（包括光伏和风力）全年发电量为 2.83 万 kW·h，全年制冷量为 95.08 万 kW·h，全年供暖量为 38.98 万 kW·h，全年供热水量为 1825t。相比较传统的供能方式，预计节能率为 18%，能节省 27% 的能源费用。

4.项目配图（见附图49）

附图 49　项目现场

图片来源：杭州城市能源有限公司。

（三）深圳燃气大厦分布式能源改造项目

1. 项目概况

深圳燃气大厦主体建筑 16 层，地上面积 59269m²，地下 2 层的面积 30695m²，总建筑面积 89964m²；员工餐厅 5 层，建筑面积 3000m²。本项目由港华能源投资有限公司的全资子公司——深圳港能投智慧能源有限公司投资、建设。

系统改造方案按两阶段实施，既对现有供能系统进行三联供改造重建，又对配置进行优化和节能改造。

第一阶段：采用三联供方式，计划新购 1 台 400kW 燃气内燃机、1 台 450kW 烟气热水溴化锂冷机。能源站生产的冷、热、电供深燃大厦使用。

第二阶段：稳定投产三个月后，在三联供方式基础上，对现有变压器配置进行优化，报停其中 1 台变压器，同时对深燃大厦现有空调系统进行节能改造。

2. 技术方案

项目由燃气内燃机通过天然气发电，余热经烟气热水溴化锂冷机产生冷量。燃气内燃机的发电量优先供能源站消耗，多余电量出售给业主。

3. 运行情况

本项目于 2019 年开工建设，2020 年建成投产，总投资 810 万元，年毛利 118 万元。系统年运行时间 3231h，发电量 129 万 kW·h，供电量每年 29.1 万 kW·h，供冷量每年 399.8 万 kW·h，天然气耗量每年 35.9 万 m³。

4. 项目配图（见附图50）

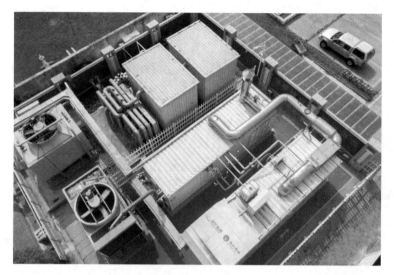

附图 50　项目现场

图片来源：港华能源投资有限公司。

九　燃料电池

（一）贵阳经开区新能源产业示范基地100kW 质子交换膜氢燃料电池分布式热电联供项目

1. 项目概况

本项目位于经开区新能源产业示范基地内，利用质子交换膜燃料电池及分布式热电联供技术为用户提供电能和热能。燃料电池分布式热电联供系统室外布置，安装在1号厂房氢能展厅入口右侧，配套附属设备放置在氢能展厅右侧的草坪上，总建筑面积35m²，主设备房含检修空间占地15m²。

2. 技术方案

该分布式热电联供系统包含1套燃料电池系统、1套氢气供应系统、1套换热系统和1套智能控制系统，以满足区域内的生活热水需求，同时该系统发出的电能在园区内消纳。采用德国 HEE 燃料电池热电联产设备，发电功率为 100kW，最大余热回收功率可达 130kW，单位小时耗氢量为 6.7kg。

3.运行情况

本项目于 2021 年 7 月建成后投产，年余热供热量 3744GJ，年发电量 80 万 kW·h，发电效率可达 54%。

4.项目配图（见附图51）

附图 51　项目现场

图片来源：贵州氢能效率能源科技有限公司。

（二）江苏科技大学5kW 天然气重整型燃料电池热电联供项目

1.项目概况

燃料电池设备与校方原有的天然气锅炉设备进行了耦合，产生的热水可以对原有浴室热水系统进行有效补充，所发电量可以满足浴室大部分的用电需求，在用电低谷时期，余电可以上网，因此可以有效降低校方浴室的电费和燃气消耗，同时降低碳排放。

2.技术方案

本项目通过天然气脱硫后在重整器内部与水蒸气发生催化反应，产生富氢气体，经过提纯后去除其中的一氧化碳；富氢气体进入质子交换膜电堆经过电化学反应后发出直流电；直流电经过升压和逆变，转化为 380V 三相的交流电，并入电网，最大具备 5kW 的电功率输出；重整和电堆反应过程中产生的余热，通过换热系统，向外输出 40℃~60℃ 的热水，最大具备 7.5kW 的热功率输出。

3. 运行情况

本项目于 2021 年 5 月正式投入运营，截至 2021 年 12 月 31 日，累计运行约 2000h（日常工作 6~12h，学校暑假停止运行）。运行过程中平均天然气消耗 $1.3Nm^3/h$。

4. 项目配图（见附图52）

附图 52　项目现场

图片来源：江苏铧德氢能源科技有限公司。

（三）东方锅炉德阳基地氢能示范园区氢燃料电池热电联供项目

1. 项目概况

2021 年 5 月，由东方电气（成都）氢燃料电池科技有限公司自主研制的 100kW 级商用氢燃料电池冷热电联供系统正式发运交付。本项目产氢能力为 $30Nm^3/h$，氢气纯度满足燃料电池用氢标准，热电联供能级达到 100kW。

2.技术方案

发电效率大于 52%，热电联供系统能源综合利用率超过 90%，支持离网并网、孤岛运行和黑启动，同时对外提供 65℃热水。

（四）浙江高成绿能科技有限公司20kW 燃料电池热电联产项目

1.项目概况

2021 年 6 月，由浙江高成绿能科技有限公司自主研发生产的 20kW 燃料电池热电联产系统成功交付到嘉兴红船基地"零碳"智慧园区。

2.技术方案

本项目额定并网功率为 20kW，燃料电池热电联供系统首先可以为用户提供电能服务，其次可为用户提供热水或者供暖，综合效率高达 90%以上。

（五）国家电网100kW 级燃料电池热电联产系统项目

1.项目概况

2022 年初，由河南豫氢动力有限公司中标并承建的国家电网 100kW 级燃料电池热电联供系统正式发运交付台州大陈岛。

2.技术方案

该系统搭载了豫氢动力自主开发的燃料电池电堆、发电系统、余热回收系统等核心部件，系统发电效率超过 51%，低热值热电联供综合效率超过 95%，系统交流并网峰值功率为 150kW。

十　其他

（一）成都赛普瑞兴科技公司吉林10万方井口气液化装置项目

1.项目概况

本项目位于吉林省公主岭市玻璃城子镇中石油苏家气田站场内，采用了

2台型号为TCG2020V16K（单机输出功率1500kW）的集装箱式燃气内燃发电机组及辅助设备，以满足项目冷剂压缩机电机空载瞬间启动需求。

2.运行情况

本项目于2019年投产，年利用时间7500h，总运行时间19500h，发电效率40.3%，年耗气量750万m³。

3.项目配图（见附图53）

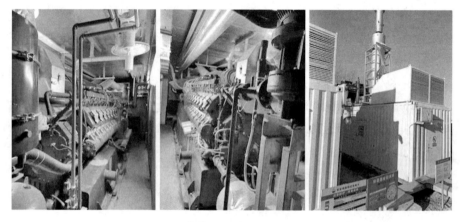

附图53　项目现场

图片来源：卡特彼勒能源系统技术（北京）有限公司。

（二）威县君乐宝四牧粪污无害化处理与资源化利用大型沼气工程热电联产项目

1.项目概况

本项目利用粪污进行无害化处理与资源化利用，项目建成后年处理污水45万t，年产沼气1000万m³，年发电量1800万kW·h，年产沼渣垫床3万t，实现真正的"种养结合、循环经济"。该系统采用德国进口mtu发电机组，电效率可达42%，综合效率达85%，年运行时间超过8000h，在获得发电收益、满足整个项目供热需求的同时，还能烘干沼渣作为牧场垫料，实现了能源的梯级利用。

2. 技术方案

本项目利用养殖场奶牛污粪厌氧产制沼气，设置 1 台 1165kW、1 台 10.5kV 高压燃气发电机组，发电全额上网，其烟气及缸套水热量用于厌氧罐保温和沼渣烘干。

3. 运行情况

本项目于 2021 年 3 月投产，截至 2021 年 12 月，1#机组运行 4900h，2#机组运行 4300h。年余热供热量 32.77GJ，年发电量 1864 万 kW·h，年均能源综合利用率达 85%。

4. 项目配图（见附图54）

附图 54　项目现场

图片来源：上海齐耀动力技术有限公司。

（三）北京市高安屯污泥处理中心沼气利用（发电）工程项目

本项目位于朝阳区高安屯污泥处理中心厂内，新建沼气加压净化系统，新建 4MW 沼气发电设施，新建余热利用单元等，配套改造管路系统，配套建设电力接入系统等。建设单位为北京城市排水集团有限责任公司。

（四）北京市清河第二再生水厂沼气利用（发电）工程项目

本项目位于朝阳区清河第二再生水厂内，新建沼气加压净化系统，新建4MW沼气发电设施，新建余热利用单元等，配套改造管路系统，配套建设电力接入系统等。建设单位为北京城市排水集团有限责任公司。

（五）北京市郑王坟（槐房）再生水厂沼气利用（发电）工程项目

本项目位于丰台区郑王坟（槐房）再生水厂内，新建沼气加压净化系统，新建6MW沼气发电设施，新建余热利用单元等，配套改造管路系统，配套建设电力接入系统等。

（六）广州东部生物质综合处理厂沼气发电项目

1.项目概况

本项目由朗坤环境集团投资、建设、运营，投资总额为85359万元，采用BOT运营模式，特许经营期27年。本项目主要处理广州市中心六区生物质废弃物，处理规模2040t/d，其中餐饮垃圾400t/d，厨余垃圾600t/d、病死禽畜40t/d、城市粪污1000t/d，同时配套生物柴油制备系统、沼气利用系统和臭气处理系统，于2019年7月31日投产试运营。

2.技术方案

本项目沼气发电总容量为10MW，同时配套烟气脱硝系统和余热利用系统。项目分两期建设，每期5MW，均选用1台J620沼气发电机组（1×3MW）和2台J320沼气发电机组（2×1MW）。发电项目一期工程于2019年8月完成投运，发电项目二期机组2021年春节前完成运行调试，项目实现满产运营。

3.运行情况

广州东部生物质综合处理厂每天将来自广州中心区的餐厨垃圾等经过无

害化处理后，放在 7 个 9600m³ 的厌氧罐中进行联合厌氧发酵产生清洁能源。现产沼气 8.5 万 m³/d，可发电 24 万 kW·h/d，可回收余热蒸汽 150t/d，预计产沼气 3000 万 m³/a，产电力约为 8000 万 kW·h/a，产余热蒸汽 5 万 t/a。

（七）成都长安垃圾填埋气综合利用项目

1. 项目概况

本项目占地约 10 亩，2016 年 3 月开工建设，投资总额约 2 亿元，主要建设填埋气体收集系统、填埋气体预处理系统、填埋气体发电机组等及配套的 CDM 计量系统、电力输出系统、电网工程等公辅设施。主要对长安垃圾填埋场一期、二期填埋区域的垃圾填埋气进行收集、净化、发展、运营、CER 等。项目共设 20 台 J420 发电机组，总装机容量 30MW，年发电量 23770 万 kW·h，年减排二氧化碳 128 万 t。

2. 技术方案

前端垃圾填埋场产生的沼气，通过风机等预处理设备，以负压方式进行抽取，经脱硫、除尘、脱水、冷却、增压等预处理环节后送至发电机组，再经箱式变压器升压至 35 千伏，最终送至松林变电站，并入国家电网。

项目投产后，按 50% 标况流量计算，1m³ 填埋气体可发电 1.8~2kW·h，每台发电机组 1h 发电 1487kW·h，20 台每天能产生 70 万 kW·h，每年就是 2.4 亿 kW·h。

3. 运行情况

本项目 2016 年投产，运行时间 40000h/台，沼气消耗量 1.3 亿 m³/a；能源供给量 2.4 亿 kW·h/a；年均综合能源利用效率 42% 以上。

（八）上海老港湿垃圾沼气发电项目

1. 项目概况

项目一期处理规模为 1000t/d，其中餐饮垃圾 400t/d，厨余垃圾 600t/d，日产沼气 50000Nm³，未来可与基地内填埋气协同发电，项目产生的废水进入老港综合填埋场二期配套渗滤液处理厂协同处理，沼渣干化后送至老港能源中心与生活垃圾协同焚烧。二期项目设计处理规模为湿垃圾1500t/d，其中餐厨垃圾处理900t/d、厨余垃圾600t/d。再加上一期工程的处理能力，目前已达到2500t/d。二期项目采用"预处理+厌氧"作为主体工艺。日产沼气达15万Nm³，燃烧日发电量可达24万kW·h。

2. 运行情况

本项目自2019年10月31日开始试运营，其6条餐饮与厨余垃圾处理线，处理规模设计1000t/d。

（九）山东民和鸡粪沼气发电项目

1. 项目概况

本项目利用鸡粪便和污水发酵产生沼气，一期工程日产沼气量3万m³，沼气含量55%左右（范围50%~60%），日发电6万kW·h，配套3台1063kW燃气发电机组；二期工程上满后日产沼气量3.75万m³（一、二期工程合计3.75万m³），日发电7.5万kW·h，配套1台3047kW燃气发电机组。

2. 运行情况

本项目投产时间为2009年6月，目前仍在运行。年发电量49888000kW·h；年净输出电量48890240kW·h；年自发自用电量997760kW·h；发电机组年耗气量25560000Nm³。年温室气体减排8万多t CO₂当量，年可取得CDM项目收益100万美元，环境效益、社会效益和经济效益显著。

（十）重庆市洛碛餐厨垃圾处理厂沼气综合利用项目

1. 项目概况

本项目由重庆市环卫集团有限公司投资建设，位于重庆市渝北区洛碛镇桂湾村，建设内容主要包括餐厨垃圾、市政污泥以及果蔬垃圾等处理系统。其中，餐厨垃圾处理能力为2100t/d，市政污泥处理能力为800t/d，果蔬垃圾处理能力为1000t/d。处理厂采用干式、湿式及干湿串联等三种工艺技术处理餐厨垃圾，负责接收来自渝北区、江北区、两江新区等主城 9 区的餐厨废弃物、生活垃圾，每年能够实现资源化利用易腐垃圾 133 万 t。

2. 技术方案

本项目位于餐厨垃圾处理厂区内，项目总装机规模达到 18MW，选用 12 台 1.5MW 的 J420 沼气发电机组，配套烟气脱硝系统、余热利用系统。餐厨垃圾、厨余垃圾等有机废弃物经厌氧消化产生的沼气，通过沼气发电机组产生电力及热能。项目于 2021 年底交付用户，发电系统每天为重庆市提供 40 万 kW·h 以上清洁而稳定的电力，发电产生的余热也将充分回用至垃圾处理工艺中。

（十一）珠海中信生态环保产业园厨余垃圾处理一期工程项目

1. 项目概况

本项目位于珠海市斗门区西北部中信生态环保产业园内，占地面积 1.7 万 m²，总投资 3.15 亿元。厨余垃圾处理一期工程规模为 500t/d，采用"预处理+厌氧消化"总体工艺路线。建设内容包括厨余垃圾预处理设施、有机质厌氧发酵及脱水设施、沼气净化设施、沼气利用（发电）设施、污水处理设施、环保设施及其他配套设施。项目建成后为珠海市香洲区、高新区、保税区、横琴新区、金湾区、斗门区和高栏港区提供厨余垃圾综合处理服务。

2. 技术方案

本项目配置 2 台 J320 沼气发电机组（2×1MW），出口电压 10.5kV，机组布置于发电机房内。厌氧系统产生的沼气，经过预处理系统脱硫、脱水、过滤、增压后进入燃气内燃机，燃烧做功生产电力，同时沼气燃烧过程中会排放出大量的高温烟气，排烟温度超过 450℃。内燃发电机后设置余热锅炉，回收内燃机排放的高温烟气的余热转换成蒸汽，供工艺生产使用，从而实现沼气资源的充分利用。

图书在版编目（CIP）数据

燃气分布式能源产业报告.2022／北京大学能源研
究院，中国城市燃气协会分布式能源专业委员会编.--
北京：社会科学文献出版社，2022.9
　ISBN 978-7-5228-0499-6

　Ⅰ.①燃…　Ⅱ.①北…②中…　Ⅲ.①天然气工业-
能源工业-产业发展-研究报告-中国-2022　Ⅳ.
①F426.22

中国版本图书馆 CIP 数据核字（2022）第 137784 号

燃气分布式能源产业报告（2022）

编　　者／北京大学能源研究院
　　　　　中国城市燃气协会分布式能源专业委员会

出 版 人／王利民
责任编辑／陈　颖
文稿编辑／侯曦轩
责任印制／王京美

出　　版／社会科学文献出版社·皮书出版分社（010）59367127
　　　　　地址：北京市北三环中路甲29号院华龙大厦　邮编：100029
　　　　　网址：www.ssap.com.cn
发　　行／社会科学文献出版社（010）59367028
印　　装／三河市东方印刷有限公司

规　　格／开　本：787mm×1092mm　1/16
　　　　　印　张：19.75　字　数：300千字
版　　次／2022年9月第1版　2022年9月第1次印刷
书　　号／ISBN 978-7-5228-0499-6
定　　价／118.00元

读者服务电话：4008918866